STUDIA
HUMANITATIS
문명공동연구

STUDIA HUMANITATIS
문명공동연구 5

문학이론 입문

해석학에서 문화과학으로

아힘 가이젠한스뤼케 지음 | 박배형 · 신혜정 · 안성찬 옮김

서울대학교출판문화원

STUDIA
HUMANITATIS
문명공동연구
5

문학이론 입문

해석학에서 문화과학으로

초판 1쇄 발행 2016년 3월 20일
초판 4쇄 발행 2024년 3월 30일

지은이 아힘 가이젠한스뤼케
옮긴이 박배형 · 신혜정 · 안성찬

펴낸곳 서울대학교출판문화원
주소 08826 서울 관악구 관악로 1
도서주문 02-889-4424, 02-880-7995
홈페이지 www.snupress.com
페이스북 @snupress1947
인스타그램 @snupress
이메일 snubook@snu.ac.kr
출판등록 제15-3호

ISBN 978-89-521-1775-5 93800
978-89-521-1575-1 (세트)

이 저서는 2007년 정부(교육과학기술부)의 재원으로
한국연구재단의 지원을 받아 수행된 연구임(NRF-2007-361-AL0016).

한국 독자들께 드리는 저자서문

나의 저서 『문학이론 입문』이 다름슈타트에 있는 WBG에서 간행된 지도 어언 12년이 흘렀습니다. 당시 출판사 측의 의구심은 적지 않았습니다. 그들은 비록 문학이론 입문서가 시급하게 필요하다는 사실은 분명히 알고 있었지만, 그런 입문서가 성공을 거둘 수 있을 것인지에 대해서는 회의적이었습니다.

그러한 회의는 다행스럽게도 곧 근거 없는 것으로 드러났습니다. 『문학이론 입문』은 독일에서 즉시 커다란 성공을 거두었습니다. 이 저서는 지금까지 6판이 간행되었고 대학의 표준서로 자리 잡았습니다.

이는 내게 개인적인 기쁨일 뿐만 아니라, 그 자체로서도 매우 다행스러운 일입니다. 베를린에서 일반문학과 비교문학부에 몸담고 공부하던 시절부터 문학이론은 내게 문예학 내에서 가장 어려우면서도 가장 매력적인 분야였습니다. 문학이론을 해석학, 구조주의, 해체주의, 담론분석 및 최근의 문화학적 입장들로 구분하여 탐구하는 것은 베를린에서 공부하던 시절부터 내 연구에 항상 동반되어왔으며, 지금도 여전히 내 학문연구의 중점분야입니다. 레겐스부르크 대학에 이어 프랑크푸르트의 괴테 대학 교수로 재직하면서 나는 항상 학생들이 문학이론을 제대로 이해할 수 있도록 입문 강의를 해왔습니다. 이것은 그리 쉽지 않은 시도였습니다. 본질적으로 유럽 전통에 뿌리를 두고 있는 문학이론의 광범위한 분야를 한국 독자들이 분명히 이해하도록 하는 일은 훨씬 더 어려울 수밖에 없을 것입니다.

이러한 이유로 나는 『문학이론 입문』을 한국어로 내놓을 수 있게 해준 안성찬 교수와 두 분의 공역자께 감사를 드립니다. 한국의 독자들에게 문학이론으로 들어갈 수 있는 통로를 열어준 것은 이 분들의 공적입니다. 『문학이론 입문』이 한국어로 번역된 것에 대해 감사와 기쁨의 인사를 전합니다. 이 책이 한국에서도 많은 독자들과 만나게 되기를 바랍니다.

아힘 가이젠한스뤼케

역자서문

"문학이론 입문-해석학에서 문화과학으로"라는 제목과 부제에서 드러나듯이 이 책은 고대 이래의 시학이 근대의 문학이론으로 대체되기 시작한 18세기 후반에서 최근에 이르기까지 서양의 중요한 문학이론들을 역사적 전개과정에 따라 개괄하고 있다. 이 책에서 다루고 있는 문학이론의 범위는 서양에 근대 인문학의 토대가 마련된 18세기에 생겨나 20세기까지 문학에 대한 학문적 접근의 이론적 근거가 되어온 미학과 해석학에서 시작하여, 20세기 인문학을 이른바 "언어적 전회(linguistic turn)"로 이끈 소쉬르 이래의 구조주의를 거쳐, 지난 수십 년간 문학이론뿐만 아니라 서양 인문학 전체에 커다란 지각변동을 초래한 해체주의와 담론분석, 문화학과 매체학에 이른다. 차례에서 이 책이 다루고 있는 이론가들과 주제들을 일별하게 되면, 독자는 근현대 서양 인문학의 커다란 흐름을 조망하는 듯한 느낌을 받게 될 것이며, 이 책을 읽어 내려가면서는 이 방대한 역사적 흐름이 문학이론을 중심으로 하여 간결하고 명료하게 재구성되어 있다는 것을 확인하게 될 것이다.

하지만 이 책이 지니는 진정한 가치는 단지 서양 문학이론의 역사적 흐름을 개관하고 있다는 데 한정되지 않는다. 저자가 서론의 말미에서 강조하고 있듯이 이 책의 목표는 "단순히 문학이론의 다양한 방향들을 개괄적으로 조망하는 데" 그치는 것이 아니라, 이에서 더 나아가 "지난 세기의 60년대가 지향한 열린 시각으로 과거의 문학이론 및 새로운 문학이론의 가능성과 한계에 대해 비판적 물음을 던지는 일"에 있다.

문학이론의 궁극적인 질문은 '문학이란 무엇인가?', 보다 구체적으로 '문학의 본질은 무엇이며, 인간사회에서 그것이 지니는 기능과 가치는 무엇인가?'라는 것이다. 모든 문학이론은 이 질문에 대답하려는 나름의 시도라고 할 수 있으며, 이는 이 책에도 적용된다. 하지만 '문학이란 무엇인가?'라는 질문은 '인간이란 무엇인가?'라는 인문학의 보다 근본적인 질문으로 연결되며, 인간은 역사적인 존재라는 점에서, 위의 질문에 대한 대답도 시대에 따라 달라질 수밖에 없다.

이 책의 문화적 배경인 독일의 경우를 예로 들어보자. 독일에 근대문학이 생겨나고, 이에 부응하여 새로운 문학이론이 태동한 것은 계몽의 세기로 불리는 18세기였다. 시민계급이 역사의 중심에 등장하면서 사회의 모든 영역에 걸쳐 변화의 물결이 밀려오던 이 시기에 문화의 중심도 궁정사회에서 시민사회로 급격히 옮겨갔다. 예의와 규범이 강조되던 궁정문화에 대항하여 자율적이고 창조적인 개인의 힘을 예찬한 이른바 질풍노도 시기의 천재숭배는 새로운 시민문화의 등장을 알리는 신호탄이었다. 헤르더, 괴테, 쉴러 등의 이름으로 대표되는 이 신문예 운동이 커다란 결실을 거두어 독일에 국민문학이 생겨나던 시기에 이에 상응하는 새로운 문학이론의 토대가 만들어졌다. 미의 자율성을 강조하는 칸트의 미학, 그리고 작가와 독자 사이의 '천재적 공감(Kongenialität)'을 해석학의 중심문제인 이해의 근거로 내세운 슐라이어마허의 보편적 해석학이 그것이다. 그 이후로 미학과 해석학은 문헌학의 이론과 방법 안에서 서로 만나 독일 문학이론의 토대가 되어왔다.

그러나 19세기 이후 진행된 사회의 급속한 변화에 따라 미학과 해석학의 패러다임에도 근본적인 변화가 생겨났다. 지면 관계상 이에 대해 상술할 수는 없고, 여기에서는 다만 문학이론의 역사에서 분명히 확인되는 몇 가지 중요한 변화에 대해 간략히 서술하여 이 책의 배경에 대한 이해를 돕고자 한다. 문학해석학의 본래적 과제는 문학작품의 의미의 근원을 탐구하는 데 있다. 해석학의 역사를 돌아보면 탐구의 중점이 작가의 의식에서 텍스트 자체를 거쳐 독자의 수용방식으로 옮겨져 왔다는 것을 확인할 수 있다. 생산미학에서 작품미학을 거쳐 수용미학으로 나아간 해석학적 문학이론의 역사는 문화권력의 중심이동이라는 문화적 환경의 변화를 반영한다. 즉, 해석학의 관점과 대상의 중심이동은 새로운 문화를 창조해내는 작가의 생산자권력(초기 시민사회)으로부터 학교에서 가르쳐야 할 정전 선정과 그 해석방식을 규정하는 학자의 해석자권력(후기 시민사회와 대중사회)을 거쳐, 문학시장을 좌우하는 독자의 수용자권력(다중사회)으로 문화권력의 중심이 이동해온 과정에 상응한다.

보다 넓은 시각에서 바라볼 때 해석학이론의 이러한 변화과정은 학문 내적으로는 인문학 자체의 패러다임 변화를, 그리고 학문 외적으로는 매체환경의 변화를 반영한 것이라고 할 수 있다. 근대 서양 학문의 토대가 세워진 계몽주의 시기를 추동한 근본의지는 인간의 모든 지식을 체계화하고 목록화하는 것에 있었다. 계몽주의 시기에 탄생한 백과사전은 그러한 의지의 발현이라고 할 수 있다. 계몽주의 시기를 거쳐 19세기 독일에서는 인간의 역사세계를 탐구하는 정신과학(인문학)과 인간 외부의 자연세계를 탐구하는 자연과학으로 학문을 분류하고 그 아래 일정한 원칙에 따라 분과학문들을 배치하는 근대학문의 체계가 확립되었다. 이러한 학문체계 안에서 철학은 지식과 학문체계의 근본원리 자체를 관장하는 특별한 지위를 누리고 있었다. 주지하다시피 근대 서양철학의 패러다임은 그 초석을 데카르트의 '생각하는 나(Cogito)', 독일 관념론의 용어로는 '의식의 주체(Subjekt des Bewußtseins)'에 두고 있었다. '인간의 의식이 존재를 규정한다'는 것이 관념론적 사유의 근본명제였다. 이러한 입장에서 칸트는 인간 의식에 속하는 능력들을 순수이성, 실천이성, 판단력으로 구분하고 그 작동원리를 제시함으로써, 존재에 대한 모든 지식을 인간의 의식에 귀속시키는 철학적 원칙을 수립하였다. 칸트 이후 관념론 철학의 원칙에 입각하여 지식과 학문의 체계를 수립하는 일은 피히테, 셸링을 거쳐 헤겔에게서 완성을 보게 된다.

그러나 19세기 후반에 이르러 마르크스, 니체, 프로이트 세 사람의 사상적 혁명가가 등장하면서 의식과 주체 중심의 근대 서양철학은 근본적인 도전을 받게 된다. 마르크스는 의식이 존재를 규정하는 것이 아니라, 존재가 의식을 규정한다고 주장함으로써 관념론 철학의 근본원칙을 뒤집어놓았고, 니체는 아폴론적 이성의 지배에 대항하여 비이성적인 감성과 의지를 대변하는 디오니소스적인 것의 복권을 설교하였으며, 프로이트는 의식에 포착되지 않는 무의식이 인간의 성격과 행위를 규정하는 보다 결정적인 동인이라는 것을 보여줌으로써 이성적 의식에 기초한 근대 서양철학의 인간관과 세계관에 근본적인 균열을 일으켰다. 지난 세기의 60년대 이래로 서양 인문학에 커다란 지각변동을 불러온 이른바 포스트구조주의는 독일어권의 이 세 사상가와 스위스의 언어학자 소쉬르가 프랑스 땅에서 결합하여 낳은 자식이라 할 수 있다. 포스트구조주의를 추동하는 근본의지는 독일 관념론의 인간관과 세계관, 특히 헤겔 철학의 사유체계를 비판하려는 데 있다. 포스트구조주의의 대표적 사상가 미셸 푸코가 그의 철학적 주저 『말과 사물』의 서두에서 "논리학이나 인식론, 마르크스주의나 니체주의를 막론하고 우리 시대 전체가 목표로 하고 있는 것은 헤겔로부터 벗어나는 일이다"라고 단언하였던 것은 이에 대한 구체적 예증이라고 할 수 있다.

이러한 반헤겔주의와 관련하여 주목해야 할 가장 중요한 현상은 니체 이래의 이른바 '미학의 탈경계(Entgrenzung der Ästhetik)'인데, 이는 특히 포스트구조주의자들의 사유에서 두드러진 특징으로 나타나고 있다. 소크라테스와 플라톤 이래 헤겔에 이르기까지 서양 철학의 주된 전통인 로고스 중심주의를 비판하려는 입장에서 이성적 사유를 '미학적 사유(ästhetisches Denken)'로 대체하는 것이 포스트구조주의의 중요한 사유동기가 되고 있는데, 이에 따라 18세기에 철학의 왕국에 간신히 입적된 이래로 변방의 위치에 머물러온 미학이 이제 철학적 사유에서 중심적 위치를 차지하게 되었을 뿐만 아니라, 더 나아가 '범미학화'가 현대 서양 인문학 전반의 중요한 특징으로 부각되고 있다. 현대 인문학의 이러한 동향은 전통적 미학과 해석학을 비판적으로 성찰하여 새로운 문예학과 문학이론이 태동하는 계기를 제공하였다. 텍스트의 언어가 가리키는 의미내용(그것이 작가의 의식이든 아니면 텍스트에 반영된 사회상황이든 간에)이 아니라, 언어의 형식 자체에 주목하는 구조주의 문학이론, 동일성을 지향하는 것이 아니라 차이를 드러내는 문학언어의 특성을 강조하는 데리다와 들뢰즈의 포스트구조주의 문학이론, 이데올로기적 성격을 지니고 있는 학문적 담론과는 다른 소통적 언어의 가능성을 반(反)담론(Gegendiskurs)으로서의 문학에서 찾고 있는 미셸 푸코의 담론분석 등은 그 대표적 예라고 할 수 있다. 칸트의 미학이 등장한 이후 오랫동안 문학이론에서 변두리로 밀려나 있던 고대 이래 수사학의 전통이 근래에 다시 학문적 관심의 중요한 대상으로 떠오른 것도 이러한 동향의 연장선상에 있다.

최근 독일에서는 인문학의 패러다임과 문학이론뿐만 아니라 근대 이래로 오늘날까지 문화사가 전개되어온 전반적 양상을 매체환경의 변화라는 관점에서 고찰하려는 학문적 입장이 등장하여 많은 의미 있는 성과를 거두고 있다. 그 대표적 인물로서 노르베르트 볼츠와 프리드리히 키틀러 등 이른바 매체이론가들을 들 수 있다. 이들은 68혁명 이후 변화된 사회문화적 상황 속에서 독일 문학을 전공하면서 독일 인문학의 해석학적 전통이 지니고 있는 권위주의적 성격에 저항하여 프랑스 해체주의와 포스트구조주의에 빠져들었다가, 지난 세기의 마지막 시기에 매체이론에 귀착하였다는 공통점을 지니고 있다. 이들 사이의 또 하나의 공통점은 매체에 주목함으로써 경제적 하부구조와 문화적 상부구조 사이의 미시적 연관관계를 해명한 발터 벤야민의 이론적 관점을 계승하고 있다는 것이다. 노르베르트 볼츠는 근대 서구 시민문화를 구텐베르크 은하계라고 하는 인쇄매체 시대의 산물로 규정하고, 이후 현대사회가 대중매체(mass media)와 다중매체(multimedia)의 출현으로 인해 겪게 된 근본적 변화의 양상을 추적한다. 더 나아가 그는 디지털 매체의 등장이라고 하는 새로운 매체환경에 부응하는 새로운 학문으로서 ‘매체미학’을 제안하고 있는데, 그에 따르면 매체미학은 단지 기존 인문학 체계에 편입되고자 하는 새로운 분과학문에 불과한 것이 아니라, 독일의 전통적 인문학인 정신과학 자체를 대체하는 인문학의 새로운 패러다임을 의미한다. 프리드리히 키틀러 또한 전통적 인문학의 토대였던 의식의 초월성과 구조주의 이래 인문학의 토대인 언어의 초월성 대신에, 이제 매체의 초월성을 토대로 한 새로운 인문학을 요청함으로써 독일 인문학계에 커다란 논란을 불러일으킨 바 있다.

이 책은 오늘날 인문학이 처한 이러한 상황을 고려하여 문학이론의 근본문제를 다시 성찰하려는 시도라고 할 수 있다. 즉, 오늘날의 시각에서 근대 이래의 인문학과 문학이론을 비판적으로 재성찰하고, 문학이론이 역사 속에서 제기해온 문제들을 돌아봄으로써 오늘날의 인문학과 문학이론이 해결해야 할 문제들을 새로이 제기하는 것이 이 책의 근본의도인 것이다. 이 책의 초판은 2003년에 나왔고, 2007년에는 4판이 교열본으로 간행되었으며, 2013년에 나온 6판은 최근의 이론적 동향을 새로이 반영하고 여러 장이 추가된 개정증보판으로 간행되었다. 6판에서 눈에 띄는 가장 커다란 변화는 먼저 서론의 일부가 보완되고, 「V. 해체주의」의 마지막 장인 “10. 해체주의 대 분석철학”이 추가된 점이다. 또한 5판까지 여러 장으로 구분되지 않고 서술되었던 이 책 마지막의 「VII. 오늘날의 문학이론」에 10여 쪽이 추가적으로 더 서술되고, “1. 이론 이후”, “2. 문헌학을 위하여”, “3. 문화와 자연 사이에서”, “4. 오늘날 문학이론의 문제들” 네 개의 장으로 구분되어 전면적으로 증보되었다. 6판이 증보판으로 나오게 된 것은 지난 10여 년 사이에 생겨난 문예학의 새로운 동향을 반영할 필요가 생겼기 때문일 것이다. 이 책의 초판이 나온 다음 해인 2004년에 테리 이글턴은 구조주의의 등장 이래로 문학연구가 지나치게 이론에 치우쳤던 경향을 비판적으로 돌아보고, 새로운 지향을 모색할 시점에 이르렀다는 주장을 제기하면서, 여기에 "이론 이후"라는 구호를 붙인 바 있다. 비판적 성찰과 새로운 모색에 대한 요구는 20세기의 마지막 10년 이래로 지금까지 문학연구의 다양한 전통노선에서 제기되어, 지난 10여 년 사이에 문학연구의 지형도를 크게 바꿔놓았다. 초판이 나온 지 10년 만에 출간된 6판에서 이 책의 저자는 이러한 새로운 동향이 그동안 이루어낸 성과를 반영하기 위해 이전에 서술된 부분을 일부 보완하고, 새로운 서술을 추가한 것이다.

6판에서 또 한 가지 크게 달라진 것은 초판에서 5판까지는 책의 부제가 "해석학에서 매체학으로"였는데, 개정증보판에서는 "해석학에서 문화과학으로"라는 제목으로 바뀌었다는 것이다. 이처럼 부제를 변경한 이유를 저자는 따로 설명하고 있지 않지만, 이 책의 결론부인 「VII. 오늘날의 문학이론」에서 두드러지게 눈에 띄는 5판과 6판 사이의 차이를 통해 그 이유를 짐작할 수 있다. 이 책 5판의 결론부 첫 장에서는 오늘날 문학이론에서 확인되는 가장 중요한 동향이 포스트구조주의적 사유가 "매체이론의 이름하에 문예학을 문화학으로 정초하려는 다양한 시도들"에 의해 대체되고 있는 것이라고 서술되어 있으나, 6판에서는 위의 서술에서 "매체이론의 이름하에"라는 문구가 빠져 있다. 여기에서 이어지는 6판에 새로이 추가된 장절에서 저자는 "이론의 종말"과 "문화적 전회"라는 구호 아래 확산되고 있는 새로운 학문적 동향에 대해 언급하고, 이러한 배경하에 전개되고 있는 최근 문학연구의 전반적 양상을 자연과학과 문화과학이라는 새로운 구도에 의거하여 서술하고 있다. 이처럼 5판과 6판 사이에 부제가 바뀌고 서술과 내용이 보완 및 추가된 것은 지난 10여 년 사이에 이루어진 문학연구의 지형 변화와 인문학 전반의 패러다임 변화를 반영한 것이다.

20세기 말에서 21세기 초로 이어지는 시기에 문학연구의 새로운 동향을 주도한 것은 매체이론이었다. 앞에서 서술했듯이 매체의 관점에 입각하여 문학의 본질, 기능, 역사를 해명하는 연구가 괄목할 만한 성과를 이루어내면서 당시 학계의 주목을 받고 있었다. 이 책의 초판에서 저자는 매체학의 주도하에 전통적 문예학이 문화학이라는 새로운 이름의 학문에 자리를 내주고 있던 당시의 상황을 문학연구의 최근 동향으로 파악하고, 초판의 부제를 "해석학에서 매체학으로"라고 붙였던 것으로 보인다. 그러나 지난 10여 년 사이에 문헌학, 사회학, 역사학 등 전통적 인문학의 여러 분야에서 이루어진 성과와 소통하고 협력하는 문학연구가 폭넓게 이루어지고, 또한 자연과학적 방법론에 기초한 인지과학, 진화생물학 등의 관점과 개념들이 문학연구에 도입되면서 문예학의 지형도는 또다시 크게 바뀌고 있다. 매체학은 여전히 문학연구의 중요한 흐름이기는 하지만, 여러 새로운 연구관점의 하나로서 문화학의 새로운 동향 중 하나로 간주되기에 이르렀다. 또한 19세기 말 이래로 정립된 자연과학 대 정신과학이라는 학문적 대립구도가 근본적으로 흔들리면서, 자연과학과 문화과학이라는 새로운 학문 구도로 이를 대체하려는 움직임이 커다란 반향을 얻고 있다. 이에 따라 문학연구도 새로운 상황에 진입하고 있는데, 6판의 결론부에서 저자는 최근의 이러한 학문적 상황을 새로이 서술하고 있으며, 6판에서 부제를 "해석학에서 문화과학으로"라고 바꾼 것은 이를 반영한 것으로 사료된다.

독자들의 오해와 혼동을 피하기 위해 이 책의 서론과 결론부에 빈번히 나오는 '문화학'과 '문화과학'이라는 용어에 대해 설명하고 넘어가고자 한다. 여기에서 '문화학'은 단수 개념인 'Kulturwissenschaft'를 번역한 것이고, '문화과학'은 복수 개념인 'Kulturwissenschaften'을 번역한 용어이다. 단수 개념으로서의 문화학은 문헌연구로서의 문헌학(Philologie)이라고 하는 전통적 문예학(Literaturwissenschaft)의 기본적 틀에서 벗어나, 문학을 문화현상으로서 연구하려는 최근의 학문적 동향을 가리키는 학문 개념이다. 처음에 문화학은 주로 담론분석과 매체이론 등 현대 인문학의 중요한 동향을 반영한 문학연구의 수행방식을 가리키는 학문용어로 등장하였다. 그러나 근래에 와서 사회학, 역사학 등 전통적 인문학 분야뿐만 아니라, 인지과학과 진화생물학 등 자연과학에 토대를 둔 사유계기들이 문화학에 유입되면서 문화학은 매우 포괄적인 학문 개념, 그리고 이로 인해 동시에 매우 복잡하고 혼란스러운 학문 개념이 되고 있다. 복수 개념으로서의 문화과학은 분과학문으로서의 문예학이 아니라, 그 상위의 학문 개념인 정신과학을 대체하는 용어로 주로 사용되고 있다. 19세기 후반 이래로 독일의 학문은 자연계의 제 현상을 다루는 자연과학(Naturwissenschaften)과 인간의 역사세계에 나타나는 제 현상을 대상으로 하는 정신과학(Geisteswissenschaften)이라는 학문구도 위에서 전개되었다. 빌헬름 딜타이(Wilhelm Dilthey)에 의해 정립된 정신과학이라는 학문 개념을 문화과학으로 대체하려는 최근의 움직임은 다음 두 가지 이유에서 생겨난 것이다. 즉 한편으로 정신과학이라는 학문 개념은 역사세계의 제 현상을 인간 정신의 표현으로 이해하는 관념론적 의식철학의 패러다임에 기초하고 있다. 그리고 다른 한편으로 이 학문 개념은 정신과 물질을 두 가지 별개의 실체로 파악한 데카르트 이래의 이원론적 세계관에 입각하여 정신과학과 자연과학이 별개의 연구 대상과 연구 방법론에 의거하여 수행되는 근본적으로 상이하고 대립적인 학문이라는 인식을 기본전제로 하고 있다. 정신과학이라는 학문 개념의 전제이자 토대인 관념론적 의식철학과 이원론적 세계관은 20세기를 거치면서 그 유효성을 상실하였으며, 이에 따라 정신을 문화로 대체한 문화과학이 보다 적절하고 시의적인 학문 개념으로 주목받게 된 것이다. 정신과학을 문화과학으로 대체하려는 시도는 20세기 초에 이미 막스 베버(Max Weber)에 의해 정초되었지만 학계 일반의 반향을 얻지 못하다가, 한 세기가 지난 후 최근에 와서 자리를 잡아가고 있다. 문화과학이라는 학문 개념은 자연과학에 대립하기보다 그 성과와 방법론에 개방적이며, 상호 협력과 호환을 지향한다는 점에서 전통적 정신과학과 다른 성격을 지닌다. 이 책이 부제에서 최근의 학문적 동향을 표시하는 용어를 매체학에서 문화과학으로 바꾼 것은 이 학문 개념이 이제 서구 학계에서 어느 정도 정착되었다는 것을 시사한다.

이 책은 다음과 같은 이유에서 국내에 소개할만한 의미와 가치를 지닌다. 그 우선적 이유는 서양의 문학이론을 역사적 흐름에 따라 체계적으로 소개한 저서가 국내에 거의 없다는 것이다. 국제적으로는 물론 국내에서도 가장 높은 평판을 받고 있는 서양의 문학이론 입문서로는 테리 이글턴의 『문학이론 입문』을 들 수 있는데, 이 저서가 앞부분에서 영국의 문학비평사를 비판적으로 돌아보고, 이어서 20세기 독일과 프랑스의 문학이론, 그것도 70년대까지의 문학이론만을 다루고 있는 데 비해, 가이젠한스뤼케의 『문학이론 입문』은 미학, 해석학 등 18세기 문예이론에서 최근의 문예이론인 매체학과 문화학까지 다루고 있다는 점에서 테리 이글턴의 저서가 지니는 한계를 보완할 수 있다는 장점을 지닌다. 이러한 이유로 독일 대학의 경우에도 2000년대 초까지는 독일어로 번역된 테리 이글턴의 저서가 문학이론 입문 강의에 주로 사용되어왔으나, 최근에는 가이젠한스뤼케의 이 책이 이글턴의 저서를 대체하기에 이르렀다.

우리 역자들이 이 책을 처음 번역하기 시작한 것은 2011년이었다. 당시 우리는 2010년에 나온 5판을 판본으로 삼아 완역하여 2014년에 출판심사를 통과하였으나, 그 사이에 개정증보판이 나와, 최종적으로는 2013년에 나온 6판을 번역하여 내놓는다. 6판에서 개정되고 증보된 부분을 추가로 번역하면서, 특히 「VII. 오늘날의 문학이론」 5판과 6판 사이의 차이를 통해 지난 10여 년 동안에 새로이 전개된 문학연구의 동향을 확인할 수 있었다. 두 판본의 차이가 최근 서구 문학이론의 새로운 동향에 관심을 가진 독자들에게도 도움을 주리라 사료되어, 책의 말미에 5판의 결론부를 부록으로 실었다.

이 책을 번역하여 출간하게 되기까지의 과정을 돌아보면, 인간의 삶, 인간이 행하는 일이 얼마나 수많은 관계의 연기(緣起) 속에서 이루어지는가를 절감하게 된다. 그 과정을 간략하게 소개하고, 도움을 준 분들께 감사의 인사를 전하는 것으로 역자서문을 마무리하고자 한다.

역자가 이 책을 처음 손에 잡게 된 것은 지금으로부터 꼭 10년 전인 2005년이었다. 책을 읽어 내려가며 역자는 곧 앞에서 서술한 이 책의 장점과 미덕에 매료되었다. 당시 역자는 중앙대학교 독어독문학과 대학원과 학부에서 문학이론 강의를 맡고 있었는데, 마땅한 교재가 없어 매 학기 어려움을 겪고 있었던지라, 출간된 지 얼마 되지 않은 이 책을 발견한 것은 커다란 기쁨이었다. 2006년에 대학원에서 두 학기에 걸쳐 이 책을 교재로 문학이론을 강의하면서 역자는 학생들의 반응을 통해 이 책의 가치를 확인하였다. 그 이후 지금까지 매년 이 책을 가지고 문학이론을 강의해오면서, 중앙대학교 독어독문학과 교수진과 학생들로부터 이 책을 번역하여 출간하라는 권유와 요청을 여러 차례 받았다. 역자 또한 이 책이 지닌 가치를 보다 많은 사람들과 공유하고 싶다는 의욕이 없지 않았으나, 2008년 서울대학교 인문학연구원 인문한국(HK)문명연구사업단에서 연구를 수행하게 된 이래로 어젠다 관련 연구에 집중하느라 따로 시간을 내기가 쉽지 않았다. 그러던 차에 2006년 역자의 문학이론 강의를 들은 이래로 여러 차례 내 강의에 참여했던 신혜정 양이 2011년 미국에 체류하게 된 시간을 이용하여 강의노트를 바탕으로 초벌번역을 하고 역자가 이를 교열하여 책을 펴내자는 제안을 해왔다. 2012년에 1차 번역을 완료하고 교열작업을 진행하면서, 보다 책임 있는 번역을 위해 전문가 한 분이 더 참여하는 것이 바람직하다는 생각을 하게 되었다. 독일 미학과 철학을 전공한 인문학연구원의 동료 박배형 교수에게 이를 제안하여 흔쾌한 수락을 받았다. 박배형 교수가 서론, 미학, 해석학 부분을 맡고 역자가 구조주의에서 끝까지 교열과 수정을 한 후, 서울대학교 인문학연구원과 출판문화원의 심사를 거쳐 2014년에 출판 승인을 받았다. 그 이후에도 3인의 역자가 역할을 분담하여 다시 한 번 교열하고, 최종적으로 문체와 용어의 통일을 위해 역자가 세 차례에 걸쳐 전체적으로 교열과 수정 작업을 한 후 책을 독자들 앞에 내놓는다.

이처럼 긴 기간과 복잡한 과정을 거친 만큼 이 책이 나오기까지 많은 분들의 도움이 있었다. 우선 이 책을 역자에게 소개하고 번역을 격려해준 중앙대학교 김누리 교수님과 노영돈 교수님, 그리고 문학이론 강의에 참여하여 활발한 질문과 토론을 통해 역자의 의욕을 일깨워준 대학원생들에게 감사를 전한다. 출판 워크숍에서 심사를 맡아 준 서울대학교 독어독문학과 최윤영 교수님, 그리고 제도적 이유로 성함은 알지 못하지만 출판심사를 맡아준 심사자께 마음으로부터 감사드린다. 이 두 분의 유익한 지적과 조언이 이 책을 보다 충실하게 우리말로 옮기는 데 많은 도움이 되었다. 공동연구 워크숍과 출판 워크숍에서 조언과 지적을 통해 번역작업을 격려해준 서울대학교 인문학연구원의 동료교수들, 공동연구 지원을 통해 번역작업에 힘을 실어주신 인문학연구원의 송용준, 백종현 두 분 전임 원장님과 김주원 원장님께 감사드린다. 끝으로 이 책의 발간을 도와준 서울대학교 출판문화원에 고마운 마음을 전한다.

이 책의 번역이 가치 있는 학문적 작업으로 인정받게 된다면 이는 모두 이 분들의 덕이다. 그리고 우리 3인의 공동역자가 오랜 기간에 걸쳐 많은 노력을 기울였음에도 불구하고 이 책에 여전히 결함이 발견된다면, 그 책임은 최종 교열과 수정작업을 맡은 본 역자가 져야 할 것이다.

관악산 연구실에서

역자들을 대표하여 안성찬

차례

한국 독자들께 드리는 저자서문 · 5

역자서문 · 7

I 서론

1. 문학-학문-이론 · 27
2. 오늘날의 문학이론 · 35
3. 역사적 전제 · 38
4. 이 책의 구성과 목표 · 41

II 미학

1. 18세기 미학과 시학 · 47
2. 근대 미학의 정초: 칸트 · 50
3. 미학의 완성: 헤겔 · 56
4. 미학의 탈경계: 프리드리히 니체 · 66
5. 문학과 무의식: 지그문트 프로이트 · 72
6. 진리의 작품 안으로의 자기정립으로서의 예술: 마르틴 하이데거 · 77
7. 리얼리즘과 모더니즘 사이에서: 게오르크 루카치 · 80
8. 비평의 과제: 발터 벤야민 · 83
9. 예술과 사회: 테오도르 W. 아도르노 · 88

III 해석학

1. 18세기의 미학과 해석학 ·97
2. 해석학적 전환: 프리드리히 슐라이어마허 ·99
3. 해석학과 역사: 빌헬름 딜타이 ·107
4. 해석학과 진리: 마르틴 하이데거 ·112
5. 해석학과 예술의 진리: 한스 게오르크 가다머 ·120
6. 문학해석학과 문헌학적 인식: 페터 손디 ·127
7. 수용미학: 독서의 해석학 ·132
8. 폭력성의 해석학: 니체, 프로이트, 하이데거 ·141
9. 오늘날 해석학의 가능성 ·147

IV 구조주의

1. 문예학과 언어학 ·153
2. 현대 언어학의 정초: 페르디낭 드 소쉬르 ·155
3. 로만 야콥슨과 언어의 시적 기능 ·161
4. 구조주의와 정신분석: 자크 라캉 ·165
5. 구조주의와 마르크스주의: 루이 알튀세르 ·174
6. 구조주의 문학이론: 롤랑 바르트 ·177
7. 구조주의와 문학 비평: 제라르 즈네트 ·181
8. 또 다른 구조주의: 앙리 메쇼닉 ·184
9. 구조에서 차이로: 질 들뢰즈와 텅 빈 장의 메타포 ·189

V 해체주의

1. 포스트모던적 지식 ·195
2. 긍정 미학: 장-프랑수아 리오타르 ·198
3. 의미의 논리학을 위하여: 질 들뢰즈 ·205
4. 문자와 차이: 자크 데리다 ·209

5. 글과 상호 텍스트성: 줄리아 크리스테바 ·220
6. 영향의 불안: 해럴드 블룸 ·223
7. 문학과 수사학: 폴 드 만 ·226
8. 페미니즘 해체주의와 젠더 연구 ·240
9. 메타포의 해체: 해체의 메타포 ·246
10. 해체주의 대 분석철학 ·255

VI 담론분석

1. 텍스트에서 담론으로 ·265
2. 담론분석과 문학: 미셸 푸코 ·267
3. 상호담론과 문학에 대한 역사적 담론분석 ·280
4. 담론에서 문화로: 스티븐 그린블랫과 신역사주의 ·285
5. 문학장이론: 피에르 부르디외 ·288
6. 체계이론과 문학: 니클라스 루만 ·291
7. 담론분석과 매체이론 ·297

VII 오늘날의 문학이론

1. 이론 이후? ·307
2. 문헌학을 위하여 ·311
3. 문화와 자연 사이에서 ·317
4. 오늘날 문학이론의 문제들 ·325

〈부록〉 제5판까지의 「VII. 오늘날의 문학이론」 ·334
참고문헌 ·343
찾아보기 ·360
문명총서 발간사 ·375

I. 서론

1. 문학-학문-이론

문학이란 무엇인가?

대부분의 독자들은 문학이란 무엇인가에 대해 예비지식을 가지고 있다. 문학은 주로 상상이나 창조와 관련된 것이며, 과거의 몇몇 작가들에게서 그 예를 찾을 수 있듯이 창조력의 표현이라는 것이다. 독일 문학사에서 괴테라는 이름은 체험한 것을 곧장 문학으로 옮겨 놓는, 실로 고갈되지 않는 창조력을 대표한다. '문학'이라는 개념을 독자는 대체로 지금까지 역사를 견뎌왔기 때문에 계속 전승될 가치가 있는 고전 텍스트들 중의 특정한 정전과 연결한다. 문학사를 천재적 주체로서의 예술가들이 시대의 흐름 속에서 연속으로 등장하는 과정으로 이해했던 시기를 돌아보는 경우, 여기에는 대개 향수에 젖은 탄식이 따른다. 즉, 문학적 성취의 그러한 형태는 오늘날 더 이상 가능하지 않으며 독일 문학의 황금기는 영원히 지나가버렸다는 것이다(Schlaffer 2002 참조).

문학이론의 대상영역

이러한 문학관이 전적으로 잘못된 것은 아니다. 어느 정도의 상상력 없이 문학작품이 탄생할 수는 없을 것이기 때문이다. 그러나 학문적으로 보면 이러한 문학관은 잘못된 것이다. 왜냐하면 문예학의 과제는 작품을 독해함으로써 천재 작가 괴테를 이해하거나 체감하는 데 있지 않기 때문이다. 소위 '정신과학'이라 일컫는 다른 학문들, 예컨대 철학이나 사회학, 역사학과 마찬가지로 문예학에서 중요한 것은 의심할 바 없이 인식의 획득에 있다. 하지만 문예학이 그 대상으로부터 얻을 수 있는 인식의 형태는 독특한 본성을 지니고 있다(Culler 2002, 11 참조). 대개 논리적 사실관계를 다루는 철학과 달리, 문예학의 명제는 증명되기 어렵다. 왜냐하면 문예학의 특수한 대상인 문학은 논리적인 증명관계에서 벗어나려는 경향을 보이기 때문이다. "역사가 없는 것만이 정의될 수 있다"(KSA 5, 317)는 니체의 유명한 말처럼, 그것은 문학 역시—심지어 오늘날의 문학도—언제나 역사적인 대상이고, 늘 그렇듯이 역사적인 것은 논리적 정의에 저항하기 때문만은 아니다. 역사적인 대상으로서 문학은 학문에서 벗어나려 하는데, 이는 문학 자체가 지식이라는 엄격한 형태로 존재하지 않으려는 성향을 지니고 있기 때문이다. 문학의 이러한 자기이해로 인해 문학에서 중요한 것은 학문적으로 검증할 수 있는 인식이나 궁극적 정초(Letztbegründung)가 아니라, '지식'이라는 주제어로는 포괄할 수 없고 뭐라 명명하기도 어려운 '다른 어떤 것'이다. 바로 그런 이유로 영국의 문예학자 테리 이글턴은 자신의 문학이론 입문서를 다음과 같은 말로 시작한다. "문학이론이라는 것이 있다면, 그 이론의 대상이 되는 문학이라는 이름을 가진 것도 존재함에 틀림없다."(Eagleton 1994a, 1) 그러면서도 이글턴은 문학이란 무엇인가에 대해 답을 내놓기를 주저한다. 자신의 저서에서 그는 문학적인 것의 본질을 규정하기 위해, 문학이론의 역사에서 나타난 여러 상이한 제안들을 제시할 뿐이다.

문학의 신비화

문학의 본질을 인식하기 위해 내려졌던 정의들의 불확실성은 결국 늘 계속해서 문학적인 것의 기능을 신비화하는 방향으로 나아갔다. 이러한 신비화의 한 양상은 빌헬름 딜타이의 해석학으로 소급되는

데, 이것은 바로 앞서 언급된 바 있는 천재적 작가 주체라는 개념과 관계가 있다. 이러한 주체는 불멸의 작품을 자신의 독자적인 능력으로 창조해내는 주체이며, 이런 작품을 이해력 깊은 독자는 감정이입을 통해 추체험할 수 있다. 신비화의 또 다른 양상은 구조주의 언어학자 로만 야콥슨으로 대표되는 언어의 특수한 시적 기능이라는 말에서 드러난다. 언어의 시적 기능은 언어의 다른 기능들과 구별되는 것으로서, 여기에서 중요한 것은 문학에서는 언어 그 자체가 대상이 된다는 점이다. 이 두 가지 답변은 문학적인 것의 본질을 자율성의 형태로 인식한다는 점에서 공통점을 지닌다. 과거의 텍스트들에서 모범적으로 실현된 바 있다고 하는 이 자율성은 문학의 절대적 주체, 즉 천재 작가에게서 비롯되거나, 혹은 언어 자체의 독립성에 기인한다.

문학과 학문의 차이

하지만 다른 한편으로는 문예학에 고유한 대상의 불확실성이 비로소 문학이론적 성찰이라고 할 만한 어떤 것을 가능하게 만든다. 왜냐하면 '문학이 무엇인가 하는 것'과 '문예학이 문학을 가지고 행하는 바가 무엇인가 하는 것' 양자가 서로 다르다는 사실이 결코 문예학이 그것의 대상에 대한 지식 일체를 포기해야 한다는 것을 의미하지는 않기 때문이다. 정의하기 까다로운 대상이라는 문학의 위상으로부터 이끌어 낼 수 있는 결론은 오히려 그 반대일 수도 있다. 학문으로서의 문예학의 중요한 문제가 문학에 대한 어떤 특정한 지식에 있다는 것은 자명하다. 문예학이 학문으로서 정당성을 지닐 수 있는가는 오로지 여기에 달려있다. 하지만 동시에 문예학의 지식은 문학 자체의 지식과는 또 다른 성격을 지닌다. 학문과 문학 사이에 가로놓여 있는 차이는 역사에 그 원인이 있을 뿐만 아니라, 또한 체계에도 그 근거를 두고 있다.

차이에 대한 성찰로서의 문학이론

문학적인 텍스트와 문학에 대한 학문 사이에 존재하는 차이에 대해 체계적으로 성찰하는 일은 문학이론이 다루어야 할 대상의 범위를 규정해준다. 문예학이 자신과 비슷하지만 다른 어떤 것으로 구별되는 대상을 다룬다는 사실이 문학에 의미 있는 방식으로 접근하기 위해 우리가 생각할 수 있는 방법론들에 대해 숙고하게 만든다. 따라서 문학이론은 우선 문학에 대한 진술들을 다루고, 동시에 문예학이란 무엇이고 또 그것이 여타의 지식형태들과 달리 스스로를 어떻게 정당화할 수 있는가에 대해 근거를 제시하는 진술들도 다룬다. 문학이론의 과제는 무엇보다도 궁극적으로 지양이 불가능한 문학과 학문의 차이를 성찰하는 데 있다. 그렇기 때문에 문학의 본질에 대한 궁극적 정초란 있을 수 없다. 문학이론에 대한 논의는 그 자리를 대체할 수 있는 근본적으로 새로운 문학관이 등장하지 않은 상황에서 오랫동안 믿어왔던 문학적 본질의 자명성과 결별해야 한다는 것을 의미한다. 바로 이 때문에 문학이론의 자기이해는 멜랑콜리와 아이러니 사이에서 동요하는 복잡한 특성을 지니게 된다. 다시 말해, 문학이론은 문학적 본질의 상실에 대한 비탄이자 문학을 학문적으로 정의하려는 시도에 대한 반어적 거리두기인 것이다.

궁극적 정초의 포기

그러나 정신분석학적인 의미에서 문학이론이란 한때 문학이라고 여겨졌던 것의 상실에 대한 비탄 작업이라고 정의한다면, 그것은 문학이론에 대한 일면적 규정일 것이다. 문학이론이 자신의 대상에 대해 궁극적 인식을 줄 수 없다는 사실은 분명 문학이론의 약점일 수 있다. 이에 따라 문학이론이 자신의 고유한 대상을 규정하는 일에 어려움을 겪는다는 사실은 거듭 문학이론 자체의 불안정성에 대한 불만으로 이어진다. 하지만 오히려 바로 그 점이 문학이론의 장점이 될 수도 있다. 문학에 대한 성찰을 통해 문학이론이 발견한 사실은, 문학이 궁극적 정초에 저항하는 이유는 문학의 '본질'이란 것이 존재하지 않기 때문이라는 것이다. "문학의 '본질'이란 것은 결코 존재하지 않는다."(Eagleton 1994a, 10) 학문은 오로지 궁극적 정초와 관련된 것이고 문학은 문학적인 것의 비밀로 가득 찬 본질로 되돌아간다는 오랫동안 지배적이었던 사상을 대신하여, 문학의 본질이 아니라 문학의 기능을 그 시대의 담론 안에서 규정하고자 하는 새로운 인식형태가 등장한다. 하지만 문학이론을 위한 이러한 새로운 사상적 계기들이 문학은 지식의 모든 체계적 형식에 대한 전복에 다름 아니라는 사고로 끝나는 것은 아니다. 해체주의는 바로 그러한 길을 감으로써 '즐거운 학문'에 길을 열어주려 하였는데, 여기에서 중요한 것은 이제 더 이상 학문적 의미관계가 아니라, 모든 억압으로부터 자유로워 보이는 문학과 이론 사이의 유희였다. 하지만 문학에 대한 이러한 해체주의적 견해 역시 반(反)학문의 한 형태로서 결국 문학의 기능은 학문적 인식에 모순되는 것이고, 따라서 학문적으로 문학에 대해 논의하는 일은 이론에 대한 문학의 저항에 공감함으로써만 가능하다는 출발테제로의 편안한 귀환에 만족할 뿐이다(de Man 1987 참조). 인식이라는 말을 어떤 체계적인 지식형태로 이해한다면, 문학이론이 그것의 대상으로부터 얻을 수 있는 인식은 부정적인 본성을 지닐 수밖에 없다. 하지만 인식의 개념을 확장한다면, 문학이론의 성과는 다시금 특별한 본성을 지니게 될 것이다. 즉, 문학이론에 있어서 우선적으로 중요한 것은 학문적으로 얻어질 수 있는 문학 고유의 법칙성이 아니라, 역사적이면서 동시에 현재적인 현상으로서 문학을 이해하는 일이다.

문학과 역사

그런 이유로 1962년에 문예학자 페터 손디는 문헌학적 인식을 얻는 법칙의 문제와 관련하여 "가장 오래된 텍스트일지라도 여전히 지니고 있는 현재성"(Szondi 1978a, 265)을 문예학과 역사학을 식별하는 특징으로 보았다. 하지만—문학을 특히 현대의 맥락에서 두드러져 보이게 만드는—지나간 것의 현재성에 대한 지적 역시 여기에서는 결정적인 도움을 주지 못한다. 왜냐하면 손디가 자신의 출발점으로 삼은 문학의 현재성은 역사를 통해 확증되는 것이 아니라 오히려 파괴되기 때문이다. 문학의 역사는 전승과 작가 주체의 연속적 흐름이 아니라, 역사적으로 세분화된, 그러면서도 동시에 이질적이고 비연속적인 권력의 연관구조가 표출된 것이라고 할 수 있다. 이러한 권력의 연관구조 속에서 다양한 역사적 힘과 담론들이 서로를 상쇄하거나 배제하거나 또는 서로를 산출한다. 문예학은 역동적인 계기를 지니고 있다(Szondi 1978a, 265 참조). 이는 단지 문예학이 역사 속에서 끊임없이 변화하는 대상과 관계하기 때문만이 아니라, 문학 자체가 힘들로 이루어진 역동적 구조물이기 때문인데, 이 힘들은 그 자체로는 해명될 수 없으며, 오로지 이질적인 전체로서만 재구성될 수 있다. 문학이론의 대상인 문학은 항상 역사를 지시하지만, 이 역사는 우연적이고 비합리적인 힘으로서의 역사다. 따라서 이제 문학이 역사라는 비연속적인 힘과 어떻게 관계를 맺는가라는 물음이 문학이론의 핵심 과제 중 하나로 제기된다.

반담론으로서의 문학

문예학적 인식의 대상을 규정하는 것이 지나간 것의 현재성 하나만이 아니라면, 문학을 역사에 의해 규정된 "반(反)담론"(Foucault 1974, 76)이라고 한 또 다른 정의가 도움이 될 수 있을 것이다. "반담론"이라는 것이 문학이란 "지식의 전복"(Foucault 1987)이라는 주장에 그치는 것은 결코 아니다. 포스트구조주의의 수많은 사상적 계기들에서 거듭 발견되는 문학의 본질에 대한 이러한 견해가 문학이 철학적 지식이나 역사적 지식에 대한 진지한 부정의 형식이 될 수 있으리라는 것을 의미한다면 이 또한 결국 신비화에 예속되고 말 것이다. 문학이 반담론이라는 말이 의미하는 것은 오히려 다음과 같은 것이다. 즉, 문학은 그것이 단독으로 그 규칙을 규정하지 않는 하나의 시대에 역사적으로 구속되어 있지만, 문학의 존재가 그 시대의 담론이 문학에 제공하는 규칙들에 의해서만 드러나거나 설명되지는 않는다는 것이다. 그렇기에 문학에 은밀히 내재해 있는 환상성과 종종 혼동되기도 하는 문학의 역동적 계기는 역사적인 조건에 의해서뿐만 아니라 체계적인 조건에 의해서도 제약된다. 다시 말해 문학의 역동적 계기는 그 시대의 담론에 대해 문학이 갖는 차이 속에 존재한다. 발터 벤야민에 따르면 이러한 차이는 한 작품의 사실내용과 진리내용이 역사 속에서 서로 갈등을 일으킴으로써 역사적으로 전개된다(Benjamin 1980,

I 125 참조). 문예학에서 문헌학적 인식의 개념이 여전히 어떤 의미를 가질 수 있다면, 그것은 문학이 그 안에 제시되어 있는 역사적 진리에 대해 취하는 거리를 인정하는 형태로만 가능할 것이다.

문학이론의 과제

이러한 배경에서 볼 때 문학에 대해 체계적 정의를 내리는 것은 가능하지 않다는 사실이 명백하게 드러난다. 문학이론의 과제는 문학의 본질을 규정하거나, 문학에 적용할 수 있는 학습 가능한 방법론의 다양함을 서술하는 것으로 완수되는 것이 아니다. 문학이론은 그것의 대상을 그저 찾아내는 것이 아니고 그것을 새로이 만들어내는 것도 아니다. 문학이론이 발견하는 것은 다른 담론들과 차이를 지니는 특수한 역사적 담론형태로서의 문학이다. 문학이론은 이에서 더 나아가 그것에 고유한 학문성의 형식을 발견하려 한다. 이것은 역사적·체계적 지식이라는 전통적인 형식으로는 가능하지 않은데, 왜냐하면 문학이론의 대상은 역사적이고 체계적인 규정 속에서는 자신의 모습을 드러내지 않기 때문이다. 문학이론의 대상은 문학 전체이며, 그것도 열려있는 전체로서의 문학이다. 문학과 함께 문학이론도 또한 새롭게 발견되어야 한다.

2. 오늘날의 문학이론

웰렉과 워렌: 문학이론이란 무엇인가?

문학과 문예학의 차이를 문학이론의 토대로 보는 것은 그리 새로운 것이 아니다. 르네 웰렉과 오스틴 워렌은 1949년에 출간된 저서 『문학이론(*Theorie der Literatur*)』을 다음과 같은 말로 시작하고 있다. "우리는 우선 문학과 문예학을 구분해야 한다. 이 둘은 서로 다른 활동이다. 하나가 창조적인 활동, 즉 예술이라면, 다른 하나는 엄밀한 의미의 학문은 아닐지라도 일종의 지식 혹은 학식이라고 할 수 있다."(Wellek/Warren 1985, 11) 하지만 웰렉과 워렌의 당연해 보이는 이 주장이 시대의 흐름 속에서 겪어야 했던 한계야말로 지난 수십 년 동안 문학이론에서 일어난 근본적인 변화를 명료하게 보여준다.

새로운 문학이론들

왜냐하면 특히 60년대 중반 이후로 생겨난 "새로운 문학이론들" (Bogdal 1997)의 맥락에서 보면, 문학은 더 이상 단지 예술에 그치는 것이 아니라 하나의 지식형태로 여겨지고, 문예학 역시 단지 지식에 그치는 것이 아니라 예술의 한 형태로 여겨지게 되었기 때문이다. 문학과 문학이론의 엄격한 분리를 수정하게 된 것은 여기서 우리가 문제 삼고 있는 대상이 경험한 역사적 변화와 어느 정도 관련되어 있다. 웰렉과 워렌이 전제로 삼았던 것처럼, 문학을 작가의 천재성에 소급되는 자율적 예술창작으로 이해하는 것과 문학을 문학 자체가 좌우할 수 없는 조건들에 의존하고 있는 수사학적·담론적 실천으로 이해하는 것은 서로 다른 것이다. 문예학의 방법론적 다양성은 사태의 차이로 나아가게 되고, 이는 결국 상이한 방법론들의 정당성에 대한 물음을 둘러싸고 벌어지는 논쟁으로 귀결된다. 문학이론이 자유주의적인 다원성의 원칙으로부터 출발하여, 하나의 텍스트에 대한 하나의 올바른 의미나 해석이 있는 것이 아니라 서로 다른 많은 의미와 해석들이 있다는 입장을 취한다면, 문학의 '왕도'에 대한 물음은 불필요한 일이 될 것이며, 텍스트가 지니는 하나의 진리 혹은 수많은 진리를 추구하는 해석의 가능성에 대한 물음도 불필요한 일이 될 것이다. 오히려 문제는 문학 텍스트에 접근하는 오늘날의 가능한 방식은 무엇인가라는 물음에 있게 될 것이다. 여기에서 추구되는 접근 방식은 텍스트의 여러 가지 의미차원에 대한 해석학적 해명에 한정되어서는 안 될 것이며, 오해의 불가피성, 해석의 폭력, 다른 담론들에 대한 문학의 종속성 등에 대한 통찰을 포괄할 수 있는 것이어야 한다.

해석에 대한 논쟁

문학이란 무엇인가 그리고 문학이론은 무엇이어야 하는가에 대한 다양한 견해들은 "해석에 대한 논쟁"(Eco 1987)으로 이어지고, 결국 문학이론에 적합한 방법론이 여전히 해석이라고 말할 수 있는가라는 문제로 귀착된다. 이 문제에 대해 어떤 사람은 문학이론이 이제야 비로소 하나의 독자적인 분과학문으로 정립되었다는 입장을 취하고, 또 어떤 사람은 이 문제가 학문으로서의 문예학의 해체를 의미한다고 주장한다. 이러한 맥락에서 논쟁이라는 단어를 진지하게 받아들인다면, 해석에 대한 논쟁과 더불어 문학에 대한 물음과 문학을 대상으로 삼는 지식의 가능성에 대한 물음이 논란의 중심에 놓이게 된다. 다시 말해 문학이론이 문학이란 무엇인가라는 질문을 제기함으로써,

문학이론은 동시에 자기 자신과 자신의 지식을 문제 삼는 상황에 놓이게 되는 것이다.

문학이론의 위기와 시의성

부단히 스스로를 검증하고자 하는 문학이론의 성찰적 경향은 불가피하게 다음과 같은 질문으로 나아가게 된다. 지난 수십 년간 문예학이 이론에 치중함으로써 자신의 대상을 잃어버리지는 않았는가라는 질문이 그것이다(Barner 1998 참조). 하지만 이는 이 노후한 분과학문에 거듭 닥쳐오는 위기를 보여주기보다는 오히려 중단될 수 없는 이 질문의 절실함을 입증해준다. 문예학의 항구적인 위기가 자신이 제기하는 문제에 대한 비판을 통해 자신의 가능성을 증명하지 못하고 자기애에 사로잡혀 스스로를 바라봄으로써 자신의 가능성이나 대상을 잃어버리고 마는 문학이론의 자기망각에 기인한다고 말할 수는 없다. 왜냐하면 문학이론은 문학과 문학을 대상으로 삼는 지식의 가능성에 대해 물음을 제기함으로써 비로소 문예학의 위기에 대해 언급할 수 있는 지평을 열어주기 때문이다. "어떤 독자도 '이론을 완전히 벗어나서는' 해석 작업은커녕 문학작품을 읽을 수조차 없다"고 틸만 쾨페와 지모네 빙코는 확언한 바 있다(Köppe/Winko 2008, 1). 올리버 야라우스 또한 문학이론에 대한 자신의 입문서를 다음과 같은 요구로 시작하고 있다. "문예학을 연구하는 사람은 누구나 원칙적으로 문학이 던지는 다음의 두 질문을 제기해야만 한다. 문학이란 무엇이며, 또 문학을 해석한다는 것은 무엇을 의미하는가?"(Jahraus 2004, 1) 이처럼 문학이론은 문예학이라는 어려운 분야가 학문성의 가능성을 지니기 위한 조건으로 나타난다. 문학이론에 대한 비판은 그것이 제기하는 질문이 불가피하다는 것, 그리고 지난 수십 년 동안 이루어진 이론적 노력들을 추적하는 일이 반드시 필요하다는 사실을 여전히 입증해 주고 있다.

3. 역사적 전제

해석학의 기원, 플라톤

문학의 본질과 문학이해의 전제조건에 대한 물음은 문학 그 자체만큼이나 오래된 것이다. 이는 호메로스와 플라톤까지 거슬러 올라간다. 대화편 『이온(*Ion*)』에서 소크라테스는 동명의 성공한 낭송가에게 그의 기술에 숨겨진 비밀을 묻는다. 소크라테스가 낭송가 이온과 작가 호메로스의 상호관계에 대해 물으면서 전제하는 바에 따르면, 중요한 것은 "말을 이해하는 것이 아니라 의미를 이해하는 것이다. 작가가 무슨 말을 하는지 이해하지 못한다면, 그는 낭송가라고 할 수 없다. 낭송가는 작가가 의미하는 바를 청중에게 전달해야 하는데, 작가가 무엇을 말하고 있는지 통찰하지 못한다면 이 일을 제대로 해내는 것은 불가능하다."(Platon 1957, Ion 530c) 여기에서 소크라테스는 문학의 이해에 관한 학문의 역사에서 더없이 중요한 의미를 지니는 가설을 내놓고 있다. 이 가설에 따르면 옮겨놓기(Übersetzung)라는 해석학적 행위에 있어서 해석자는 말이 아니라 그 말의 '의미'를 이해해야 한다는 것이다.

시인의 열광과 이성의 부재

낭송가에게 해석하는 기술의 능력을 부여하는 것은 도대체 어떤 형태의 지식인가라는 비판적 질문에 소크라테스는 놀라운 답변을 내놓는다. 그것은 "그를 사로잡는 신적인 능력"(Platon 1957, Ion 533d)에서 생겨나는 것이지, 어떤 경우에도 이성적 통찰이나 지식에서 생겨나는 것은 아니라는 것이다. 소크라테스는 낭송가의 힘을 청중들에게 동심원처럼 퍼져나가는 자석의 힘에 비유한다. 소크라테스의 논증에 따르면 이온의 화술은 복합적인 전달과정의 종착점으로서, 그것의 근원은 신이 시인에게 불어넣는 영감에 있다. "그 본질에 있어 시인은 가볍고 날개가 달린 신성한 존재로서, 이성에서 벗어나 열광에 휩싸인 무의식 상태에 이르기 전까지 그는 시를 지을 수 없다."(Platon 1957, Ion 534b) 시인을 신들린 자로 묘사함으로써 플라톤이 근대의 천재사상을 선취했다는 점은 동전의 한 면에 불과하다. 그 반대쪽 면에는 시인이 비이성적 존재라는 가정이 자리 잡고 있다. 시인의 예술적 과업은 그를 사로잡고 있는 신적인 힘을 옮겨놓는 데 있으며, 이는 의식을 무력화하고 이성을 넘어서는 방식으로 이루어진다는 것이다. 플라톤의 비판적 서술에서 문학은 일종의 기예로 간주되지만, 이것은 자신의 행위에 대해서 어떠한 해명도 할 수 없고 따라서 철학적 지식을 요구할 수 없는 그러한 기예이다.

해석학과 이해

이러한 배경에서 보면 이온과 소크라테스의 대화는 이중적인 의미에서 현대 해석학의 최초의 장면을 보여준다고 할 수 있다. 우베 야프는 해석학에 대한 소크라테스의 규정이 지니는 근본적 의미를 강조한다. 해석학에 대한 소크라테스의 정의는 의미와 이해에 우선권을 부여하는 옮겨놓기의 형식에 근거를 두고 있다. "이에 따르면 중요한 것은 말이 아니라 텍스트의 의미를 이해하는 것이다. 근본적으로 해석학에서 그 밖에 다른 문제는 존재하지 않는다."(Japp 1977, 583) 하지만 언뜻 보기에 매우 설득력 있는 이러한 설명의 뒤에는 비판적인 두 번째 논증이 숨어있다. 소크라테스는 이온이 청중들에게 전달하는 말의 의미에 대해 스스로는 아무런 해명도 할 수 없다고 밝힘으로써, 해석학적 이해행위가 이온의 수사학적 기술과 별개라는 사실을 우선적으로 강조하고 있기 때문이다. 이온과 소크라테스의 논쟁은 문학과 문학에 대한 지식 사이에 가로놓인 심각한 괴리를 열어 보여주는데, 여기에는 플라톤에서 가다머에 이르는 해석학의 입장과 관련된 중요한 문제, 즉 의미와 이해의 연관관계가 해석학의 중심에 자리 잡고 있다는 문제가 내포되어 있다. 소크라테스에게 답변을 내놓아야 할 처지에 놓인 이온에게 본래 중요한 것은 시인이 하는 말의 의미를 잘 이해하는 방법이 아니라, 그가 청중들에게 전달하고자 하는 것, 즉 수사학적으로 매개된 감동의 형식이기 때문이다.

수사학과 해석학 사이의 논쟁

이온의 수행적(performativ) 수사학 역시 어떤 지식형태에 기초하고 있지만, 이것이 이해의 범주로는 파악할 수 없는 지식형태라는 사실은 현대 해석학을 선취하고 있는 플라톤에게서 이미 이 학문의 한계를 시사해준다. 해석학 최초의 장면이라 할 수 있는 플라톤의 대화편 『이온』은 동시에 철학적인 로고스와 수사학적인 말의 힘이 서로 갈라져 나가는 지점을 보여준다. 문학이 철학과 수사학의 중간에 있다면, 그것은 문학이 이 중 어느 한쪽에 치우치지 않고 양쪽에 모두 맞닿아 있기 때문일 것이다. 『이온』과 더불어 문학의 말과 철학이나 수사학의 지식 사이에 틈이 생기기 시작하는데, 이 틈을 극복하는 것이 오늘날까지도 문학이론의 과제가 되고 있다.

4. 이 책의 구성과 목표

해석학과 새로운 문학이론

문학에 대한 지식이란 작가가 말한 것의 의미를 이해하는 것이라고 하였던 소크라테스의 규정은 문학이론에서 오랫동안 의심할 수 없는 정언명제로 여겨져 왔다. 물론 시적 언어의 "마음을 뒤흔드는 힘"(Longinus 1988, 7)에 대해 연구하는 수사학의 전통이 이미 오래전부터 해석학적 이해행위에 대한 일종의 균형추 역할을 해왔다. 하지만 문학이론이 이해의 이론에 기초한다는 해석학의 자명한 전제는 20세기에 와서야 비로소 새로운 도전에 직면하게 된다(Bogdal 1999, 11쪽 이하 참조). 문학에 대한 새로운 이해를 향해 첫걸음을 내딛은 것은 언어의 형식적 특성을 통찰한 현대 언어학이다(Saussure 1967, 146 참조). 형식주의적 사고의 틀 안에서 관심의 대상은 이제 더 이상 의미의 철학적 심급에 의해 매개된 언어의 내용이 아니라, 언어기호 자체의 본성과 언어의 시적 기능이 갖는 특수성에 대한 물음이다(Jakobson 1979, 92). 구조주의가 언어의 시적 기능을 언어적 메시지 자체의 배치(Jakobson 1979, 94)와 동일시하고, 문학에서 은유와 환유의 특별한 의미를 강조함에 따라, 결국 구조주의는 발걸음을 고대 수사학 쪽으로 되돌리게 된다(Barthes 1988, 15-102).

해석학 비판

이러한 배경에서 의미내용을 추구하는 해석학적 사유보다 언어적 형식에 더 가치를 두는 수사학적 입장이 탈구조주의에 의해 수용되고 비판적으로 계승될 수 있었다. 자크 데리다는 문자(Schrift)라는 기치하에 언어적 차이에 관한 새로운 학문 혹은 반(反)학문으로서의 해체주의 철학 전통을 정초하였고(Derrida 1983 참조), 미국의 이론가 폴 드 만은 언어의 수사적 기능을 문학과 동일시함으로써 전통적인 미학과 해석학에 대한 결정적인 수정을 시도했다(de Man 1988, 40 참조). 탈구조주의 문학이론은 수사학의 기치하에 해석학적 의미 모델에 대한 저항 운동을 전개하였다. 프랑스의 이론가이자 담론분석의 창시자인 미셸 푸코 역시 탈구조주의 문학이론에 관여하였다. 한편으로 푸코에게서 문학은 전체 인식론적 영역에서 결코 어떤 특권적 분야가 아니다. 담론분석은 바로 이 영역을 틀 지우는 조건들을 인문학에 대한 비판적 고고학이라는 형태로 기술하고자 한다. 다른 한편으로 "언어의 타자되기"(Deleuze 2000, 16)를 위해 언어적 재현 모델을 폐기해야 할 과제가 "반(反)담론"(Foucault 1974, 76)으로서의 문학에 부과된다. 해체주의뿐만 아니라 담론분석에서도 탈구조주의적 사유는 차이의 경험이라는 기치하에 동일성에 대한 미학과 해석학의 요청을 전복하려는 시도로 나타나는데, 이러한 차이의 경험이 명백히 드러나는 곳이 바로 학문의 타자로서의 문학 텍스트라는 것이다.

해석학에서 문화학으로

지식의 역사적 맥락에 대한 물음을 고찰의 중심문제로 삼음으로써, 담론분석은 새로운 문화학의 기반을 마련하였다. 새로운 문화학에서 중요한 것은 더 이상 문학 텍스트 자체가 아니라, 사회적 에너지의 문화적 실천이자 표현으로서의 문학이다(Greenblatt 1990, 14쪽 이하 참조). 이와 관련하여 특히 문학의 매체적 제약성에 대한 물음이 지난 몇 년 사이에 전면에 부상하게 되었다. 다시 말해 매체이론이라는 형식으로 문화학은 이제 문학적 대상을 고찰함에 있어 더 이상 그것의 고유한 법칙성에 주목하는 것이 아니라, 시적 언어의 기능을 그 본질적인 면에서 매체적인 기록과정에 의존하는 커뮤니케이션 코드로 바라볼 것을 요구한다(Kittler 1987 참조).

방법론의 다원주의와 문학이론의 역사

해석학에서 매체학에 이르는 문학이론의 역사적 전개과정이 분명하게 규정될 수 있는 출발점과 예측 가능한 종착점을 지닌 목적론적 과정이라고 할 수는 없다. 문학이론의 역사는 무수한 균열과 대립, 변혁과 수정을 동반해왔다. 여기에서 새로운 문학이론들이 전통적인 해석학에 제한을 가할 수는 있겠지만, 그에 대한 궁극적인 반박으로 간주될 수는 없을 것이다. 문학해석학, 탈구조주의적 사유, 새로운 문화학은 여전히 긴장관계를 형성하고 있는데, 문예학이라는 분과학문의 학문적인 통일성을 지향한다고 해서 그러한 긴장관계가 제거될 수는 없다. 문학에 대한 단 하나의 이론이 아니라, 서로 경쟁관계에 있는 다양한 사상적 계기들이 존재한다는 사실에 대해 통일성의 상실이라고 한탄할 수도 있겠지만, 다른 한편으로 보면 그러한 사실은 지난 수십 년 동안 문예학의 가능성을 엄청나게 확장한 복합성의 획득을 보여주는 것으로서 환영받을 수도 있을 것이다. 바로 여기에 문학이론의 변함없는 시의성이 있다. 해석학이라는 출발점에서부터 오늘날의 문화학에 이르기까지 문학이론이 제기해온 문제의 정당성은 문학언어의 가능성과 현실성의 조건에 대한 물음이 하나의 중요한 계기를 드러내 보여준다는 점에 있다. 이론적 성찰 안에서만 모습을 드러내는 이 계기는 다름 아닌 지양될 수 없는 긴장이다. 바로 이 긴장이 자율성에 대한 요구와 그 시대의 지식에 대한 문화적 관여 사이에 놓여있는 문학의 근본적 특징인 것이다. 이러한 배경하에서 이 책은 본질적으로 상이한 문학이론의 여러 입장들을 소개할 것인데, 그 안에서 문학적 자율성, 철학적 인식, 담론적 실천 사이의 긴장이 계속 새로운 모습으로 등장하게 될 것이다.

미학에서 새로운 문학이론으로

이 책은 18세기에 생성된 철학적 미학과 문학적 해석학을 출발점으로 삼는다. 그리고 이를 배경으로 하여 20세기의 구조주의와 여기에 근거를 두고 있는 탈구조주의적 사유의 다양한 입장, 나아가 새로운 문화학과 매체학의 성립에 대해 고찰하게 될 것이다. 문학이론의 시의적 의미에 대한 물음이 이 책의 마지막 부분에 자리할 것이다. 이 책의 목표는 단지 문학이론의 다양한 방향들을 개괄적으로 조망하는 데 그치는 것이 아니다. 이 책이 실마리로 삼고 있는 것은 지난 세기의 60년대가 지향했던 열린 시각의 틀 속에서 과거의 문학이론 및 새로운 문학이론의 가능성과 한계에 대해 비판적 물음을 던지는 것이다.

Ⅱ. 미학

1. 18세기 미학과 시학

미학과 문학이론

문학이 예술의 한 분과영역이라는 점에서 헤겔 이후 일반적으로 예술에 관한 학문(Hegel 1986a, 13)으로 이해되어온 미학이 문학에 대해서도 일정한 권한을 갖는다는 사실은 자명한 것처럼 보인다. 하지만 미학이 문학에 관여하는 것이 당연하다는 견해는 역사 속에서 전개된 것이며, 이에 대해서는 설명이 필요하다(Plumpe 1993, Eagleton 1994, Schneider 1996 참조). 왜냐하면 미학은 18세기에 이르러서야 비로소 독자적인 분과학문으로 형성되기 시작하였으며, 그 이전까지 문학에 대한 물음을 담당한 것은 미학이 아니라 수사학이었기 때문이다. 문학에 미학 특유의 방식으로 접근하고자 하는 근대 철학의 다양한 시도들은 칸트와 헤겔에서부터 니체, 프로이트, 하이데거를 거쳐 루카치, 벤야민, 아도르노에 이른다(Jung 1995 참조). 서로 대립적인 관계에 있던 근대 미학이론들에 공통된 역사적 전제가 있다면, 그것은 18세기에 시학과 수사학의 고전적 체계와의 단절이 생겨났다는 것, 그리고 자율성의 형식을 이루어내려는 노력이 행해졌다는 것인데, 문학 역시도 그러한 지평에 편입되었던 것이다. 하지만 칸트 이래로 미학이 획득한 자율성이 모순적 양상을 보이지 않을 수 없었다는 사실은 문학에 대한 미학적 성찰이 지니는 한계를 드러낸다. 이 한계는 미학적 성찰이 이미 극복된 듯 보였던 수사학과 시학의 체계로 다시 되돌아가고 있는 것에서 확인된다.

미학의 역사

여기에서 잊지 말아야 할 것은 미학이 역사 속에서 많은 변화를 겪어왔다는 사실이다. 바움가르텐과 칸트에게 인식론이나 도덕과는 다른 미학적 사유의 원칙적인 정당성은 여전히 중요했다. 헤겔은 특히 칸트를 토대로 하여 예술의 역사적 측면뿐만 아니라 장르시학적인 측면 역시 고려한 완결된 미학체계를 내놓을 수 있었다. 이런 맥락에서 19세기 후반에 헤겔의 철학체계가 와해된 것은 독일 관념론 미학의 수정을 의미한다고 할 수 있다. 이는 니체에 의해 가장 일관되게 이루어졌다. 니체는 그리스 비극을 모범으로 삼아 현존재의 미학적 변신론의 윤곽을 그려냈는데, 이는 미학의 탈경계라는 중대한 결과를 초래하였다. 20세기 초에 미학은 다시금 새로운 전환점을 맞이한다. 루카치, 벤야민, 아도르노 같은 사상가들에 의해 예술과 사회의 관계가 미학적 성찰의 핵심에 놓이게 된 것이다. 이에 있어 특히 아도르노의 미학이 바움가르텐과 칸트의 의미에서의 미학을 고전적으로 정초하려는 마지막 시도라고 할 수 있다면, 탈구조주의는 리오타르나 들뢰즈의 작업과 더불어 인식의 감각적 토대들을 새롭게 평가하는 방향으로 나아감으로써 미학을 넘어서고자 한다.

미학의 의의

이처럼 복합적으로 전개된 배경을 놓고 볼 때, 미학이 역사 속에서 문학이론에 대해 지녔던 중심적 가치가 도대체 어떤 종류의 것이었는지 첫눈에 분명하게 드러나지 않을 수도 있다. 하지만 모든 문학이론은 궁극적으로 미학적 사유의 특정한 형식으로 소급된다. 또 하나의 중요한 문제는 현대 해석학에서 칸트와 헤겔이 갖는 의미, 혹은 탈구조주의에서 니체와 하이데거가 갖는 의미라고 할 수 있다. 철학적 미학은 문학이라는 현상이 허구의 개념과 연결되어 있든, 혹은 예술 안에서 전범적인 현상으로 나타나는 진리이론과 연결되어 있든 간에, 이미 그 자체 내에 항상 문학의 본질에 대한 진술을 내포하고 있다. 18세기에 미학이 등장한 이래로 미학과 문학이론은 긴밀한 관계를 맺어왔고, 이는 20세기에도 중단되지 않았다.

미학의 한계

하지만 20세기에 와서 미학은 그것이 앞으로 얼마나 더 오랫동안 문학이론에 본질적으로 기여할 수 있는가를 이제 더 이상 확실하게 보장할 수 없게끔 만드는 문제들에 직면하였다. 그렇게 된 이유가 문학에 대한 물음을 철학적 성찰로 옮겨놓는 방식이 원래부터 많은 문제들을 내포하고 있다는 데 있는 것만은 아니다. 예술에 대한 특수한 물음이라는 미학의 속성이 삶의 거의 모든 영역으로 확장되기에 이른 미학의 광범위한 탈경계와 관련하여, 칼하인츠 바르크는 미학의 역사를 돌아보면서 "개념의 혼란스러운 확산의 흔적들"(Barck 2000, 394)을 확인한다. 이로부터 바르크는 다음과 같은 근본적인 질문을 제기한다. "철학이 홀로 대표성을 주장하던 자리에 범(汎)미학 혹은 범미학화의 경향이 들어선다. 충분히 명확한 미학의 개념이 여전히 존재하는 것일까?"(Barck 2000, 308) 대답은 이중적이다. 왜냐하면 한편으로 미학은 탈경계를 통해 삶의 모든 영역을 아우르는 폭을 획득하지만, 다른 한편으로 바로 그 탈경계의 경향으로 인해 미학에 고유한 대상이 더 이상 확실하지 않게 되었기 때문이다(Geisenhanslüke 2001a, 137). 경계의 확장을 통해 미학이 그것에 고유한 대상을 잃어버리게 됨으로써, 문학의 위상과 구조에 대한 물음에 미학이 어느 정도로 기여할 수 있는가 하는 문제 역시 더 이상 확실하지 않게 된 것이다. 20세기에 이르기까지 문학이론의 논의를 주도해온 미학은 이제 오늘날의 매체이론이나 문화학, 수사학 등 다른 학문분야에 자신의 핵심적 기능을 점차 넘겨주게 되었다. 그럴수록 더욱 중요해지는 것은 문학이론이 철학적 미학으로부터 받아들인 다양한 계기들을 역사적으로 조망하는 시야를 획득하는 일이다.

2. 근대 미학의 정초: 칸트

18세기 미학의 탄생

18세기는 독일 문학사의 정점이었을 뿐만 아니라 문학이론이 획기적인 새 출발을 맞이한 시기였다. 레싱 이래로 독일의 국민문학이 급부상한 것과 병행하여, 바움가르텐에 의해 철학적 지식의 감성적 계기와 근거를 논하는 미학이 철학의 새로운 분과학문으로 탄생한다. 근대 미학의 탄생은 문학에게 많은 것을 약속해주는 하나의 획기적인 사건을 의미하는데, 이에 대해 베르너 융은 다음과 같이 단언한 바 있다. "규칙(규정, 규범)에서 자의(자율성, 천재)로의 전환이라고 해석될 수 있는, 18세기 후반에 일어난 단절은 시학의 역사를 통틀어 가장 중대한 결과를 초래한 사건이다."(Jung 1997, 10) 여기에서 융이 단절이라고 말하고 있는 것은 18세기에 규범시학이 철학적 미학에서 떨어져 나가기 때문이다. 바움가르텐 이래 미학의 탄생이 초래한 역사적 전환을 배경으로 수사학, 철학, 문학이라는 상이한 학문들 사이에 새로운 권력관계가 형성된다. 시학이 지금까지 문학에 대한 이론적 지식뿐만 아니라 실천적 지식까지 포괄해왔다면(Szondi 1974, 13), 이제 미학의 탄생은 실천적 지식인 시작술(Dichtkunst)과 이론적 지식인 미학의 분리를 의미하는 것이었다. 가장 이상적인 경우 예술에 대한 학문으로서 완성을 보게 되는 이론적 성찰로서의 미학은 비록 문학과 관련을 맺고 있기는 하지만, 문학생산에 대한 물음과는 분리된다. 이에 따라 철학적 미학의 형성과 독일 국민문학의 탄생 이 두 가지는 18세기 말에 천재적 예술가 주체의 자율성이라는 기치하에 서로를 가리키는 이중적 관계를 맺게 되며, 이는 고대 이후로 시학의 개념 속에 확립되어 있던 문학의 이론과 실천 사이의 결합을 해체한다.

칸트에 의한 미학의 주관화

18세기에 미학이 탄생한 것은 하나의 분기점을 의미하는데, 여기에서 가장 중요한 역할을 한 것은 칸트의 『판단력 비판(*Kritik der Urteilskraft*)』이다(Marquard 1981 참조). 바움가르텐이 그때까지 철학적 성찰에서 무가치한 것으로 여겨졌던 인식의 감성적 형식에서 미학의 근거를 찾아냈다면, 칸트는 판단력을 원리로 하여 미학의 근거를 주관성의 영역으로 옮겨 놓는다. 칸트는 미에 대한 이론을 실마리로 삼아 상상력과 지성의 유희를 미학의 중심에 놓음으로써 주관성으로의 방향전환을 이루어낸다. 그의 탐구의 목표는 도덕적 판단과 인식론적 판단 외에 미학적인 것의 영역이 독자적으로 존재한다는 것을 증명하는 일이었다.

수사학 비판

판단력의 초험적(transzendental) 원리를 정초한 칸트의 미학은 수사학 전통의 화술에 날카로운 비판을 가함으로써 규범시학의 전통과 결별하고, 수사학, 시학, 문학의 전통적 결합을 해체한다. 바움가르텐의 미학이 여전히 상당 부분 수사학의 전통에 연관되고 있었던 데 반해(Baumgarten 1988, Bornscheuer 1989, Bender 1980 참조), 칸트의 『판단력 비판』은 철학적 미학을 정초하는 작업을 화술에 대한 비판과 연관시키는데, 이는 중대한 결과를 가져온다.

> 언어예술은 화술과 문학이다. 화술은 지성의 과업을 상상력의 자유로운 유희로 추진하는 예술이며, 문학은 상상력의 자유로운 유희를 지성의 과업으로 수행하는 예술이다(Kant 1974, 258).

화술과 문학

칸트는 화술과 문학을 언어예술의 두 가지 형태로 구분함으로써, 이들 사이에 일종의 대립관계를 설정한다. 화술은 지성의 과업을 상상력의 자유로운 유희로서 재현하는 기예인 데 반해, 문학은 상상력의 자유로운 유희를 지성의 과업으로서 재현한다. 따라서 『판단력 비판』이 그 대상인 자연미에게 요구하는 것을 충족시킬 수 있는 것은 둘 중에서 오직 문학뿐이다. 이에 따라 칸트는 문학에 다른 모든 예술형식들보다 높은 지위를 부여한다.

> 모든 예술 가운데서 (그 근원을 거의 전적으로 천재에 힘입고, 지시규정이나 실례들에 의한 지도를 가장 적게 받으려 하는) 문학이 최상의 지위를

주장한다. 문학은 상상력을 자유롭게 함으로써, 그리고 주어진 개념의 경계 안에서 그 개념에 무한히 다양한 가능한 형식들 중에서 이 개념의 현시를 어떠한 언어적 표현도 그에 온전히 적합하지 못한 충만한 사상내용과 연결하고, 그리하여 미감적으로 이념들에로 고양되는 형식들을 제시함으로써, 마음을 확장시켜준다(Kant 1974, 265).

언어와 이념

칸트의 천재 개념과 긴밀하게 연결되어 있는(Bezzola 1993, 26) 문학의 우위는 상상력을 지성의 한도 안에서 자유롭게 해주는 그것의 능력에 근거한다. 이러한 활동의 결과를 칸트는 "충만한 사상내용"이라고 표현한다. 그는 문학을 언어예술의 한 형식으로 받아들이면서도, 충만한 사상내용을 언어의 영역에서 내몬다. 충만한 사상내용은 "어떠한 언어적 표현도 그에 온전히 적합하지 못한" 것이며, 모든 예술 가운데 문학이 지니는 예외적 위치는 "미감적으로 이념들로 고양되는" 것을 통해서만 정당화된다. 칸트에게 문학의 본래적 근거는 언어가 아니라 이념이다. 칸트가 『판단력 비판』에서 문학에 바치는 찬가는 문학을 이념의 무한한 제국으로 향하도록 하기 위한 것이다. 이 이념의 제국은 언어라는 제한된 수단을 초월하는 것이며, 동시에 미감적 고양의 상승 운동을 통해 다른 모든 예술에 대한 문학의 우위에 근거를 제공하는 하나의 심급으로 작용한다.

수사학의 유희와 문학의 진지함

화술에 대한 비판은 시문학에 대한 찬양의 반대 측면을 의미한다. 칸트는 논란의 소지가 많은 개념규정을 통해 다음과 같이 주장한다.

즉, 화술은 지성적으로 잘 계산된 목적을 상상력의 도움을 얻어 수행하기 위해서 가상적으로만 상상력의 자유를 사용한다는 것이다. 수사학의 문제는 그것이 문학과 달리 이념으로 고양되는 것이 아니라 단순히 이념과의 유희에 그친다는 데 있다. 『판단력 비판』에서 문학에 대한 찬양은 수사학을 전적으로 희생시킨 결과로 나타난다.

> 그러므로 웅변가는 그가 약속하지 않은 것, 곧 상상력의 즐거운 유희를 제공하기는 하지만 그가 약속한 것과 그가 예고한 과업, 즉 지성을 합목적적으로 사용하게 하는 일은 다소 저버린다. 이에 반해 시인은 거의 약속하는 바가 없고, 순전히 이념들과의 유희를 예고하지만, 과업에 적합한 것, 즉 유희하면서 지성에게 영양을 공급하고 상상력을 통해 지성의 개념들에 생기를 불어넣는다. 따라서 실제에 있어서 웅변가는 약속했던 것보다 더 적은 일을 하고, 시인은 자기가 약속한 것보다 더 많은 일을 한다(Kant 1974, 259).

수사학의 약속

수사학은 많은 것을 약속하면서도 주는 것이 별로 없고, 문학은 약속하는 바가 거의 없으면서도 많은 것을 제공한다. 이것이 칸트가 플라톤의 수사학 비판의 전통 안에서 두 예술을 비교하면서 근거로 삼은 등식이다. 칸트에게서 화술에 대한 비판은 이중적인 결과를 초래한다. 즉, 그것은 지금까지 수사학, 시학, 문학을 예술체계 속에 함께 묶어놓았던 끈을 잘라버리고, 비워진 땅에 이제 미학이라는 새로운 학문을 위한 토대를 마련한다. 미학의 과제는 더 이상 규칙의 목록에 의거하여 문학작품을 비판적으로 평가하는 일이 아니라, 취미라는 새로운 주관적 가르침의 근본원리인 판단력을 초험적으로 증명하는 일이다(Guyer 1979). 칸트는 모든 대상적 연관성으로부터 벗어나 주관적 능력인 상상력과 지성을(미에 관한 이론에서), 그리고 상상력과 이성을(숭고에 관한 이론에서) 서로 관계시키는 작업이 판단력의 원리에 속하는 것임을 보여줌으로써, 자신의 철학과 독일 관념론 철학 전체를 특징짓는 주관성으로의 방향 전환을 이루어낸다(Gadamer 1990, 48쪽 이하 참조). 즉, 지성이나 이성이 부과하는 법칙에서 벗어나 미적 자율성을 주장할 수 있는 주관성의 형식이 어떠한 구속도 없는 것처럼 보이는 상상력의 유희를 통해서 확립되는 것이다. 칸트가 철학적 미학을 정초한 이래로 이것이 자임해온 구호는 바로 주체의 자율성이다. 이로써 문학의 위상 또한 변화된다. 문학은 이제 규칙에 의해 인도되는 시학적 기법의 산물이 아니라, 천재의 자율적 정립이자, 그에 따르는 주체의 무제한적 자유를 상징하는 기호로 간주된다.

미학과 시학

판단력의 초월적 원리를 증명함으로써 칸트는 미학을 설득력 있게 정초한 것으로 보인다. 이렇게 정초된 미학 안에서 문학은 중심적인 위치를 차지한다. 하지만 취미에 대한 초월적 이론과 미에 대한 미감적 판단의 논리 사이에 가로놓인 해결되지 않는 긴장을 토대로 하고 있는 『판단력 비판』에서의 미학에 대한 철학적 정초는 내적 모순 없이는 이루어질 수 없었다. 더구나 이것은 미적 주관성에 대한 칸트의 이론이 직면하게 되는 근본적인 문제의 한 측면일 뿐이다(Kulenkampff 1978). 특히 문학이론의 문제들과 관련하여 『판단력 비판』에 제기되는 물음은 문학을 미학적으로 규정하는 일이 문학에 어떤 결과를 초래하였는가이다. 왜냐하면 칸트의 미학이 동시대에 가져다준 혁신은 문학에 대한 성찰을 위해서는 손실을 초래한 것일 수도 있기 때문이다. 이러한 손실은 고대 이래로 문학을 규정해왔던 수사학적 전통이 배척되었다는 것, 그리고 칸트 미학에 진정한 시학적 고찰이 부재한다는 것에서 생겨난다. 칸트는 오로지 자연미만을 미학의 대상으로 간주함으로써, 18세기에 이루어진 시학의 변화라는 지평 속에서 예술미로서 고찰할 때 더욱 설득력 있게 설명될 수 있는 문학을 시야에서 놓쳐버리고 만다. 『판단력 비판』에 어떤 문학작품도 등장하지 않는다는 사실은 문학이 새로운 파트너인 미학으로부터 기대할 것이 별로 없다는 점을 무엇보다도 잘 보여준다.

3. 미학의 완성: 헤겔

미적인 것의 역사성

칸트의 미학은 전적으로 자연미에 관한 이론이었다. 그에게 문학과 역사의 관계는 중요한 문제가 아니었다. 헤르더 이외에 예술의 역사성의 문제를 미학에 정초한 것은 헤겔의 공적이다. 헤겔 『미학(*Ästhetik*)』의 복합적인 진로를 규정하고 있는 것은 다음 세 가지 계기이다. 첫째로, 미학의 대상을 자연미에서 헤겔이 절대자의 감각적 현현이라고 규정한 예술미로 옮겨놓는 것, 둘째로, 예술체계에 역사철학적 구분을 도입하는 것, 셋째로, 예술을 다양한 장르형식으로 세분화하는 것이다. 이러한 배경을 놓고 볼 때 헤겔의 문학이론을 세밀하게 해명하기 위한 관건은 역사철학과 장르시학의 상호 침투에 있다.

헤겔의 고전주의

『미학』에서 헤겔은 예술이 전개되어온 역사적 흐름을 추적하기 위해 상징적·고전적·낭만적 예술형식이라는 구분을 사용한다. 그는 이러한 구분을 시간 순서대로 미의 추구(Suchen), 발견(Finden), 넘어섬(Überschreiten)이라고 설명한다. "이런 방식으로 상징적 예술은 내적 의미와 외적 형상의 완전한 통일을 **추구하고**, 고전적 예술은 감각적 직관을 실체적 개별성에서 표현함으로써 이 둘의 완전한 통일을 **발견하며**, 낭만적 예술은 그것의 두드러진 정신성으로 인해 그것을 **넘어선다**."(Hegel 1986a, 392) 추구, 발견, 넘어섬이라는 암시적 개념들로부터 이미 연상할 수 있듯이, 헤겔 『미학』의 중심에 놓여 있는 것은 미가 그리스 고전 예술에서 완성된다는 사상이다. 미의 이상(Ideal)에서 출발하여 그것의 특수한 형식들 속에서 미를 실현하기까지의 역사적 발전과정은 헤겔이 다른 어떤 예술도 능가할 수 없다고 한 그리스 고전 예술에서 완성된다.

장르시학과 역사철학

예술체계에 대한 역사적 설명과 장르시학적 설명은 헤겔 『미학』에서 서로 긴밀하게 연결된다. 헤겔은 상징적 예술에 건축을, 고전적 예술에 조각을, 낭만적 예술에 회화와 음악을 배속하여 미의 역사적 전개와 개별 예술체계의 장르시학적 고찰을 연계시킨다. 이미 칸트에게서 그랬던 것처럼 문학은—그리스 조각과 은밀하게 경쟁하면서—특별한 위치를 지닌다. 헤겔은 문학을 예술미 개념에 부합하는 "절대적이고 참된 정신 예술"(Hegel 1986b, 261)로 간주하고, 나아가 개별 예술의 상징적·고전적·낭만적 형식이라는 분류를 문학에서는 서사시(Epos), 서정시(Lyrik), 극시(Drama)라는 장르시학적 구분으로 대체한다. "예술형식의 전체 발전단계를 예술작품에 가장 완벽하게 새길 수 있는 능력이 문학에 있기는 하지만, 우리는 이를 상징적·고전적·낭만적 문학이라고 분류하지 않고, 특수한 예술로서의 문학을 위해 서사시, 서정시, 극시라는 특정한 분류법을 따르고자 한다."(Hegel 1986b, 271)

비극의 우위

헤겔의 『미학』에서 문학의 장르시학적 고찰이 역사철학적 분류를 대체하는 것처럼 보이기는 하지만, 이러한 장르시학적 고찰은 예술의 역사와 긴밀한 연관성을 갖는다. 왜냐하면 헤겔은 서사시, 서정시, 비극의 차이를 오로지 그리스 고전 예술의 사례를 통해 추적하고 있기 때문이다. 역사적 발전과정과 장르시학적 분류의 교합은 헤겔이 찬양하고 있는 예술형태인 고전주의에 한정된다. 헤겔은 그리스 문학의 역사를 서사시에서 서정시를 거쳐 그 둘의 종합인 비극에 이르는 연속적인 발전과정으로 고찰하는데, 여기에서 예술의 역사와 장르의 세분화는 하나로 일치한다. 고전 예술에서의 예술의 완성은 "서사시의 객관성과 서정시의 주관성이라는 원리가 자체 내에 하나로 결합되어 있는"(Hegel 1986c, 474) 비극에서의 문학의 완성에 상응한다. 따라서 극시 문학은 헤겔에게 예술 일반의 완성을 의미한다. "극시는 내용과 형식에 있어서 가장 완전한 총체성을 구현하기 때문에 문학과 예술 일반의 가장 높은 단계로 간주되어야 한다."(Hegel 1986c, 474) 헤겔은 고대 그리스의 고전 예술형식에서 나타나는 미의 완성이라는 명제를 "모든 시대의 가장 탁월한 예술작품들을 돌아보아도 가장 숭고한”(Hegel 1986b, 60) 작품인 『안티고네(*Antigone*)』에서 확인한다. “이런 측면에서 본다면 고대세계와 현대세계의 모든 훌륭한 작품 중에서—내가 알고 있는 거의 모든 작품들과, 사람들 또한 알아야 하고 또 알 수 있는 작품들 중에서—『안티고네』는 내게 가장 탁월하고 만족을 주는 예술작품으로 보인다”(Hegel 1986c, 550). 소포클레스의 『안티고네』의 탁월성은 고전 예술의 역사철학적 우위와 비극의 장르시학적 우위의 결합에서 비롯한다. 문학의 완성은 역사적으로는 그리스 고전주의 시대와 연결되고, 장르시학적으로는 예술에서 가능한 최고의 형식인 비극과 연결된다.

고전문학과 근대문학

헤겔 미학에서 장르시학과 역사철학의 변증법은 칸트에 비해 진일보한 것이지만 헤겔의 고전주의가 문학이론에 드리운 문제점도 보여준다. 직접적으로 칸트와 비교해볼 때 한편으로 헤겔의 미학은 예술의 역사적 발전과정과 다양한 장르 구분이라는 두 가지 점에서 문학에 대한 지극히 상세한 묘사를 제공한다. 그러나 다른 한편으로 헤겔 미학은 비극의 장르시학적 우월성이라는 기치하에 그리스 고전 예술에 편향된 경향을 보이는데, 이에 따라 역사철학과 장르시학의 결합이라는 헤겔 자신의 요구에 따라 고전 시대 이전의 문학 및 근대 문학에 대한 적절한 성찰을 통해 고대 문학에 대한 규정이 보완되어야만 한다는 문제가 남게 된다.

학문과 예술

헤겔이 낭만주의라는 근대 문학에 대한 규정에서 고대와 비견될만한 규정으로 나아가지 못하는 이유는 철학적 성찰과 문학적 실천의 관계를 설정하는 데 문제점이 있기 때문이다. "헤겔에 의한 고전적 독일 미학의 완성"(Kuhn 1966 참조)은 예술의 영감적 측면을 단호히 외면함으로써 성취된 것이다. 헤겔은 예술사라는 미학의 성취를 예술의 역사적 종말이라는 명제와 연결한다. 『미학』 서문에서 그는 다음과 같이 선언하고 있다. "오늘날 우리의 세계에 모습을 드러낸 정신, 보다 엄밀히 말해 우리의 종교와 이성적 교육에 나타난 정신은 절대자를 의식하는 최상의 방식이 예술인 단계를 넘어선 것으로 보인다."(Hegel 1986a, 24) 이러한 배경에서 라이너 빌은 다음과 같이 강조한다. "헤겔 미학을 현대 예술에 이런저런 방식으로 적용하려는 모든 시도에 대해 헤겔 미학은 하나의 역설로 나타난다. 즉, 한편으로 현대 예술의 현상을 파악하는 데 헤겔 미학만큼 부적합한 이론은 없을 것이다. 헤겔 미학의 토대에서 볼 때 파괴에 대한 치유도 없고 대립의 화해도 없는 현대 예술의 본질은 모두 폐기해야 할 것으로 보인다. (…) 그러나 헤겔 미학의 매혹적인 역설은 그것이 현대 예술에 대한 탁월한 반(反)이론으로 등장한다는 점에 있다."(Wiehl 1971, 136) 따라서 헤겔 미학의 성과와 한계는 동일한 문제 안에 들어있다고 할 수 있다. 그 자신의 시대에 예술이 지니는 정당성에 대한 헤겔의 비판적 판단은 헤겔 미학의 역사철학적 배경을 통해서만 비로소 설명된다. 헤겔에게 있어 절대자의 감각적·직접적 현시로서의 예술의 완성은 고대 그리스에서 유일하게 실현된 것이므로, 현대로의 진입은 예술에게 거부된다. 왜냐하면 그 사이에 절대자는 자신의 자리를 더 이상 비극 무대가 아니라 철학에서 발견하게 되었기 때문이다.

예술의 종말?

이에 따라 헤겔은 미에 관한 학문체계로서 미학의 가능성을 전적으로 예술의 과거적 성격에서 도출해낸다. "이 모든 관계에 있어 예술은 그에 대한 최상의 규정에 따라 우리에게 과거의 것이며 앞으로도 그럴 것이다. (…) 따라서 예술에 관한 **학문**은 예술이 그 자체로서 충만한 만족을 안겨주었던 시대보다 우리 시대에 더욱 필요하다. 예술이 우리에게 사유와 고찰을 요구하는 목적은 예술을 다시 불러내는 데 있는 것이 아니라 예술이 무엇인가를 학문적으로 인식하는 데 있다."(Hegel 1986a, 25) 근대 예술에 대한 헤겔의 이론은 "**예술철학**"(Hegel 1986a 13)의 기치하에 학문이라는 산문(Prosa)을 시문학(Poesie)의 자리에 등장시킨다. 고대 고전 예술에서 예술이 완성되었다는 명제는 동시에 현대 예술에 대한 비판적 개념을 정초하고 있는데, 특히 초기 낭만주의에 대한 비판적 거부를 표명하고 있는 이 개념은 예술과 문학에 어떤 가치와 의미도 부여하지 않으려 한다. 칸트의 수사학 비판에서는 시학의 개념 안에 하나로 결합되어 있던 문학의 이론과 실천이라는 두 영역이 분명하게 분리되었다면, 이제 헤겔은 예술의 종말이 곧 예술에 관한 학문의 시작이라고 선언함으로써 문학, 수사학, 철학을 완전히 분리시킨다(Henrich 1983 참조).

횔덜린에 의한 시학의 가치 재평가

그리스 고전 예술에 대한 헤겔의 편향성으로 인해 현대 예술에 대한 규정이 공백으로 남게 되자, 미학에 특유한 입장에 의거하여 헤겔의 체계를 비판하는 반론들이 등장한다. 이와 더불어 칸트의 『판단력 비판』에서 이미 다루어진 미학과 수사학 사이의 논쟁도 다시 불붙는다.

여기에서 문제의 핵심은 철학이 아니라 문학 자체에서 도출되는 미학적 사유에 있다. 횔덜린의 소포클레스 번역 주해는 헤겔의 비극이론과 유사한 배경에서 나온 것인데, 여기에서 횔덜린은 고대 비극의 시학적 법칙들로부터 현대 예술에 적합한 결과를 이끌어내려 한다. 『오이디푸스(*Ödipus*)』에 대한 고찰을 횔덜린은 다음과 같은 말로 시작한다. "시대와 제도의 차이를 충분히 고려하여 우리에게서도 문학이 고대인들의 기술(*mechane*)로 고양된다면, 우리에게서도 시인들의 시민적 실존을 보장하는 데 좋은 일이 될 것이다."(Hölderlin 1994, 849) 여기에서 횔덜린은 "고대인들의 기술"을 논제로 삼음으로써 헤겔처럼 그리스 고전 예술을 모방하라는 요구에 가담하는 듯 보이는데, 이는 단지 외견상으로만 그러하다(Szondi 1978a, 345-366). "우리에게서도"라는 두 차례의 언급이 강조하고 있듯이 횔덜린은 시학적 관점에서 현대문학의 "계산(Kalkül)"(Hölderlin 1994, 849)에 대한 물음을 제기한다. "그러나 현대문학에 결여되어 있는 것은 무엇보다도 학습과 수공기술이다. 문학의 작업방식이 계산되고 가르쳐지고 배울 수 있는 것이 된다면 그것은 실습을 통해 항상 충실히 반복될 수 있게 될 것이다."(Hölderlin 1994, 849) 예술의 토대인 수공기술을 논제로 삼음으로써 횔덜린은 그의 시대의 천재사상에서 이탈하여 고대 시학의 전통을 다시 받아들인다. 예술은 가르치고 배울 수 있는 것이다. 왜냐하면 예술은 특정한 법칙을 따르고, 이 법칙은 미적 주관성을 통해 경험되는 것이 아니라, 규칙들에 의해 규정될 수 있는 것이기 때문이다.

규칙체계로서의 예술

수사학적·시학적 전통의 가치를 높이 평가함으로써 횔덜린은 비극이

다른 문학 형식보다 우월하다는 헤겔의 주장과도 결별하고 있다. 엠페도클레스를 다루려는 기획이 실패로 끝난 후 예술의 현대적 형식을 정초하려는 그의 노력이 주력했던 것은 비극이 아니라 핀다로스에게서 유래한 찬가(Hymne) 형식이었다. 횔덜린의 후기 찬가들은 철학이 현대의 중심이 되어야 한다는 헤겔의 요청에 대해 예술의 입장에서 근본적 반대를 제기하는 문학 형식의 위치에 서게 된다(Henrich 1971, 9-40 참조). 헤겔의 미학과 횔덜린의 시학은 문학에 대한 철학적 성찰과 문학 자체에 드리워진 팽팽한 긴장의 양 극단을 의미한다.

슐레겔의 시학

프리드리히 슐레겔도 단호하게 현대 예술의 입장에 서서 시학적 전통의 가치를 높이 평가한다는 점에서 횔덜린과 연결된다. 고전주의적 입장에서 비극을 선호한 헤겔에 반대하면서 그가 현대문학의 중심에 놓는 것은 그러나 서정시가 아니라 소설이다. 그의 유명한 단상(Fragment) 중 하나에서 슐레겔은 미학적 질문과 시학적 질문의 결합을 다음과 같이 정식화한다.

> 낭만적 문학은 점진적 보편문학이다. 낭만적 문학에 대한 정의가 단지 문학의 모든 분열된 장르를 다시 통합하고, 문학을 철학과 수사학에 연결하라는 것에서 그치는 것은 아니다. 낭만적 문학은 시문학과 산문, 천재성과 비평, 인위적 문학(Kunstpoesie)과 자연적 문학(Naturpoesie)을 때로는 혼합하고 때로는 융합하며, 문학을 생기 있고 즐겁게 만들고, 삶과 사회를 문학적으로 만들고, 위트를 문학으로 표현하고, 예술의 형식을 모든 종류의 풍성한 교양의 소재로 채워 충

만케 하고, 유머를 통해 이것에 영혼을 불어넣으려 해야 하며 또한 마땅히 그렇게 해야 한다. (…) 오로지 낭만적 문학만이 서사시처럼 주변 세계 전체의 거울이자 시대의 형상이 될 수 있다. 낭만적 문학은 또한 서술된 것과 서술하는 것 사이에서 문학적 성찰의 날개를 달고 현실적이며 이상적인 일체의 관심에서 벗어나 그 한가운데를 자유롭게 떠돌면서, 이러한 성찰을 끊임없이 강화하고 무한히 늘어선 거울처럼 그 상을 증가시킬 수 있다(Schlegel 1978, 90).

초월문학

칸트와 헤겔의 고전 미학과 마찬가지로 슐레겔은 문학과 철학을 연결하려 한다. 하지만 그 연결점은 이제 미학에 있는 것이 아니라, "문학이자 문학에 대한 문학인", "초월문학(Transzendentalpoesie)"(Schlegel 1978, 105)으로서의 점진적인 "보편문학"의 이념에 있다. 슐레겔은 문학과 문학에 대한 문학을 더 이상 구분하지 않음으로써 문학의 이론과 실천이라는 시학의 전통적인 정의를 다시 받아들인다. 이에 상응하여 그는 보편문학을 철학에만 연결하는 것이 아니라, 칸트와 헤겔이 비난했던 수사학과도 연결하고자 한다. 이로써 슐레겔은 비록 칸트 미학의 개념들을 차용하기는 하지만, 동시에 새로운 형식의 시학을 통해 미학과 수사학의 대립을 지양하고자 하는 예술론적 성찰의 초석을 마련한다(Hörisch 1976, Frank 1989, 287-306 참조).

무한한 성찰

슐레겔 시학의 주도적 개념은 상상력의 활동을 통해 수행되는 무한한 성찰의 개념이다. 이 무한한 성찰은 "서술된 것과 서술하는 것 사이"에 자리 잡고 있는데, 바로 이곳에서 무한한 성찰은 "문학적 성찰의 날개를 달고 현실적이고 이상적인 일체의 관심에서 벗어나 그 한가운데를 자유롭게 떠돌면서, 이러한 성찰을 끊임없이 강화하고 무한히 늘어선 거울처럼 그 상을 증가시킬 수 있다." 칸트와 마찬가지로 슐레겔도 상상력을 매개의 능력으로 규정하고, 상상력에 자유의 형식을 부여한다. 상상력은 자신에 대한 무한한 성찰을 통해서만 비로소 이러한 자유의 형식에 도달한다. 문학적 성찰은 아이러니나 위트, 아라베스크와 같은 형식을 통해 서술된 것을 무한히 증가시킬 뿐만 아니라, 동시에 그러한 서술을 산출해내는 자기 자신에 대한 성찰 역시 강화시키면서 그 한가운데에서 떠돈다.

헤겔의 초기 낭만주의 비판

초기 낭만주의 미학의 토대이자 해체주의의 선구적 모델 중 하나라고 할 수 있는 자기성찰의 절대적 형식은(Menninghaus 1987 참조) 슐레겔에 대한 헤겔의 신랄한 비판을 초래했다. 초기 낭만주의적의 성찰에서 헤겔은 주관성의 결핍된 형식만을 찾아낸다. "그러나 이러한 주관성은 그 내용이나 외적 형상 모두에서 진정으로 자기 자신에 입각한 주체나 개별자가 되지 못하고, 단지 주관성의 **공허한 형식**만을 지니고 있어 그저 문법적 주체라고 이름 붙일 만한 보편적 표상의 추상성에 머무른다."(Hegel 1986a, 511쪽 이하) 본의 아니게 해체주의의 주체비판에서 구호로 삼을 만한 이러한 공식을 통해 헤겔은 슐레겔의 시학을 낭만적 아이러니를 통해 성취되는 공허한 주관성 혹은 순전히 문법적인 주관성의 표현이라고 규정한다. 헤겔의 비판이 특히 겨냥하는 것은 슐레겔의 아이러니 개념, "모든 유대를 끊어버리고 자기

만족의 희열 속에서 살아가는 자아의 자기 자신에 대한 집중으로서의 아이러니"(Hegel 1986a, 95) 개념이다. 초기 낭만주의에서 상상력의 자율성은 아이러니를 통해 스스로를 증가시키는 성찰에 의해 성립되는데, 이에 대해 헤겔은 고대 비극과 달리 그러한 자율성은 모든 실체적 규정들에서 벗어나 있으며 따라서 완전히 공허한 현대적 주관성의 형식이라고 해석한다(Menke 1996, 143-150 참조).

횔덜린과 슐레겔의 현대 시학

주관성의 자율적 형식이라는 이념을 처음으로 제시한 것은 칸트가 정초한 미학이었다. 이제 슐레겔의 미학은 시학의 가치를 다시금 격상시키는 방식으로 주관성이론을 전개한다. 이러한 주관성이론은 횔덜린의 미학과 마찬가지로 예술과 주관성의 현대적 조건들에 대해 단호하게 물음을 제기한다. 헤겔의 근대 철학적 예술체계와 단절하고 현대문학을 시학적으로 규정하려 한 횔덜린과 슐레겔의 요구는 프리드리히 니체에 의해 다시 수용된다.

4. 미학의 탈경계: 프리드리히 니체

아폴론적인 것과 디오니소스적인 것

헤겔과 마찬가지로 니체도 그리스 비극의 역사적 형식에서 출발하여 이로부터 미학을 도출해낸다. 하지만 그에게 있어 미학의 지평은 고대에 한정되는 것이 아니라, 현대까지 포괄하는 것이어야 한다. 1872년에 나온 니체의 첫 저작 『비극의 탄생(*Die Geburt der Tragödie*)』은 다음과 같은 문장으로 시작된다. "예술의 지속적인 발전이 아폴론적인 것과 디오니소스적인 것의 이중성과 관련이 있다는 사실에 우리가 논리적 통찰을 통해서뿐만 아니라 직관의 직접적인 확실성을 통해서도 도달하게 된다면, 우리는 미학을 위해 많은 것을 얻어내게 될 것이다."(KSA 1, 25) 니체가 논문의 첫 문장에서 이미 강조하고 있듯이, 니체에게 있어 무엇보다도 중요한 것은 "예술의 지속적인 발전"이다. 이러한 배경에서 그는 바그너의 악극을 그리스 비극의 계승자로 옹립한다. 니체는 비극의 역사적 형식에 대한 분석으로부터 현대 예술에 대한 규정을 도출해내는데, 그의 견해에 따르면 현대 예술은 바그너에게서 완성된다.

니체에게 있어서의 문헌학과 미학

"직관의 직접적인 확실성"과 "논리적 통찰"이라는 논쟁적인 대립항을 통해 니체가 자신의 철학을 처음부터 "미학(ästhetische Wissenschaft)"으로 파악하고 있었다는 사실이 분명히 드러난다. 『비극의 탄생』을 집필할 당시 그가 바젤 대학의 철학과 교수가 아니라 고전문헌학과 교수였다는 사실을 고려할 때, 이는 매우 놀라운 일이라고 할 수 있다. 그리스 비극이라는 대상에 대해 전도유망한 젊은 고전문헌학자에게 사람들이 기대했던 것이 예술의 발전을 "아폴론적인 것과 디오니소스적인 것의 이중성"을 통해 설명하는 것으로 시작하는 사변적인 미학 논문은 결코 아니었을 것이다. 이러한 배경에서 니체의 미학은 문헌학과의 결별을 의미한다고 할 수 있다. 니체는 그가 순수한 문헌학적 문제에 거리를 두고 있음을 알리기 위해 출판업자 엥겔만에게 다음과 같이 말한다. "곧 알게 되겠지만, 나는 당분간 모든 문헌학적 문제에서 완전히 눈길을 돌려 오로지 미학적 문제에만 주목함으로써 완전히 새로운 방식으로 그리스 비극을 설명하려 합니다."(KSB 3, 194) 그가 비록 아직은 "문헌학이라는 귀부인의 그물망"(KSB 2, 248) 안에 있지만, 내심으로 "나는 문헌학을 철학이라는 여신이 바보나 천치와의 사이에 만들어낸 기형아라고 생각합니다"(KSB 2, 329)라고 이 바젤의 고전문헌학자는 고백하고 있다. 그러나 그는 자신의 책이 어떻게 수용될 것인가에 대해 지극히 현실적인 판단을 내리고 있다. "문헌학자들은 음악 때문에, 음악가들은 문헌학 때문에, 철학자들은 음악과 문헌학 때문에 이 책을 읽지 않으려 할 것이라고 나는 늘 걱정하고 있습니다."(KSB 3, 248)

합리성 비판

문헌학에 반대하여 철학적 미학을 택한 니체의 결정은 단순한 전기적 일화 이상의 의미를 지닌다. 아폴론적인 것과 디오니소스적인 것이라는 개념의 도입은 『비극의 탄생』을 오늘날까지 가장 중요한 미학이론 중 하나로 만들었다(Barck 2000 참조). 이 논문이 누려온 엄청난 영향력의 원인은 다음 두 가지 계기에 있다. 그 첫 번째 계기는 미적인 것의 탈경계로서, 이제 니체에게서 미학은 종교를 대신하여 세계해명의 모델로 격상된다. 이와 긴밀하게 연관된 두 번째 계기는 서구 합리성의 역사 전체에 대한 비판이다. 니체가 그의 고찰에서 비극의 역사적 형식을 다루는 목적은 헤겔이나 셸링의 경우와 완전히 다르다. 고대 그리스로 거슬러 올라감으로써 니체는 비극과 철학 사이에 새로운 투쟁을 촉발하고 있는데, 여기에서 중요한 문제는 비극의 미적 경험을 통해 서구 이성의 역사가 전개되어온 과정에 물음을 던지는 것이다. 그는 플라톤적 형이상학의 전통뿐만 아니라 아리스토텔레스 시학의 권위에도 반기를 들어 아리스토텔레스가 비극을 정의하면서 우위에 두었던 **에토스**(*ethos*)를 **파토스**(*pathos*)의 새로운 개념으로 대체하려 한다. 이에서 더 나아가 니체는 비극적인 것과 디오니소스적인 것 사이의 연관관계를 보여줌으로써 미학적 변신론이라는 불온한 사상을 내놓는다. 여기에서 중심적 위치를 차지하고 있는 것은 더 이상 주체가 아니라 예술 자체여야 한다.

> 예술이라는 희극 전체는 결코 우리를 위해, 즉 우리의 개선이나 교양 때문에 상연되는 것이 아니라는 사실, 나아가 우리가 저 예술세계의 창조자가 아니라는 사실, 우리에게 굴욕이면서 동시에 고양을 의미하는 이러한 사실이 우리에게 명백해져야만 한다. 하지만 아마도 우리는 예술세계의 참된 창조자를 위한 이미지와 예술적 투영이라는 사실, 그리고 우리는 예술작품의 의미 속에서 가장 고귀한 존엄성을 지닌다는 사실을 받아들여도 될 것이다. 왜냐하면 현존재(Dasein)와 세계는 오직 **미적 현상**으로서만 영원히 **정당화**되기 때문이다. 우리의 이러한 의미에 대한 우리의 의식은 화폭 위에 그려진 군인이 화폭에 묘사된 전투에 대해 가지는 관계와 거의 다르지 않다(KSA 1, 47).

미학적 변신론

니체의 현존재의 미학적 변신론은 "현존재와 세계는 오직 **미적 현상**으로서만 영원히 **정당화**되기 때문"이라는 무수히 인용된 문장에서 그 정점을 이루는데, 여기에는 두 가지 계기가 결합되어 있다. 그 하나는 "고귀한 단순"과 "고요한 위대"라고 하는 그리스 예술에 대한 빙켈만의 명제에 대한 비판으로서 쉴러와 휠덜린의 영향을 받은 니체에게서 이것은 비극적인 것의 염세주의적 심연에 대한 감상적 통찰에 자리를 내어준다. 다른 하나는 칸트와 헤겔의 미학에서 주도적 개념이었던 미적 주관성에 대한 비판이다. 니체는 인간이 예술의 창조자로서가 아니라 오직 예술작품의 의미 속에서만 가장 고귀한 존엄성을 지닌다고 분명히 밝히고 있는데, 여기에서 니체는 미학을 수단으로 삼아 주체의 미적 자율성을 비판함으로써 자신의 철학을 독일 관념론 철학에 첨예하게 대립시킨다.

니체와 소크라테스

하지만 우리가 디오니소스적인 것을 실마리로 삼아 니체의 미학에서 합리성의 해체만을 인식하려 한다면, 이는 미학을 통해 미적 주관성을 비판하는 니체의 역설적 입장에 대한 오해일 것이다. 이에 대한 반증을 우리는 망아적이고 도취적인 디오니소스적 계기를 제어하면서 그 곁에 서 있는 아폴론적인 것의 형식창조적인 힘에서 찾아볼 수 있으며(Kaufmann 1982 참조), 나아가 디오니소스적인 것과 소크라테스적인 것 사이의 새로운 대립이야말로 보다 분명한 반증을 제시한다. 니체는 아폴론(꿈)과 디오니소스(도취)라는 대립항을 오로지 그리스 비극에서만 전무후무하게 균형을 이루었던 두 개의 대립적이면서도 상호보완적인 힘들로 보았으며, 소크라테스적 지혜를 비극의 세계에 대한 적대자로 대립시킨다. 소크라테스에 의해 이성이 비극의 경험과 분리되었으며, 인간실존의 본질적 구조를 치명적으로 오인하여 인식의 합리성을 중심으로 하는 철학이 수립되었다는 것이다. 하지만 소크라테스가 정초한 주관성의 합리적 형식을 해체함으로써 니체가 주관성 일반까지 해체하려 했던 것은 결코 아니다. 오히려 그는 학문적 이성(소크라테스)과 음악이라는 예술형식(디오니소스)의 매개를 기초로 하여 "음악을 하는 소크라테스"(KSA 1, 102)라는 이상을 내세움으로써 현존재와 세계를 오로지 이성에 입각하여 일면적으로 규정하는 것을 교정하려 하였다. 이로써 아폴론적 경직, 소크라테스적 이성, 디오니소스적 광기라는 삼중의 위험으로부터 해방된 주관성의 형식이 니체에게서 가능하게 되었을 뿐만 아니라, 칸트와 헤겔이 정립한 예술과 학문의 분리도 음악을 하는 소크라테스라는 이상을 통해 지양할 수 있게 되었다. 서구 이성의 역사에 대한 니체의 비판은 미학적인 것의 기치하에 비극의 격정과 소크라테스적 이성 사이에서 균형을 유지하는 새로운 합리성의 형식을 정초하려는 시도에서 그 정점에 이른다.

그리스 문화와 바그너 서클

미학의 역사에서 니체가 차지하고 있는 핵심적인 위치와는 별개로, 『비극의 탄생』 출간 직후 이 책의 문헌학적 결핍에 대해 쏟아진 비난이 어느 정도 정당성을 지니고 있다는 사실은 무엇보다도 논문의 대상인 그리스 비극에 대한 니체의 진술이 놀라울 정도로 적다는 것에서 입증된다. 『비극의 탄생』에서 니체가 철학적 인식과 문헌학적 인식을 결합시킨 방식에는 지나친 단축의 혐의가 없지 않다. 이 책의 독자는 그리스 비극에 대해 아이스킬로스의 『프로메테우스(*Prometheus*)』와 소포클레스의 『오이디푸스』가 소위 "적극성의 영광"과 "수동성의 영광"(KSA 1, 67)으로서 서로 대응한다는 사실 외에는 별로 얻어낼 것이 없다. 셰익스피어, 괴테, 쇼펜하우어에 대해서는 긴 설명을 덧붙인 데 반해 그리스 비극에 대해서는 이처럼 불충분하게 진술하고 있는 것은 고전문헌학자와 바그너 숭배자라는 이중의 수취인 그룹에 양다리를 걸치기 위해 지나친 단축을 감행하지 않을 수 없었던 이 책의 다차원적 성격(von Reibnitz 1992, 3 참조)에 기인한다.

니체의 시의성

니체가 문헌학의 표준을 의식적으로 소홀히 다룬 것은 결국 이 책이 보여주는 단호하게 현대적인 성격에서 비롯된 것이라 할 수 있다. 바그너의 악극에서 디오니소스적인 것의 재생을 찾으려 함으로써 니체는 예술의 종언이라는 헤겔의 명제가 수행했던 것처럼 미학을 역사 쪽으로 정향하지 않고, 현대의 비극적 시대경험이라는 문맥에 미학의 위치를 설정한다. 이러한 비극적 시대경험은 오로지 미학적 변신론이라는 형식 속에서만 극복될 수 있다. 니체의 철학에서 핵심적 위치를 차지하고 있는 미적 경험의 영역은 니체의 사유에 퇴색되지 않는 시의성을 부여하고 있으며, 그 영향력은 오늘날까지도 지속되고 있다.

5. 문학과 무의식: 지그문트 프로이트

정신분석과 예술

니체가 정신분석에 끼친 오랫동안 알려지지 않았던 영향을 근거로 니체의 철학은 거듭 프로이트의 철학과 비교되어왔다(Assoun 1998 참조). 니체와 달리 프로이트는 진정한 의미에서의 미학 사상가라고는 할 수 없다. 프로이트 이론의 중심에는 미학적 질문이 아니라 무의식이라 불리는 인간의 영혼(Psyche)에 대한 문제가 자리 잡고 있다. 하지만 프로이트가 인간의 영혼에 관한 그의 이론에서 오이디푸스를 핵심적인 인물로 내세움으로써 그리스 비극의 신화적 형상으로 거슬러 올라가고 있다는 사실에서 이미 분명하게 드러나듯이, 정신분석은 예술 및 문학과 깊은 친족성을 지니고 있다. 이러한 친족성에 의거하여 미학에서 특수한 정신분석의 형식이 발전되었는데, 옌센, 레오나르도 다 빈치, 셰익스피어, 괴테, E. T. A. 호프만에 대한 연구를 통해 프로이트 자신이 이를 선도하였다(Starobinski 1973 참조).

문학과 판타지

미학이 정신분석에서 취해온 것은 두 가지다. 한편으로 프로이트는 칸트 이래의 상상력에 관한 미학이론의 전통 안에서 유희와 판타지의 개념을 문학 활동의 근원으로 제시한다(Koppe 1983, 90). "작가는 놀이를 하는 어린아이와 같은 일을 한다. 작가는 판타지의 세계를 창조하고, 이를 매우 진지하게 받아들인다. 다시 말해 작가는 판타지의 세계에 커다란 열정을 쏟지만, 이 판타지의 세계를 현실과 첨예하게 분리한다."(Freud 1999, GW VII, 214) 이러한 규정에 의거하여 프로이트는 판타지와 현실 사이의 오랜 구분으로부터 다음과 같은 논의를 이끌어낸다. 프로이트는 어린아이의 경험세계에 병행하는 작가의 작업을 백일몽의 현상에 비유하는데, 이에 따르면 문학의 세계는 현실에서는 불가능하지만 미적 가상의 세계에서는 아무런 방해를 받지 않고 이루어질 수 있는 숨겨진 소원성취(Wunscherfüllung)의 표현이다. 프로이트에게 있어 문학의 유희적 성격이라는 테제의 단서를 제공하는 것은 희극, 비극, 배우 등 드라마의 전통에서 유래한 개념들이다. 프로이트가 보기에 백일몽의 세계와 마찬가지로 문학 세계의 중심에는 "절대권력자 자아(Seine Majestät das Ich)"(Freud 1999, GW VII, 220)가 자리 잡고 있으며, 여기서 현실에서 포기된 충동은 소원성취의 허구적 형식을 통해 보상된다. 소원성취의 숨겨진 형식을 보여주는 일련의 경향을 프로이트는 특히 현대 심리소설에서 발견하는데, 억압과 승화가 여기에서 나란히 손잡고 행진한다. 문학과 백일몽의 유비는 또한 예술에 대한 정신분석학적 고찰의 가능성을 열어준다. 이러한 고찰은 전기(傳記)적 의도에서 작가의 삶으로부터 그의 작품을 추론해내고, 작가의 작품으로부터 그의 삶을 추론해내려 한다(Altenhofer, 1982 참조).

프로이트와 괴테

1917년에 프로이트는 괴테의 『시와 진실(*Dichtung und Wahrheit*)』에 나오는 유년기의 기억에 대한 연구에서 문학을 정신분석학적으로 해석하는 하나의 사례를 제시한 바 있다. 괴테의 자서전에서 무심코 지나칠 법한 구절에 따르면, 서너 살 무렵에 괴테는 엄청난 양의 그릇을 창밖으로 내던져 깨뜨렸는데, 프로이트는 바로 이것을 괴테에 대한 논의의 출발점으로 삼는다. 처음에 프로이트는 이 행동의 의미를 제대로 설명할 수 없었다. 프로이트는 대부분 일찍 사망한 괴테의 형제자매들의 출생에 의거하여 그의 가족사를 재구성함으로써, 그릇을 깨뜨린 것이 남동생 헤르만 야콥의 탄생에 대한 거부이자 살아남은 자의 승리선언으로 해석한다. "괴테의 유년기로 돌아가서 다른 아이들을 관찰함으로써 추론해낸 것을 『시와 진실』에 나오는 그 기억에 대입해보면, 그렇게 하지 않았다면 발견할 수 없었을 완전무결한 연관관계가 드러난다. 그것은 다음과 같다. '나는 행운아였다. 비록 내가 죽을 운명을 타고 세상에 나왔을지라도 운명은 내 삶을 유지시켰다. 그러나 운명은 내 남동생의 삶을 빼앗아갔으며, 그래서 나는 어머니의 사랑을 동생과 나눌 필요가 없게 되었다.'"(Freud 1999, GW XII, 26) 이로써 프로이트는 전통적 해석학의 규칙들과 일치하는 방식으로 괴테의 자서전에서 무의미해 보였던 구절을 정신분석학의 관점에서 설득력 있게 해석해낸다. 그러나 동시에 프로이트의 해석은 한편으로 문학적 현상에 대한 정신분석학적 접근이 처음에는 이해될 수 없었던 것을 완벽하게 해독할 수 있다고 과신한다는 점, 그리고 다른 한편으로 전기적 해석에 너무 가까이 다가갈 위험성을 지니고 있다는 점을 보여준다.

문학과 꿈작업

문학과 꿈의 유비는 정신분석학적 전기학(Biografik)과 노이로제 이론이 문학사 서술의 새로운 장르가 될 수 있을 것이라는 추정까지 낳았다. 『꿈의 해석(*Traumdeutung*)』에서 프로이트는 "꿈작업(Traumarbeit)"의 핵심 영역을 압축(Verdichtung), 전치(Verschiebung), 묘사 가능성에 대한 고려(Rücksicht auf Darstellbarkeit) 등의 개념을 통해 설명하고, 꿈 전반을 외현적 꿈내용과 잠재적 꿈사고의 차이에서 비롯된 왜곡(Entstellung)의 형식으로 파악한다. 프로이트에 따르면 꿈은 숨겨져 있던 소원이 외현적 차원에서 표현된 것인데, 이 소원은 검열을 통과한 간접적 묘사의 형식을 통해서만 표현될 수 있다. 프로이트는 압축, 전치, 묘사 가능성에 대한 고려라는 계기들을 꿈작업의 중심에 놓음으로써 꿈작업과 문학적 실천 사이의 유비를 정초하였는데, 이것은 전기적 영역에만 국한되지 않는다. 후에 프랑스의 정신분석학자 자크 라캉은 은유와 환유라는 수사학적 개념들을 압축과 전치라는 상보적 계기에 연결했는데(Lacan, 1991b 참조), 압축과 전치가 꿈의 복합적인 번역작업의 구성요소라면, 문학 텍스트 또한 정신분석학적 의미에서 잠재적 차원과 외현적 차원을 동시에 지닌 간접적이고 경향적으로 중층결정된 언어 형식으로 간주할 수 있을 것이다.

> 꿈사고(Traumgedanken)와 꿈내용(Trauminhalt)은 두 개의 다른 언어로 표현된 동일한 내용으로서 우리에게 주어진다. 보다 정확히 말해, 꿈내용은 꿈사고를 다른 표현 방식으로 옮겨놓은 것으로서 우리에게 나타난다. 우리는 그것의 기호와 결합규칙을 원본과 번역본의 비교를 통해 알아내야 한다. 꿈사고는 우리가 그것을 경험하는 즉시 이해할 수 있다. 꿈내용은 상형문자로 주어지는데, 그 기호 하나하나는 꿈사고의 언어로 번역될 수 있다(Freud 1999, GW II/III 283쪽 이하).

프로이트에 있어서의 해석학과 해체주의

프로이트가 꿈의 예에서 제시한 것은 문학 텍스트에도 유효하다. 즉, 문학 텍스트는 두 개의 차원으로 이루어지는데, 여기에서 하나의 차원은 다른 하나의 차원에 대한 무의식적 음역(音譯, Umschrift)이다. 꿈해석과 문예학은 꿈의 내용과 글의 내용을 지배하는 무의식에 대해 질문한다는 점에서 서로 공통점을 지닌다. 프로이트가 제시한 꿈이라는 매력적인 모델은 문학 텍스트의 구조에 대해서도 많은 것을 이야기해주는 것으로 입증되었다. 꿈작업이라는 프로이트의 개념은 현대 해석학과 해체주의 문학이론에도 많은 자극을 주었다. 이에 따르면 문학 텍스트에서 숨겨진 심층차원은 하나의 근원적 의미(Ricœur 1974 참조)로 소급하거나, 혹은 언어적으로 규정된 차이의 계기를(Derrida 1972 참조) 드러낸다. 이러한 차이의 계기에 의거하여 이제 꿈의 내용을 이루는 상형문자는 명시적 의미의 지속적인 탈취로 설명된다. 이렇게 하여 프로이트도 니체처럼 현대 문학이론의 중요한 선구적 사상가의 위치를 차지하게 된다.

6. 진리의 작품 안으로의 자기정립으로서의 예술: 마르틴 하이데거

예술과 존재

프로이트와 마찬가지로 하이데거도 순수한 미학 사상가는 아니다. 하지만 니체가 그랬듯이 하이데거에게서도 미학은 서양의 합리성에 대한 포괄적 비판이라는 맥락에서 점차로 중요성을 지니게 된다. 하이데거의 주된 관심은 아리스토텔레스의 존재론 이래로 망각된 존재에 대한 물음을 다시 획득하는 데 있었는데, 그에게 예술은 형이상학의 역사에서 파묻혀버린 존재에 대한 물음에 새로운 길을 열어주는 특별한 방식으로 나타난다. 하이데거는 형이상학 비판이라는 그의 철학적 전제에 의거하여 예술에 존재론적으로 접근한다. 그는 예술의 기원과 본질에 대하여 질문을 던진다. "예술작품의 기원에 대한 물음은 곧 예술의 본질에 대한 물음이다."(Heidegger 1980, 2) 예술작품의 기원과 본질에 대한 형이상학적 물음이 하이데거를 철학적 전통으로 돌아가게 한다면, 그의 사유의 존재론적 계기는 진리의 문제를 예술의 영역으로 옮겨놓는다.

예술과 진리

"예술의 본질은 다음과 같은 것이리라. 존재자의 진리를 작품 안에 정립하는 것."(Heidegger 1980, 21) 이렇게 하여 예술은 진리의 특권적 장소가 되지만, 하이데거의 수수께끼 같은 표현에서 존재자의 진리와 예술에서 나타나는 존재의 진리 사이에 정확히 어떤 연관이 있는지는 명확히 드러나지 않는다. 작품 안으로의 진리의 자기정립(Sich-ins-Werk-Setzen)이라는 예술에 대한 정의는 미학으로 하여금 그 자체를 포괄하는 철학적 진리이론으로 나아가게 하는데, 이것이 하이데거의 사유 전체를 규정한다.

예술과 문학

존재론적 진리의 문제를 예술로 옮겨놓는 것이 그다지 자명하지 않은 것만큼이나(Tugendhat 1970 참조), 존재철학의 맥락에서 하이데거가 수행하고 있는 문학에 대한 해석도 그리 자명하지 않다. 칸트와 헤겔처럼 하이데거도 다른 예술에 대한 문학의 우위를 출발점으로 삼고 있다. "**모든 예술**은 존재자 자체의 진리가 도래하게 하는 것으로서 그 본질에 있어 문학이다."(Heidegger 1980, 58) 따라서 "언어예술작품, 좁은 의미에서의 문학은 예술 전체에서 가장 탁월한 지위를" 갖는다(Heidegger 1980, 59). 예술의 체계에서 문학이 차지하는 우월한 위치는 그것의 언어성에 근거한다. 하이데거가 언어를 존재에의 특권적 통로로 해명하고 있는 만큼, 문학은 그에게서 커다란 중요성을 지니게 된다.

횔덜린과 존재의 수립

하이데거는 그가 고대의 진리 모델에서 발견한 작품 속의 운동, 즉 진리 수립으로서의 존재의 비춤(Lichtung)을 언어에서 발견한다. "예술의 본질은 문학이다. 그리고 문학의 본질은 진리를 수립하는 것이다."(Heidegger 1980, 61) 또한 하이데거는 횔덜린에 대해 다음과 같이 말한다. "횔덜린의 문학은 문학의 본질을 문학으로 표현한다는 문학에 대한 규정에 의해 인도되고 있다. 횔덜린은 우리에게 탁월한 의미에서의 시인 중의 시인이다."(Heidegger 1996, 34) 횔덜린을 시인의 전형으로 신비화하면서 하이데거는 문학에 존재의 수립을 인정하는데, 이는 고대 그리스 이래의 철학 전통에서 거부되어왔던 일이다. 그리스 비극에 대한 니체의 이론과 유사하게 하이데거에게 횔덜린의 문학은 논리적 합리성이 예술을 통해 분열을 일으키는 장소인 동시에 태고의 진리영역을 다시 획득할 수 있는 장소가 된다. 존재의 수립은 유일하게 존재의 비은폐성에 접근하는 우월한 힘을 지닌 문학적 언어양식의 틀 속에서 이루어진다. "언어가 말한다"(Heidegger 1990, 12)라는 모호한 문장을 통해 하이데거는 언어 스스로가 자신에게 무제한의 권한을 부여한다는 사상으로 나아간다. 이는 포스트모던 문학이론에서 말하는 언어의 자기지시적 관계에 대한 표현으로 해석될 수 있는데, 여기에서는 주관성의 모든 형식이 배제된다.

7. 리얼리즘과 모더니즘 사이에서: 게오르크 루카치

미학의 마르크스주의적 계기

니체, 프로이트, 하이데거의 철학적 계기들은 개별적으로는 지극히 상이하지만, 헤겔이 진단한 바 있는 근대 예술의 이성에 대한 관계에 있어 합리화과정으로부터 이탈하여 태고의 근원적 계기로 되돌아가는 힘을 보여주기 위한 노력의 역사에 가담하고 있다는 점에서 일맥상통한다. 그러나 헤겔에 의해 관념론 미학이 많은 문제를 안고 완성된 후, 루카치, 블로흐, 벤야민, 아도르노 등의 문필가들에게 니체, 프로이트, 하이데거와는 전혀 다른 사상가가 더 중요한 인물로 등장한다. 바로 칼 마르크스다. 마르크스를 수용함으로써 루카치와 아도르노는 18세기와 19세기의 자율성 미학에 반대하여 예술과 사회의 변증법적 관계에 주목한다. 이들 미학의 근본적 요구는 헤겔 이후 제기된 현대 예술의 개별화된 성격에 대한 통찰을 칸트 이래의 미의 자율성과 조화시키려는 것에 있다. 예술과 사회, 예술의 자율성과 개별성을 매개하려는 시도는 루카치, 벤야민, 아도르노에게서 상이하게 나타나는데, 이러한 사실은 외견상 통일적인 모습으로 보이는 현대 비판미학의 배후에 쉽게 조화될 수 없는 수많은 대립적인 입장들이 숨어있음을 보여준다(Wiggershaus 1988, Jay 1991 참조).

니체와 마르크스 사이의 루카치

발터 벤야민과 마찬가지로 게오르크 루카치에게도 마르크스가 처음부터 중요한 사상가였던 것은 아니다. 루카치의 저작은 오히려 순수한 미학적 입장을 취했던 초기와 마르크스주의적 입장을 취했던 전성기 및 후기 사이의 긴장으로 점철되어 있다(Jung 1989 참조). 초기 저서 『영혼과 형식(*Die Seele und die Formen*)』(1911)에서 청년기의 루카치는 니체의 전통 위에서 예술을 생철학적으로 정의한다. 그가 키르케고르, 게오르게 등을 언급하며 설명하고 있듯이 예술의 기능은 무엇보다도 삶의 극복에 있다. 현존재는 미적 형식의 완결성 속에서 완전성의 단계에 도달하게 되며, 그 외에는 이러한 완전성이 허용되지 않는다는 것이다. 여기에서 한걸음 더 나아가 『소설의 이론(*Theorie des Romans*)』(1916/1920)에서 루카치는 역사철학적인 시도를 통해 고대 서사시와 현대 소설의 차이에 대해 성찰한다. 루카치는 고대의 영웅적 정신을 현대의 산문과 구분하기 위해 헤겔이 도입한 범주들을 받아들여 고대를 전체적 완결성의 시대로 규정하고, 이에 대비하여 현대를 예술에 의해 성찰되는 분열의 시대로 규정한다. "그리스인들이 그 안에서 형이상학적으로 살았던 원은 우리의 것보다 더 작다. 그렇기 때문에 우리는 결코 우리 자신을 그 원 속으로 생생히 옮겨 놓을 수 없다. 보다 정확히 말하면, 그 원의 완결성이 그들의 삶의 초월적 본성을 이루어내는데, 이러한 원은 우리에게는 파열되어버렸다. 우리는 완결된 세계에서는 더 이상 숨 쉴 수 없다."(Lukács 1989, 25)

서사시와 소설

루카치에 따르면 현대 소설의 위치는 현실에서의 삶의 상실과 유토피아적 전체에 대한 갈망 사이의 긴장 속에 놓여 있다. "소설은 삶의 외연적 총체성이 더 이상 명확하게 주어져 있지 않고 의미가 삶에 내재하는지가 의심스럽게 되어버린 시대, 그렇지만 총체성에의 신념은 지니고 있는 시대의 서사시이다."(Lukács 1989, 47) "초험적인 집없음"(Lukács 1989, 32)을 표현하고자 하는 현대의 유토피아적 서사시의 시도는 실패할 수밖에 없다. 왜냐하면 그러한 시도는 드라마적인 것이나 서정시적인 것 속으로 산문의 형식을 초험적으로 넘겨줘 버리기 때문이다. 세르반테스, 괴테, 플로베르, 톨스토이의 예에서 루카치는 미적 자율성과 시대적으로 조건 지어진 개별성 사이의 긴장 속에 위치하고 있는 현대 산문의 근본전제들을 논한다. 이 점에서 루카치는 마르크스의 변증법적 철학보다는 베르그송과 딜타이의 생철학과 더 깊은 연관을 맺고 있다고 할 수 있다.

예술과 사회

하지만 루카치의 입장은 20년대에 들어와 변화를 겪게 된다. 루카치는 물론 역사철학적으로 규정할 수 있는 예술의 미메시스적 기능을 여전히 고수하고 있기는 하지만, 이제 그는 현대의 분열을 극복하려는 예술적 시도로서 예술을 생철학적으로 해석하는 것이 아니라, 유물론적 입장에서 마르크스의 사물화 개념을 예술에 적용하여 이를 사회적 생산관계의 표현으로 이해한다. 사회, 역사, 미메시스의 상호연관성에 의거하고 있는 루카치의 예술에 대한 이해는 주로 리얼리즘 예술, 특히 19세기의 산문을 향해 있는데, 예술형식 안에서 적절하게 반영된 시대상을 그는 바로 여기에서 발견한다. 리얼리즘 소설과 예술의 미메시스적 성격에 대한 선호로 인해 루카치는 예술에 대한 반현대적 이론을 주장하고 있다는 어느 정도 정당한 비난에 거듭 직면하게 되었다. 이러한 근본적인 한계에도 불구하고 루카치가 "반론 속에서도 다른 사상과 체계들에 많은 영향과 자극을 준 (…) 금세기의 가장 중요한 이론가 중 하나"(Schneider 1996, 166)라는 데에는 논란의 여지가 없다.

8. 비평의 과제: 발터 벤야민

니체와 벤야민

발터 벤야민만큼 문학이론에 많은 자극을 준 현대의 미학 사상가는 니체 외에는 아마 없을 것이다. 미학의 역사에서 벤야민이 차지하는 독보적인 위치는 무엇보다 문헌학, 철학, 매체이론의 문제들을 서로 연결하려 하는 그 사상적 계기의 다양성에 기인한다.

비평의 개념

벤야민의 저술에서 주도적인 개념은 바로 비평 개념이다(Opitz/Wizisla 2000, 479-523). 『독일 낭만주의에서 예술비평의 개념(*Begriff der Kunstkritik in der deutschen Romantik*)』이라는 그의 박사학위논문 제목에서 이미 드러나듯이 벤야민에게 비평 개념은 핵심적 중요성을 지닌다. 그는 초기 낭만주의 미학, 특히 노발리스와 슐레겔에 대한 문제사적 연구를 통해 미학적 인식의 근거로서 예술비평의 의미에 대해 논한다. 비평을 예술작품에 대한 인식으로 여기는 벤야민은 "작품에 대한 판단"이 아니라 "작품 완성의 방법"으로 비평을 파악한다는 점에서 (Benjamin 1980, I 69) 초기 낭만주의와 일치한다. 프리드리히 슐레겔과 마찬가지로 벤야민은 문학과 이론 사이의 차이를 지양하려는 경향을 보인다. 그에게 있어 문학의 실천적 영역과 이론적 영역은 순수한 시학적 계기 속에서 다시 하나로 융합된다. 이러한 배경에서 그는 초기 낭만주의 미학을 예로 삼아 성찰, 형식, 아이러니를 현대 미학의 핵심 범주로 제시한다. 헤겔과 달리 벤야민은 낭만적 아이러니를 공허한 주관성의 징후가 아니라 비평을 통해 개진되고 형식을 통해 실현되는 절대적인 시학적 성찰의 표현으로 이해한다. 벤야민은 그의 문제사적 계기를 괴테의 『친화력(*Wahlverwandtschaften*)』에 대한 에세이에서 상술하면서, 이 작품에 신화적 운명의 질서와 역사적 속죄의 관계가 얽혀있음을 밝혀낸다. 이 글의 서두에서 그는 비평의 과제가 예술작품의 진리내용(Wahrheitsgehalt)을 인식하는 데 있는 반면에, 주해는 사실내용(Sachgehalt)을 획득하는 데 있다고 이 둘을 대비시킨다(Benjamin 1980, I 125-127 참조).

바로크와 모더니즘

비평과 진리의 연관관계가 벤야민의 저작에서 주도적 역할을 한다는 사실은(Geisenhanslüke 2001b 참조) 무엇보다도 비애극에 대한 그의 저서에서 잘 드러난다. 1926년에 제출되어 반려된 교수자격논문 『독일 비애극의 원천(*Ursprung des deutschen Trauerspiels*)』에서 벤야민은 독일 고전주의 미학에 비판을 가한다. 독일 고전주의 미학에 그는 긴장으로 점철된 바로크의 이미지를 대비시킨다. 비애극에 대한 이 논문의 서문에서 벤야민은 "독일의 고전주의 문화가 붕괴한 이후 바로크가 지니는 시의성"(Benjamin 1980, I 235)에 대해 언급한다. 벤야민은 고전주의의 붕괴를 특히 표현주의와 같은 현대 예술사조의 맥락에서 논의한다. 바로크의 새로운 시의성과 전위적 모더니즘은 벤야민에게 있어 고전주의 정신이 고갈되었다는 역사철학적 진단의 두 가지 근거가 되고 있다. 이러한 배경에서 비애극에 대한 논문은 바로크적 알레고리와 멜랑콜리의 기치하에 고전주의에 근본적인 수정을 가한다. 이 논문에서 벤야민이 수행하는 예술이론적 고찰의 본질적인 출발점은 상징에 대한 비판이다.

> 낭만주의의 혼란 속에서 권력을 얻어낸 찬탈자의 통치권이 백 년 이상 예술철학을 억압해왔다. 절대적인 것에 대한 찬란하고 궁극적으로 아무런 구속이 없는 인식을 얻기 위한 낭만주의 미학자들의 구애는 지극히 단순한 예술이론적 논쟁들을 거치면서 상징 개념을 자신의 집안으로 끌어들이는 결과를 낳았는데, 이 상징 개념은 진정한 상징 개념과 그 명칭 외에는 아무런 공통점이 없다(Benjamin 1980, I 336).

상징적인 것에 대한 비판

벤야민은 18세기 미학에서 상징이 획득한 우월한 위치가 바로잡아야 할 역사적 오해의 결과라고 설명한다. 특히 보들레르의 알레고리 형식에 대한 연구에서 벤야민은 바로크와 현대 예술에서 알레고리가 지니는 중요성을 제시하고 있는데(Menninghaus 1980, 134-178 참조), 여기에서 백 년 이상 지속되어온 상징의 통치는 이제 종착역에 도달한 과도기체제로 나타난다.

알레고리와 상징

비애극에 대한 논문에서 벤야민이 수행하고 있는 작업은 18세기에 알레고리의 실종과 상징의 성공을 초래했던 권력관계를 역전시키는

데 그치지 않는다. 그는 알레고리와 상징의 대립이 "내적으로 그리고 외형적으로"(Benjamin 1980, I 343) 제시될 수 있다는 것을 강조하고 있지만, 대립의 외형성에 대한 언급에서 이미 드러나듯이 벤야민은 이 논문에서 알레고리와 상징의 엄격한 대립관계에 별로 관심을 보이지 않는다. 오히려 18세기와 19세기 예술이론에서의 상징 개념에 대한 비판에도 불구하고 벤야민은 상징적인 것의 근본적 의미를 고수한다(Steinhagen 1979, 674 참조). 상징적인 것에 대한 긍정적인 평가는 예술이론적인 상징 개념과 "명칭 외에는 아무런 공통점이 없는", "참된" 상징 개념에 대한 언급에서 드러난다. 참된 상징 개념을 벤야민은 신학의 영역에 위치시킨다. "신학의 영역에 속하는 이 개념은 초기 낭만주의가 종말을 고한 이래 점점 더 짙어지고 있는 저 정서적 황혼을 미의 철학 안에서는 결코 확산시킬 수 없었다."(Benjamin 1980, I 336) 비애극에 대한 논문에서 벤야민은 예술이론적 상징 개념과 신학적 상징 개념을 구분한다. '찬탈자'라는 그의 은유처럼 상징은 예술에서 자신에게 낯선 땅을 차지했을 뿐만 아니라, 동시에 신학에서 자신의 출생지를 잃어버렸다. 이 논문에서 벤야민이 의도한 것은 상징에 대한 미학이론을 비판하는 것에 그치는 것이 아니라, 이와 더불어 신학적 상징 개념의 중요성을 지적하려는 것이었다.

아우라의 붕괴

후에 해체주의에 의해 생산적으로 수용된 알레고리의 평가절상은 (Haverkamp 1994, Menke 1991 참조) 비애극에 대한 논문에서 문헌학적·철학적·신학적 계기들 사이의 해소되지 않은 긴장 속에 놓여 있었다. 논란거리가 되어온 이른바 마르크스주의로의 전향 과정에서 저술된 『기술복제시대의 예술작품(*Das Kunstwerk im Zeitalter seiner technischen Reproduzierbarkeit*)』에서 벤야민은 새로운 길로 나아간다. 여기에서도 벤야민 철학의 비판적 성격은 그대로 유지된다. 벤야민은 이제 현대 예술의 상품적 성격을 근대 이래의 미학적인 것의 자율성에 대비시킨다. 그는 현대 예술에서의 아우라의 파괴를 지적하면서 천재, 창조성, 예술의 영원한 가치 등 지금까지 미학을 주도해왔던 개념들에 거부를 표명한다. "예술작품의 기술복제시대에 위축된 것은 바로 그것의 아우라이다."(Benjamin 1980, I 438)

벤야민의 매체이론적 사유계기

후기 문학이론의 핵심 명제인 아우라의 상실에 따라 매체사적으로 조건 지어진 예술작품의 새로운 변화를 벤야민은 마르크스에 의거하여 "현재의 생산조건하에서의 예술발전의 경향들"(Benjamin 1980, I 435)이라는 말로 표현한다. 이러한 경향들은 사진이나 영화 같은 혁신적인 예술형식들 속에서 구체적으로 나타난다. 때로 선동적인 느낌을 주는 벤야민의 테제가 지향하는 궁극적인 목적은 현대 예술을 새롭게 규정하려는 데 있다. 여기에서 그는 더 이상 미학적 전통에 머물지 않고, 매체의 기술적 발전과 그것이 예술에 의미하는 바에 대해 질문을 던진다. 벤야민이 예술과 문학에 대한 고찰을 위해 마련한 토대는 전통적 미학의 지평을 넘어서서 현대 매체이론에 방향을 제시하고 있다.

9. 예술과 사회: 테오도르 W. 아도르노

예술의 자율성과 사회적 사실

예술의 자율성과 예술의 사회적 기능을 매개하려는 시도는 이미 루카치와 벤야민의 사유에 나타난 바 있다. 사후에 출간된 아도르노의 마지막 저서 『미학이론(*Ästhetische Theorie*)』은 칸트와 헤겔의 전통 속에서 미학을 정초하려는 최후의 시도라고 할 수 있다. 아도르노의 고찰은 "자율적이면서 동시에 사회적인 예술의 이중적 성격"(Adorno 1973, 16)을 출발점으로 삼고 있다. 아도르노의 변증법적 사유는 미의 자율성에 대한 이중적 규정에서 시작한다. 즉, 예술작품은 경험적·사회적 현실에 대한 근본적인 부정이라는 점에서 자율적이지만, 동시에 예술은 경험적인 것의 부정이라는 점에서 현실에 의해 규정된다. 따라서 현대 예술은 독립적 주권에 대한 요구와 전체 내에서의 특수성 사이에서 곤란한 상황에 처해 있다. "왜냐하면 언제나 개별자에 머무는 예술에서의 절대적 자유는 전체 안에서의 지속적인 부자유의 상태와 모순을 이루기 때문이다. 전체 안에서 예술의 위치는 불확실한 것이 되었다."(Adorno 1973, 9) 이처럼 불확실한 상황하에서 아도르노는 잘못된 전체 안에서 기존의 현실에 대한 부정으로서의 진리를 구제하라는 유토피아적 요구를 예술과 연결한다. "예술작품의 진리는 개념과 동일하지 않은 것, 개념의 척도에서 볼 때 우연적인 것을 작품 자체의 내재적 필연성 속에 흡수해 들일 수 있는가에 달려 있다."(Adorno 1973, 155)

진리와 가상

벤야민의 연장선상에서 아도르노가 강조하듯이 예술작품은 진리의 구제다. 예술작품은 사회적 존재에 불확정적 타자를 대립시키는 가상의 성격을 지니고 있다. "그러므로 미학의 핵심은 가상의 구제에 있다."(Adorno 1973, 164) 이렇게 단언함으로써 아도르노는 그의 미학이론의 핵심인 가상의 개념에 의거하여 현실의 부정을 예술의 토대로 끌어올리려 한다. "예술작품은 그것이 그 자체로서는 존재할 수 없는 것을 일종의 이차적이고 변형된 현존재가 되도록 해준다는 점에서 가상이다. 그것은 또한 현상이기도 하다. 왜냐하면 바로 그것을 위하여 예술작품이 존재하는 저 비존재자는 미적 실현을 통해서 손상된 상태로나마 현존재가 되기 때문이다."(Adorno 1973, 167) 예술작품의 손상된 자율성에서 자신의 권리를 인식하는 이러한 유토피아의 빛 안에서 아도르노는 예술을 철학적 개념에 대한 교정이자 철학사의 바탕에 깔려 있는 주체와 객체의 분리에 대한 교정으로 파악한다. 아도르노의 미학이론에서 예술은 절대자의 대리자가 된다. 여기에서 절대자의 대리자란 사회적 억압으로부터 자유로운 현실의 형식을 이의미한다.

서정시와 사회

아도르노는 현대문학이 처한 상황에 침윤함으로써 자율성과 사회적 현실 사이에 놓여있는 예술의 이중적 성격에 대한 자신의 근본적인 고찰을 문학이론적으로 제시한다. 1957년에 발표한 「서정시와 사회에 대한 강연(Rede über Lyrik und Gesellschaft)」에서 아도르노는 모든 외적 규정으로부터 벗어나 있는 것처럼 보이는—말라르메의 전통에 속해 있는—순수한 예술적 시에 대해 그 사회적 의미를 물음으로써, 절대문학과 참여문학을 매개하고자 한다. 여기에서 아도르노는 현대시에서 결코 자명하다고 할 수 없는 다음과 같은 전제를 따르고 있다. "시가 사회적인 것과 맺는 관계에서 본질적인 어떤 것, 시적 성질의 근거가 되는 어떤 것이 드러난다."(Adorno 1981, 49) 서정시와 사회의 관계에 대한 아도르노의 규정은 포괄적인 변증법적 모델의 문맥 안에 자리 잡고 있는데, 이에 따르면 개별자로서의 시는 이미 항상 보편자와 매개된다. 보편자를 사회적인 것으로 정의함으로써, 아도르노는 시에서 나타나는 개별자와 보편자, 주체성과 객체성의 역설적인 관계에 대해 논의한다. "객체성으로 변모하는 주체성이라고 하는 서정시의 특유한 역설은 서정시에서 나타나는 언어형상의 우위와 결부되어 있다. 산문의 형식에 이르기까지 문학 전반에서 언어가 지니는 우월적 지위는 바로 여기에 기인한다."(Adorno 1981, 56) 아방가르드 예술이론의 전통 위에서 아도르노는 모든 내용적 규정에 앞서는 언어적 표현형식의 우위를 서정시와 사회의 변증법적 관계의 토대로 삼는다.

> 따라서 최고의 서정시는 소재가 과잉되지 않고 주체가 언어에 공명하여 마침내 언어 스스로가 소리를 내기에 이르는 그러한 시다. 언어라는 객체에 자신을 내맡기는 주체의 자기 망각과 표현의 직접성 및 비자의성은 동일한 것이다. 이렇게 하여 언어는 지극히 내밀한 곳에서 서정시와 사회를 매개한다. 따라서 서정시는 그것이 사회에 대해 발언하거나 아무것도 전달하지 않는 때가 아니라, 성공적인 표현이 이루어져 주체가 언어와의 일치 속에서 언어 스스로가 가고자

하는 곳에 이르게 될 때 가장 심오하게 사회적 책임을 수행하는 것임이 드러난다(Adorno 1981, 56).

언어와 비동일성

아도르노는 현대 예술의 예술적 요구를 직접적으로 사회적 요구와 연관시킨다. 그가 구성한 과감한 변증법에 따르면 시는 오직 가장 순수한 모습으로 나타날 때만 자신의 과업을 성취하게 된다. 왜냐하면 시의 언어적 순수성에 이미 그것의 사회적 연관성이 내포되어 있기 때문이다. 시의 사회적 연관성은 그것이 보편자의 전체성에 대항하는 개별자의 항변이라는 것에 있다. 아도르노에게 현대시는 비동일적인 것의 대리자라는 그것의 역할을 통해 항상 유토피아의 담지자로 나타나는데, 여기에서 유토피아는 예술에만 관련된 것이 아니라 사회의 영역에까지 손을 뻗는다.

횔덜린에 대한 아도르노와 하이데거의 입장

주로 19세기 리얼리즘에 경주했던 루카치와 달리 아도르노는 카프카, 조이스, 베케트 등의 이름으로 대표되는 고전적 모더니즘의 전제들을 고수했다(Adorno 1973, 286 참조, Lindner 1980 참조). 이 점에서 『미학이론』은 궁극적으로 문학을 철학에 위임하는 미학을 정초한 최후의 시도라고 할 수 있다. 하이데거와 유사하게 아도르노가 요청한 철학과 문학의 상호의존관계는 횔덜린의 문학에 대한 고찰에서 명료하게 드러난다. "문학의 모호함은 문학 안에서 사유될 수 없고, 불가피하게 철학을 요청한다"(Adorno 1981, 450)고 아도르노는 말하고 있는데, 그 의도는 철학을 통한 예술의 지양을 정당화하는 데 있다. "모든 진지한 문학이 그러하듯이 횔덜린의 문학은 그것의 진리내용을 드러나게 하는 매개수단으로서 철학을 필요로 한다. 하지만 진리내용을 빼앗아가는 철학을 호출한다면 그것은 아무 소용이 없다."(Adorno 1981, 452) 벤야민의 연장선상에서 아도르노는 비평과 진리내용 사이의 연관관계를 출발점으로 삼고 있다. 하지만 벤야민의 시학과 달리 아도르노는 비평의 과제를 전적으로 철학의 영역에만 부여한다. 다시 말해 문학의 진리내용을 파악하는 일은 철학에게만 허용된다. 이러한 배경에서 아도르노는 호르크하이머와 공동으로 저술한 『계몽의 변증법(*Dialektik der Aufklärung*)』에서 그랬던 것처럼 횔덜린에게서 나타나는 현대시와 사유의 신화적 구조 사이의 관계를 밝혀낸다. 이에 따르면 횔덜린의 병렬적 서정시는 독일 관념론이 일방적으로 선언한 보편자와 특수자의 화해가 허위라는 통찰을 체현하고 있다. 참된 존재가 아니라 신화와 계몽의 변증법을 횔덜린 시의 근원으로 본다는 점에서 아도르노는 본질적으로 하이데거와 구분되지만, 문학에 대한 철학의 관여를 자명하게 여긴다는 점에서 두 사상가는 연결된다. 그리스 비극에 대한 주해에서 횔덜린이 의도했던 것은 예술의 규칙에 대해 묻는 순수시학적 현대 문학이론을 정립함으로써 문학의 이론과 실천 사이의 분리를 지양하려는 데 있었다. 이에 반해 하이데거와 마찬가지로 아도르노에게서도 문학의 과업은 오로지 철학적 성찰을 통해서만 완전히 성취된다.

미학의 종말?

하지만 새로운 문학이론의 맥락에서 보면 오랫동안 거의 자명하게 수행되어온 문학에 대한 철학의 관여는 의심스러운 것이 된다. 『미학이론』 서문에서 아도르노는 “체계나 도덕이라는 개념과 마찬가지로 철학적 미학이라는 개념은 이제 낡은 표현이 되었다”(Adorno 1973, 493)고 단언한 바 있다. 이러한 진단을 진지하게 받아들인다면, 칸트가 이룩한 문학과 철학적 미학의 결합 역시 의문의 대상이 된다. 이러한 배경에서 20세기의 새로운 문학이론들은 문학이해의 또 다른 가능성들을 찾기 위해 철학적 미학의 문제들로부터 점차 해방되는 방향으로 나아갔다.

Ⅲ. 해석학

1. 18세기의 미학과 해석학

해석학의 생성

칸트의 『판단력 비판』이 이미 보여준 바 있듯이, 18세기에 미학은 수사학의 전통에서 벗어나려는 움직임 속에서 형성되었다. 여기에서 문학에 대한 미학의 관계는 이중적인 모습으로 나타난다. 한편으로 미학은 근대적 자율성의 사상에 기초하여 다른 예술형식들보다 문학에 우월성을 부여하는 이론을 정립했다. 다른 한편으로 미학은 지금까지 시학의 개념 속에 하나로 통합되어 있던 문학의 이론과 실천이라는 두 계기를 분리시켰다. 문학가가 주로 문학적 담론의 생산을 담당하게 된 반면에, 철학적 미학은 문학에 대한 체계적 이론을 과제로 삼게 되었는데, 이는 헤겔에게서 그 정점에 이른다. 철학적 성찰과 문학적 생산이 분리되면서 미학과 더불어 현대 해석학이 성립하게 되었다. 여기에서 해석학은 문학의 이론과 실천이라는 분리된 두 영역 사이의 매개자로서 등장한다. 이해의 기술에 대한 이론으로서 해석학은 개별성과 자율성을 지향하는 문학적 담론을 철학적 개념으로 옮겨주는 역할을 하게 되었다(Grondin 1991 참조). 또한 해석학은 텍스트와 독자 모두에 보편적 구속력을 지닌 이해의 개념을 정립함으로써, 문학이 폭넓은 대중에게 다가가도록 하였다. 18세기에 광범위하게 전개된 세속화 운동을 통해 신학의 유산으로부터 점차 벗어나려 하였던 해석학은 이를 통해 현대 문학이론의 역사적 초석을 놓았다(Nassen 1982 참조). 18세기의 담론체계 내에서 해석학은 철학적 미학 및 문학과 견고한 동맹체제를 구축하였는데, 이는 20세기에 들어와 현대 언어학이 생겨나면서 그 토대가 흔들리게 된다.

해석학의 역사

이러한 배경에서 해석학의 역사는 슐라이어마허에서 가다머에 이르기까지 이해의 개념이 겪어온 변화의 역사로 나타난다. 신학자 슐라이어마허가 역사적 변혁기인 1800년경에 해석학을 이해의 기술에 관한 학문으로 정의함으로써 현대 해석학을 정초했다면, 20세기에 와서 해석학의 개념은 역사의 이해라고 하는 정신과학에 대한 딜타이의 정의를 통해 문학 텍스트의 역사성이 지니는 의미에 대한 통찰로 확장되었다. 딜타이가 현대적으로 새로이 정초한 해석학은 곧 정신과학의 패러다임이 되기에 이르렀는데, 이는 동시에 이 분야가 문헌학에서 멀어지게 된 것을 의미했다. 하이데거와 가다머는 해석학적 사유가 보편화되는 경향에 합류하였다. 하이데거는 진리의 철학적 개념을 예술과 문학의 영역으로 옮겨놓았고, 가다머는 문학에 나타나는 진리의 형식을 정신과학 일반의 패러다임으로 격상시켰다. 철학적 해석학은 1960년대에 가다머에 의해 이해의 대화적 기투(企投, Entwurf)로 정립되었는데, 이를 통해 그는 역사적 전승이나 과거의 정전들이 지니는 권위를 지키려 했다.

해석학의 다양성

그러나 해석학의 보편화는 동시에 그것의 한계를 드러내게 만들었는데, 특히 포스트구조주의적 사유의 반(反)해석학적 시도는 문학의 참된 언어를 추구하는 해석학의 시도에 반기를 들었다. 이에 있어 푸코와 데리다 등 포스트모던 사상가들은 니체, 프로이트, 하이데거 이래로 현대 해석학에 내재하는 하나의 계기, 즉 문헌학의 해석 작업에 은밀히 내재하는 폭력성의 계기에 주목했다. 이러한 상황을 배경으로 슐라이어마허에서 칸트에 이르기까지 이해의 기술에 관한 학으로 규정되어온 해석학의 전통과 하이데거의 폭력성의 해석학, 그리고 문헌학적 인식의 이상을 실마리로 삼고 있는 페터 손디의 문학해석학 등 여러 상이한 입장에서 해석학을 정초하려는 시도들이 등장하였는데, 이들의 목표는 해석(Interpretation)을 텍스트해석(Textauslegung)의 본질적 과업으로서 제시하려는 데 있다. 구조주의와 포스트구조주의의 사유가 현대의 인식에 침투한 이래로 해석학의 보편성에 대한 요구가 비판에 직면하게 되었지만, 이러한 변화 속에서도 해석학은 문학과 사회 사이의 중심적 매개자로서 남게 될 것이다. "해석학은 문학에 대한 '해명(Deutungen)'을 제공해줄 수 있을 것이다. 이 해명이 없다면 개인과 사회의 소통기능은 마비될 것이다. 또한 이 해명을 완전히 포기하는 문예학은 의미가 없다."(Bogdal 1999, 27)

2. 해석학적 전환: 프리드리히 슐라이어마허

주체와 근대

근대 해석학은 18세기에 문학뿐 아니라 지식의 모든 분야에서 이루어진 시대적 변혁의 상황 속에서 생성되었다. 미셸 푸코는 시대를 결정적으로 변화시킨 1800년경의 역사적 분기점을 초월적이고 경험적인 지식의 담지자로서의 인간의 탄생이라는 개념으로 설명하면서, 무엇보다도 칸트의 비판철학이 이러한 획기적인 인식론적 변화를 주도하였다고 진단한다(Foucault 1974, 298쪽 이하 참조). 푸코에 따르면 대상이 인간의 인식능력에 따르는 것이지 그 반대가 아니라는 칸트의 제안이 인간 주체를 최초로 지식의 중심에 세웠다는 것이다. 이로써 칸트에게서 촉발된 근대화의 동력은 철학에서 시작하여 지식의 모든 영역으로 뻗어나갔다.

슐라이어마허와 현대 해석학의 정초

18세기 이래로 인간에 대한 새로운 지식이 초래한 인식론적 변화는 특히 해석학에서 두드러지게 드러난다. 18세기 이전까지 해석학은 신학의 **성서 해석학**(*hermeneutica sacra*)과 법학의 **세속 해석학**(*hermeneutica profana*)이라는 두 형태로 존재했다(Eagleton 1994a, 31 참조). 1800년 이후 광범위하게 전개된 세속화 운동 속에서 이러한 특수 해석학들을 지양하는 경향이 나타났는데, 그 이후로 해석학은 프리드리히 슐라이어마허라는 이름과 불가분의 관계를 맺게 되었다(Birus 1980 참조). 슐라이어마허에 앞서 이미 클라데니우스와 마이어 등에 의해 보편적 해석학을 지향하는 의미 있는 시도들이 이루어진 바 있는데, 이러한 이유로 페터 손디는 슐라이어마허를 홀로 왕좌에 옹립하는 것에 반대하며 다음과 같이 주장하였다. "사상사적으로 볼 때 슐라이어마허에게서 시작된 새로운 것은 전혀 없다."(Szondi 1975, 135) 그럼에도 불구하고 슐라이어마허가 해석학을 보편적인 "이해의 기술"로 정의함으로써 비로소 현대 해석학의 기반을 마련했다는 것에 대해 해석학 연구 분야에서 광범위한 합의가 이루어져 있다. 여기에서 슐라이어마허가 말하고 있는 보편적인 이해의 기술로서의 해석학은 특수 해석학들에 선행하는 것으로서 역사, 예술, 종교의 세 단계로 세분화된다. 헨드릭 비루스가 단언하였듯이, "19세기 초 이래로 '해석학'에 대한 이해에서 관찰되는 뚜렷한 변화는 프리드리히 슐라이어마허의 결

정적 영향에 의해 이루어진 것이다."(Birus 1982, 7)

이해와 해석

슐라이어마허의 획기적인 업적이 해석학의 본래적 요구에 따라 일반적이고 보편적인 해석학을 만들어낸 데 있다는 점에서, 이 새로운 해석학을 이해하기 위해서는 "다른 사람의 말을 올바르게 이해하는"(Schleiermacher 1977, 75) 기술이라는 해석학에 대한 그의 정의를 토대로 삼아야 한다. 여기에서 중요한 것은 슐라이어마허에게 있어 핵심적 의미를 지니는 이해와 해석의 개념이다. 슐라이어마허는 해석학을 문법적 해석(die grammatische Auslegung)과 심리적 해석(die psychologische Auslegung)이라는 두 영역으로 구분한다. 슐라이어마허에 따르면 심리적 해석에서 언어는 개별적 인간이 자신의 사고를 전달하는 것을 돕는 도구인 반면, 문법적 해석에서는 "언어가 모든 개별자의 사고를 제약한다. 여기에서 개별적 인간은 단지 언어의 장소일 뿐이며, 인간의 발언은 단지 언어가 스스로를 드러내는 것일 뿐이다."(Schleiermacher 1977, 79)

문법적 해석과 심리적 해석

만프레드 프랑크가 설명하였듯이 문법적 해석은 언어의 보편적 측면을, 그리고 심리적 해석은 언어의 개별적 측면을 구현한다(Frank 1985 참조). 슐라이어마허는 문법적 해석의 완성을 고전적인 것에서, 심리적 해석의 완성을 독창적인 것에서, 그리고 이 둘의 일치를 천재적인 것에서 발견한다. 이에 있어 그는 후기 헤겔처럼 고전적 예술형식에 우월성을 부여하는데, 이러한 우위가 20세기의 해석학이론들에까지 이어지게 된다. 나아가 슐라이어마허는 종합명제(Synthese)에 도달하기 위해 애쓰는 18세기 특유의 방식에 따라 이해를 문법적 해석과 심리적 해석의 동행으로 정의한다. "**이해는 이 두 가지 계기(문법적·심리적)의 상호 맞물림으로써만 가능하다**."(Schleiermacher 1977, 79)

예감적 해석과 비교적 해석

이에 있어 해석학의 역사에서 출발점이 되는 것은 심리적 해석인데, 여기에는 문제의 소지가 없지 않다. 슐라이어마허는 심리적 해석을 다시 **예감의 방법**(das Divinatorische)과 **비교의 방법**(das Komparative)으로 나눈다. "예감의 방법은 자기 자신을 타자로 변신시킴으로써 개성적인 것을 직접적으로 파악하려 하는 방법이다. 비교의 방법은 이해되어야 할 것을 우선 보편자로 상정하고, 이것을 동일한 보편자 중에서 파악된 다른 존재와 비교함으로써 특수한 것을 발견한다."(Schleiermacher 1977, 169) 언어의 문법적 측면과 심리적 측면이 그러하듯이 예감적 해석과 비교적 해석도 서로 긴밀하게 연결되어 있다. 예감의 확신은 비교에 근거한다. 동시에 비교적 해석 역시도 다시 예감으로 되돌아간다. "보편자와 특수자는 상호 침투해야만 하고, 그 일은 언제나 오로지 예감을 통해서만 일어난다."(Schleiermacher 1977, 170) 예감이라는 개념은 심리적 해석과 더불어 해석학의 중심에 놓이게 된다.

해석학의 근거로서의 예감

슐라이어마허의 예감(Divination)은 해석학에서 가장 많은 영향을 끼친 개념이자 동시에 가장 논란이 많은 개념 중 하나이다. 현대 해석학에서 예감의 이론이 지니는 이중적인 의미에 대해 만프레드 프랑크는 다음과 같이 서술한 바 있다. "예감의 이론은 그의 사유에서 가장 까다로운 테마 중 하나인데, 예감의 근원적 의미와 문맥상의 의미를 인식함에 있어 이 개념의 영향사적 명성은 극심한 불균형을 보이고 있다."(Frank 1985, 314) 예감의 의미는 저자의 개별적 정신에 공감하는 감정이입의 형식에 있다. 여기에서 예감은 오로지 개별적 계기만을 고려하는 것처럼 보인다. "**(해석) 기술의 성공적인 수행은 언어적 재능과 개별적 인간에 대한 인식의 재능에 기초하고 있다**."(Schleiermacher 1977, 81) 하지만 프랑크가 강조하고 있듯이 예감의 적용범위를 개별적 차원에 국한한다면 그것은 잘못된 일일 것이다. 오히려 예감의 이론은 "개별자가 수립한 의미가 문법적 해석에 의해 파악될 수 없다는, 개별적 의미수립의 환원 불가능성에 대한 통찰의 표현"(Frank 1990, 115)이다. 따라서 슐라이어마허가 거듭 비난받아온 것처럼 예감은 심리적 동기에 기초한 의미의 통일성을 드러내려는 것이 아니라, 오히려 문법학과 심리학의 차이, 보편자와 개별자의 차이를 고려하여 그러한 통일성을 만들어내려는 데 있다.

만프레드 프랑크: 개별적 보편

이러한 배경에서 프랑크는 개별적 보편(das individuelle Allgemeine)이라는 슐라이어마허의 이론을 "의미의 개별성과 (…) 기호 질서의 보편성 사이에 일어나는 내밀한 상호작용"(Frank 1985, 10)으로 설명한다. "보편자(동일자)는 오로지 개별자로서만 존재한다. 하지만 보편자가 개별자에 예속되는 것은 아니다. 넘을 수 없는 장벽에 의해 보편자는 지시적 의미(Bedeutung)와 분리되어 있다. 지시적 의미는 내포적 의미

(Sinn)가 보편자에게 부여한 것이지만, 그것이 보편자의 모든 영역을 담아내지는 못한다(어떤 개별자도 존재에 완전히 부합할 수는 없다). 존재는 어떠한 진술로도 모두 담아낼 수 없는 **다른 의미**를 매번 개별적인 의미부여를 통해 영구적으로 대체하는 투쟁 속에서만 자신의 모습을 드러낸다."(Frank 1985, 132) 프랑크는 슐라이어마허의 진가를 근본적으로 인정하고 있으며, 심지어 그가 "시대를 앞서간(avant la lettre) '발생학적 구조주의자'"(Frank 1985, 248쪽 이하)라고 주장한다. 문법적 해석과 심리적 해석을 연계함으로써 슐라이어마허가 소쉬르의 **랑그**와 **파롤**의 구분을 선취하였다는 것이다. 프랑크는 "슐라이어마허에 대한 재고"(Frank 1985, 14)를 요구하면서 슐라이어마허의 해석학이 구조주의 언어이론보다 우위에 있다는 결론에 이른다. "슐라이어마허의 입장이 더 우월한 것은 (…) 기표가 기의에 우선한다는 구조주의의 명제를 그가 승인해준다는 사실에서 드러난다."(Frank 1985, 147)

슐라이어마허와 구조주의

프랑크의 야심적인 구제의 시도는 슐라이어마허 이론의 수용사에서 불명확하게 남아있던 많은 것들을 해결하는 데 기여하였다. 특히 슐라이어마허가 이루어낸 역사적 성취를 새로운 해석학이론들과의 비교를 통해 설명한 것은 커다란 설득력을 갖는다. 하지만 슐라이어마허가 해석학을 정초했을 뿐만 아니라 현대 언어학의 토대도 선취했다는 주장은 슐라이어마허의 요구나 업적이라기보다는 오히려 슐라이어마허에 대한 비판적 교정이라는 토대 위에서 해석학과 구조주의 사이의 논쟁을 지양하려 했던 프랑크의 정당한 소망에서 비롯된 것이다. 따라서 슐라이어마허에 대한 프랑크의 평가절상은 근본적으로 정당한 것이지만, 이해의 보편적 이론이라는 해석학의 정의와 관련하여 몇 가지 비판적 물음을 남긴다. 비판이 겨냥하고 있는 지점은 무엇보다도 슐라이어마허가 제시한 해석의 목적, 즉 저자, 작품, 독자의 통일성을 증명하는 것에 있다. "우리는 저자 자신보다 그를 더 잘 이해한다. 우리에게 의식되어야만 하는 많은 것들이 저자에게는 의식되지 않기 때문이다"(Schleiermacher 1977, 104)라는 슐라이어마허의 주장은 해석학의 역사 전체에 큰 파장을 불러왔다. 그가 이해의 기술의 근거로 삼은 것은 "저자의 연상방식과 해석자의 연상방식 사이의 유비"였던 것이다(Schleiermacher 1977, 182).

완전한 이해와 말의 통일성

슐라이어마허에 따르면 해석학에서 해석의 과제는 "완전한 이해"(Schleiermacher 1977, 110)라는 이상에 의거하여 **"말의 참되고 완전한 통일성"**(Schleiermacher 1977, 106)과 "작품의 통일성"(Schleiermacher 1977, 167)을 찾아내는 것이다. 프랑크 자신도 슐라이어마허에게서 나타난 작품 개념의 불변성에 대해 비판하기는 하지만, 그는 포스트모던 문학이론이 제안했던 것처럼 저자, 작품, 독자의 통일성이라는 해석학의 전제를 완전히 포기하는 것은 거부한다. 하지만 슐라이어마허와 헤겔이 동일하게 선호했던 고전주의적 이상에서부터 모더니즘의 분열적 형식에 이르기까지 문학의 역사는 저자, 작가, 독자의 통일성을 추구하는 해석학의 낭만적 태도에 반대해왔다. 뿐만 아니라 이미 슐라이어마허 동시대의 수용에서도 제기되었듯이 해석학은 어떤 번역작업을 통해서도 결코 지양될 수 없는 이해되지 않는 것(das Nichtverstehen)의 개념에서 그 한계를 드러낸다. 발터 벤야민이 그의 편지모음집 『독일인들(*Deutsche Menschen*)』의 마지막 부분에 인용한 편지에서 프리드리히 슐레겔은 그의 친구 슐라이어마허에게 이렇게 쓰고 있다.

> 자네가 이 일에서 뭔가를 느낀다면 좋을 텐데 말일세. 그렇다면 최소한 단 한 번이라도 자네의 해석에 예외를 두거나, 혹은 자네가 처음부터 끝까지 완전히 나를 이해하지 못하는 경우가 생길 수도 있다는 사실을 가정해보는 일이 자네에게 일어날 수도 있지 않겠는가. 그랬다면 최소한 우리가 앞으로 언젠가 한 번은 서로를 이해할 수 있을 거라는 희망이라도 남을 텐데 말일세. 이러한 일말의 희망도 없이는 작별 인사를 건넬 용기마저도 나에겐 없는 것 같네. 답장은 하지 말게(Benjamin 1980, IV 233).

침묵과 이해

슐레겔의 편지는 한때 동지였던 이들의 관계가 차츰 소원해지고 있음을 일러주는 전기적 자료에 그치는 것이 아니라, 의미의 통일성을 추구하는 해석학에는 쉽게 벗어날 수 없는 폭력성의 계기가 내재되어 있음을 암시한다. 그리하여 두 친구의 대화는 예감적 이해가 아닌 해석의 다른 방식을 요구하는 침묵으로 끝을 맺는다.

3. 해석학과 역사: 빌헬름 딜타이

해석학과 자연과학

슐라이어마허가 18세기에 해석학을 이해에 대한 보편적 이론으로 정초한 것은 그 시대의 철학적 이론들에서 성취되었던 학문성에 대한 요구를 반영한 것이었다. 20세기에 들어와 해석학은 맹렬히 세력을 확장해가는 자연과학 앞에서 수세에 몰리게 된다. 이제 해석학은 이해의 개념을 보편적 구속력을 지닌 진리의 형식에 대한 이론으로 확장하지 않으면 안 될 상황에 처하게 되었다. 이 이론은 자연과학의 모델에 뒤지지 않는 것이어야 했다. "이해에 관한 보편적 이론으로 파악되어온 해석학은 여기에서 자신의 문제의식을 확장한다. 해석학은 '이해가 어떻게 가능한가'를 묻는 것이 아니라 '참된, 즉 보편타당한 이해가 어떻게 가능한가'를 설명하고자 한다. 이에 따라 해석학은 개별자에 대한 이해를 보편타당성(allgemeine Gültigkeit), 검증 가능성(Nachprüfbarkeit), 구속성(Verbindlichkeit)이라는 의미에서 진리에 대한 물음 아래 두게 된다."(Anz 1982, 62) 빌헬름 딜타이는 이해의 역사성을 고찰의 중심에 놓음으로써, 현대적인 진리 개념의 이름하에 해석학의 확장을 위한 첫걸음을 내딛는다.

딜타이에 의한 해석학의 보편화

딜타이가 구상한 해석학은 슐라이어마허의 이론을 확장한 것인 동시에 그것을 이질적으로 변형시킨 것이다. 확장과 이질화 이 두 가지는 모두 슐라이어마허의 예감 개념에 대한 딜타이의 해석을 통해 이루어진다. 많은 영향을 끼친 1900년의 저서 『해석학의 탄생(*Die*

Entstehung der Hermeneutik)』에서 딜타이는 예감을 새로운 방식으로 설명한다. "그것은 낯선 영혼의 상태를 추체험하는 것이다. 문헌학적 학문과 역사적 학문 전체는 개별자의 이러한 사후적 이해가 객관성으로 고양될 수 있다는 전제에 근거를 두고 있다."(Dilthey 1964, 317) "낯선 영혼의 상태를 추체험"하라는 요구와 함께 딜타이는 심리적 해석의 계기를 해석학의 중심에 놓는다. 그러나 그는 문법적 계기를 도외시하고 해석학을 추체험의 심리적 이론에 고착시킴으로써 이해의 행위를 불명확한 내면에 대한 인식으로 축소시킨다. "외부에 감각적으로 주어진 기호로부터 내면적인 것을 인식하는 과정을 **이해**라고 부른다."(Dilthey 1964, 318)

기술적 이해와 추체험

슐라이어마허와 마찬가지로 딜타이는 해석을 "**기술적 이해**"(Dilthey 1964, 319)로, 해석학을 "**문자 유물을 해석하는 기술에 대한 이론**"(Dilthey 1964, 320)으로 정의하고, 이해에는 "아이들의 옹알거림을 파악하는 것에서부터 햄릿이나 이성비판을 해석하는 것에까지"(Dilthey 1964, 318) 이르는 연속적인 단계가 있다는 이론을 내놓는다. 그러나 해석학의 토대는 여전히 전적으로 개별적인 능력으로서의 예감으로서, 이것이 저자와 해석자를 연결해준다. "해석은 개인적인 기술을 통한 작업이고, 가장 완전한 해석기술은 해석자의 천재적 영감에 달려 있다. 다시 말해 해석은 저자에게 다가가는 삶과 부단한 연구를 통해 증가된 친밀성(Verwandtschaft)에 기초한다."(Dilthey 1964, 332) 추체험에 대한 딜타이의 이론은 결국 저자와 해석자의 정신적 유사성에 근거하고 있다. 해석자의 과제는 저자를 사후적으로 구성하고 체험하는 데 있으며, 이를 위해서는 저자 자신의 기술과 마찬가지로 천재적 영감이 필요하다. 슐라이어마허와 헤겔이 그러했듯이 딜타이의 주된 관심은 고전문학에 있다. 해석의 대상은 문학 텍스트 속에서 문자를 통해 전승된 위대한 정신이다. "정신적인 삶과 역사에 대한 우리의 이해를 위해 문학은 무한한 중요성을 지니는데, 그 이유는 인간의 내면에 대한 완전하고 충만하고 객관적으로 이해 가능한 표현은 오직 언어에서만 찾을 수 있기 때문이다. 따라서 이해의 기술의 핵심은 **문자의 형태로 남아있는 인간 현존재에 대한 해석**에 있다."(Dilthey 1964, 319) 이에 대해 마티아스 융은 다음과 같이 비판적으로 평하고 있다. "예술을 삶의 표현으로 보는 이러한 심리적 해석이 예술작품의 상징구조에 내포된 초개인적인 의미를 과소평가하게 만든다는 자주 제기된 반론은 충분한 정당성을 지닌다."(Jung 1996, 91) 문학에 기록된 인간 현존재의 잔여물이라는 다소 분열적인 표현은 딜타이 해석학의 역사적 전환이 낡은 골동품 같은 성격을 지니고 있다는 사실을 다른 무엇보다도 분명히 드러내 보여준다.

체험과 문학

딜타이의 고찰에 근본적인 전제가 되고 있는 것은 위대한 작가의 삶과 작품이 일치한다는 확신이다. "위대한 시인이나 발견자, 종교적 천재나 진정한 철학자의 작품은 언제나 정신적 삶의 참된 표현이다."(Dilthey 1964, 320) 작품을 정신적 삶의 직접적 표현으로 이해함으로써 딜타이는 슐라이어마허의 해석학을 예감의 개념에 기초한 심리적 계기로 축소한다. 딜타이가 그의 후기 저서 『정신과학에서 역사세계의 구성(*Der Aufbau der geschichtlichen Welt in den Geisteswissenschaften*)』에서 언급하였듯이, “체험, 표현, 이해의 지양될 수 없는 연관성”(Dilthey 1981, 99)이 자연과학과 구분되는 정신과학의 토대가 되어야 한다. 작품과 정신적 삶을 긴밀하게 결합시킴에 따라 딜타이는 문학적 자서전이라는 특수한 문제적 형식에 관심을 기울인다. 그는 문학적 자서전을 “삶을 이해하는 데 적합한 최상의 형식이자 가장 교훈적인 형식”(Dilthey 1981, 246)으로 파악하는데, 그것은 이 문학적 형식에서 작가, 작품, 독자의 해석학적 통일성이 가장 확실히 나타나기 때문이다. 이러한 배경에서 딜타이의 해석학이 가장 선호하는 대상이 괴테의 문학이라는 사실은 전혀 놀라운 일이 아니다. 당대에 엄청난 성공을 거둔 저서 『체험과 문학(*Das Erlebnis und die Dichtung*)』에서 딜타이는 괴테의 작품에서 “괴테라는 현존재의 경이로운 통일성과 조화”를 발견하고 경탄해 마지않는다. “그에게는 수수께끼나 불협화음이 없다.”(Dilthey 1988, 167) 괴테를 신비화하려는 경향을 보이는 딜타이의 해석에 동의할 수 있는가라는 문제는 차치하더라도, 횔덜린에 대한 그의 해석은 고전주의적 통일성과 조화를 추구하는 그의 이상이 지니고 있는 문제점을 분명히 드러내 보여준다. 여기에서 그는 한편으로 괴테의 체험문학을 넘어서는 횔덜린의 새로운 서정적 언어를 높이 평가하면서도, 다른 한편으로는 횔덜린의 모습을 “경건하게 보호된 순수성”이나 “본질의 순수한 아름다움”(Dilthey 1988, 287)이라는 표상으로 양식화한다. 슐라이어마허의 해석학을 정신사적으로 변화시킨 딜타이의 해석학이 문학작품에 대한 문헌학적 분석을 진척시키는 것은 거의 불가능한 일이었을 것이다.

해석학과 문헌학

딜타이가 추진한 해석학의 확장은 오늘날의 관점에서 볼 때 많은 문제를 안고 있다. 추체험을 통한 삶과 작품의 동일시라는 이념에 해석학의 토대를 둠으로써 딜타이는 언어적 의미라는 개념과 관련하여 불명료한 여지를 남겨두고 있다. 딜타이에 따르면 언어적 표현의 의미는 미국의 이론가 에릭 도널드 허쉬가 주장하였듯이(Hirsch 1972 참조) 작가가 말하고자 하는 것이 아니라 텍스트가 말하고 있는 것을 구현한다. 딜타이는 물론 작가의 진술과 텍스트의 진술 사이에 차이가 있다는 것을 기꺼이 인정할 것이다. 하지만 주관적 파악이 텍스트에 대한 객관적 이해로 넘어가는 것이 어떻게 가능한가라는 문제는 딜타이에게 있어 해명되지 않고 있다. 이해에 대한 이론이 추체험이라는 심리적 계기에 전적으로 집중됨으로써 개별 문학 텍스트의 객관적인 내용에 대한 질문이 그의 이론에서 상실되어버린다. 해석의 문헌학적 계기가 이해에 관한 보편적 이론 너머로 사라져버리고 마는 것이다. 이에 대해 페터 손디는 다음과 같이 비판한 바 있다. "해석학이 딜타이가 제시한 방향으로 전개되고, 특히 딜타이에 의해 해석학의 문제가 변화를 겪음으로써 해석학이 점점 더 기초학문이 되었기 때문에, 이제 해석학은 자료에 바탕을 둔 해석의 이론이라는 예전의 과제에 초연한 태도를 취하게 되었다."(Szondi 1975, 11) 이러한 손실의 원인은 합리적으로 증명될 수 없는 추체험이라는 개념으로 귀결되고 마는 심리적 계기로 해석을 축소시켰다는 데 있다. 딜타이 해석학에서 이해의 개별성과 객관성을 매개함에 있어 나타나는 문제점들은 슐라이어마허의 문법적 계기를 도외시함으로써 생겨난 직접적인 결과라고 할 수 있다.

해석학적 순환

딜타이에게서 나타나는 이러한 문제는 초기의 이론보다 이해의 순환적 성격에 대한 불가피한 물음에서 더 두드러진다. "작품 전체는 개별적인 단어들과 이것들의 결합으로부터 이해되어야 하며, 개별적인 것에 대한 완전한 이해는 전체에 대한 이해를 전제로 한다."(Dilthey 1964, 330) 바로 이것이 개별적인 선(先)지식과 객관적인 진리를 매개하는 해석학적 순환의 공식이다. 딜타이의 연장선상에서 이 문제에 답할 수 있는 이해이론을 제시하라는 것이 해석학에 제기된 요청이었는데, 마르틴 하이데거가 입안한 현존재의 철학적 해석학은 보편적 존재론의 방향으로 나아감으로써 이러한 요청에 따르고 있다.

4. 해석학과 진리: 마르틴 하이데거

하이데거에 의한 해석학적 순환의 급진적 해명

딜타이는 해석학적 순환의 문제를 해석학의 중심에 놓았는데, 하이데거는 다음과 같은 요구를 제기함으로써 명성을 얻었다. "중요한 것은 그러한 순환으로부터 벗어나는 것이 아니라, 올바른 방식으로 그 순환 속으로 들어가는 것이다."(Heidegger 1984, 153) 해석학적 순환은 어떤 상황에서도 피해야 할 악순환으로 여겨져 왔는데, 하이데거는 이해의 근원성을 강조함으로써 그러한 순환성을 긍정적인 것으로 전환시킨다. "이러한 이해의 순환은 자의적인 인식방식이 그 안에서 작동하는 원이 아니라, 현존재 자체의 실존적 **선구조**(Vor-Struktur)의 표현이다. 순환은 오류를 내포한 것이거나 혹은 참아주어야 할 것으로

비하되어서는 안 된다. 이 순환 안에는 가장 근원적인 인식의 긍정적 가능성이 숨겨져 있다."(Heidegger 1984, 153) 따라서 가다머가 "이해의 순환은 '방법적' 순환이 아니라 이해의 존재론적 구성계기를 서술하고 있는 것"(Gadamer 1990, 298쪽 이하)이라 확언한 것은 하이데거의 요구에 따르고 있는 것일 뿐이다. 해석학적 순환을 하이데거는 문헌학적 해석기술이나 철학적 해석기술이 아니라, 현존재의 이해구조의 한 부분으로 파악한다. 즉, 해석학적 순환은 미래를 선취함으로써 현존재에 그것의 고유한 가능성을 개시(開示, erschließen)한다. 해석학적 순환을 통해 전체로서의 인간 현존재와 관계를 맺게 되는 하이데거의 이해 개념은 딜타이에게서와 마찬가지로 역사적 학문인 정신과학에서 핵심적인 위치를 차지한다.

자연과학 비판

나아가 그는 정신과학과 자연과학의 차이에 대해 다음과 같이 지적한다. "이해는 그것의 실존적 의미에서 현존재의 존재 가능성 자체이기 때문에, 역사적 인식의 존재론적 전제는 근본적으로 지극히 엄밀한 학문들의 엄격성이라는 이념을 능가한다."(Heidegger 1984, 153) 하이데거는 이해에 대한 해석학적 이론을 자연과학이 내세우는 인식의 이상과 첨예하게 구분지음으로써 정신과학을 자연과학과 구분하려던 딜타이의 시도를 매듭짓는다. 헨드릭 비루스가 단언했듯이 해석학의 현대적 개념이 정립된 데에는 하이데거의 영향이 결정적이었다. "『존재와 시간(*Sein und Zeit*)』이 없었다면 해석학은 20세기 철학의 본질적 테마가 되기 어려웠을 것이다."(Birus 1982, 11)

이해와 현존재

후설의 제자인 하이데거에게 해석학의 역사에서 이처럼 중요한 위치가 부여됨에 따라, 이해 개념에 대한 하이데거의 존재론적 정초가 전통적인 해석학적 입장들과 비교하여 어떻게 평가되어야 할 것인가라는 문제가 제기된다. 이해의 개념에 의거하여 해석학을 정초하려 했던 지금까지의 시도를 넘어서서 하이데거가 내딛은 일보는 현상학의 본질존재론(Wesensontologie)에 반대하여 해석학을 현존재 자체의 실존 안으로 편입시킨 데 있다. 가다머가 강조했듯이 하이데거의 이론은 실존 자체를 그것의 본질적 가능성 안에서 이해의 한 과정으로 해석하려는 시도에 바탕을 두고 있다. "여기에서 이해는 더 이상 인간의 사유의 여러 태도 중 하나가 아니라, 인간 현존재의 근본적 움직임이다."(Gadamer 1974, 1067) 하이데거에게 이해는 현존재의 본질적 구조를 이루는 계기이며, 철학적 성찰의 과제는 인간의 모든 태도에 기반이 되고 있는 이해의 행위를 통찰하는 데 있다.

'자기 자신과 관계함'으로서의 현존재

그는 이해행위를 이렇게 근본적으로 파악함으로써, 이것을 현존재에 대한 존재론 속으로 끌어들이는데, 이러한 존재론은 독일 관념론의 자의식 모델과의 분명한 결별을 의미한다. 에른스트 투겐트하트가 보여주었듯이 하이데거는 '자기 자신과 관계함(Sichzusichverhalten)'으로서의 현존재 개념과 더불어 지금까지의 자의식 개념의 성찰 모델을 넘어서는 결정적인 한걸음을 내딛는다. 투겐트하트에 따르면 하이데거의 근본적 통찰은 "인간이 주체-객체 모델에 따라 구상된 성찰적 관계 안에서가 아니라 스스로 자신의 존재와의 관계 속에 위치함으로써, 자기 자신과 관계한다는 것"(Tugendhat 1979, 189)에 있다. 전통적인 주관성의 모델에서와 달리 하이데거는 현존재를 사유와 이해 속에서 자기 자신과 성찰적으로 관계를 맺는 현전하는 실체가 아니라 자신과 관계해나가는 과정적 성취로서 생각한다. 여기에서 하이데거는 현존재가 자기 자신에 대해, 그리고 그의 존재에 대해 태도를 취하는 두 가지 근본적으로 상이한 방식을 구별한다. 즉 목적(Worumwillen, 가능성)으로서 실존을 개시하는 이해와 현존재의 존재상태(Zu-sein, 사실성)로서의 기분(Stimmung)이라는 두 가지 방식이 그것이다(Tugendhat 1979, 197 참조).

본래적 이해와 비본래적 이해

따라서 하이데거의 해석학에서 결정적으로 중요한 것은 이해란 현존재의 근본적 계기인 '자기 자신과 관계함'이라는 것, 다시 말해 현존재에게 그것의 고유한 가능성을 개시해주는 그 어떤 것이라는 사실이다. 하이데거의 고집스러운 용어로 이는 다음과 같이 표현된다. "**이해는 현존재 자체의 고유한 존재 가능성의 실존적 존재이다. 이 존재는 이해 그 자체와 더불어 있는 존재의 장소(Woran)를 이해 그 자체에서 개시한다.**"(Heidegger 1984, 144) 이해를 통해 비로소 현존재는 그것이 본래 되고자 하는 것을 시간적인 기투(企投, Entwurf)라는 형식 안에서 규정함으로써 자신의 고유한 가능성에 다가갈 수 있다. 이에 따라 하이데거는 두 가지 상이한 형식으로 이해를 구분한다. 현존재의 고유한 가능성들을 실마리 삼아 작동하는 것이 아니라 현존재를 세계로부터 이해하는 비본래적 이해(das uneigentliche Verstehen)와, 현존재가 자신의 고유한 가능성들에 일치하는 목표를 향해 스스로를 기투하는 본래적 이해(das eigentliche Verstehen)가 바로 그것이다.

이해와 해석

하이데거는 '자기 자신과 관계함'이라는 현존재의 구조와 관련된 근원적인 이해 개념으로부터 개별적인 학문들 속에서 중요한 역할을 수행하는 해석의 계기를 도출해낸다. "해석이 실존적으로 이해에 근거하는 것이지, 이해가 해석을 통해 생겨나는 것이 아니다."(Heidegger 1984, 148) 하이데거에게 있어 이해는 해석의 과정에서 성립되는 것이 아니며, 오히려 해석이 이해로부터 파생된다. 존재론적 이해이론의 틀 안에서 해석의 기술적 요소는 뒤로 밀려난다. 이해의 과정은 이른바 "앞서 가짐(Vorhabe), 앞서 봄(Vorsicht), 앞서 잡음(Vorgriff)"(Heidegger 1984, 150)이라는 세 가지 방식을 거쳐 해석 속에서 실현된다. 작위적 인상을 풍기는 하이데거의 접두어 반복의 유희는 단순한 자의(恣意) 이상의 것이다. 『존재와 시간』에 나타난 존재론적 사유계기에서 접두사 '앞서(Vor-)'는 미래성에 대한 지시로 이해될 수 있는데, 현존재는 자기 자신의 가능성을 개시하기 위해 스스로를 미래로 던진다. 이때 이해에 상응하는 것이 '의미(Sinn)'라는 해석학의 근본 개념으로, 하이데거는 이해에 대응하는 이 의미라는 범주를 현존재의 근본 구조 속으로 편입시킨다.

> 의미는 어떤 것에 대한 이해 가능성이 유지되고 있는 곳이다. 이해하는 개시 속에서 표현되는 무언가를 우리는 의미라고 부른다. **의미라는 개념**은 이해하는 해석이 표현하는 것에 필연적으로 속해 있는 어떤 것의 형식적 골격을 포괄하고 있다. **의미는 앞서 가짐, 앞서 봄,**

앞서 잡음을 통해서 구조화된 기투의 지향(Woraufhin)인데, 바로 그로부터 어떤 것이 어떤 것으로 이해된다. 이해와 해석이 현존재(Da)의 실존적 구조가 되는 한, 의미는 이해에 속해 있는 개시성의 형식적-실존적 골격으로 파악되어야 한다. 의미는 현존재의 실존이지, 존재자에 달라붙어 있거나, 그것의 '뒤'에 놓여 있거나, '중간 세계'로서 어딘가를 떠다니고 있는 그러한 하나의 속성이 아니다. 현존재만이 의미를 '갖는다'. 그것도 세계-내-존재(In-der-Welt-sein)의 개시성이 그 속에서 발견될 수 있는 존재자를 통해 '실현 가능할' 경우에만 그러하다. **따라서 오로지 현존재만이 의미 있거나**(sinnvoll) **의미 없을**(sinnlos) **수 있다**(Heidegger 1984, 151).

이해와 의미

존재에 대한 물음과 더불어 하이데거는 의미에 대한 물음을 자신의 철학의 중심에 둔다. 의미는 이른바 어떤 속성을 구현하고 있는 것이 아니라 현존재의 기투의 지향, 즉 현존재가 자신의 고유한 가능성을 기투하는 의도적 목적을 구현한다. '자기 자신과 관계함'이라는 현존재에 대한 보편적 이론의 맥락에서 이해와 의미를 존재론적으로 결합시킴으로써 하이데거는 딜타이의 추체험이라는 이해 개념을 훨씬 넘어서 있다. 특히 하이데거는 가다머와 같은 현대 해석학의 구상뿐만 아니라 데리다와 같은 반(反)해석학적 입장들도 가능하게 했다는 점에서 특별한 중요성을 갖는다. 이에 대해 프랑크는 다음과 같이 언급한 바 있다. "하이데거의 '사실성(Faktizität)의 해석학'이라는 기획은 전통적인 의미에서 해석을 수행하는 분과학문들의 자기이해에 예측 불가능한 영향을 끼쳤으며(현대의 모든 해석학적 논의는 하이데거의 이러한 기획으로 소급된다), 뿐만 아니라 프랑스 구조주의의 몇몇 대표자들(데리다나 라캉과 같은)에게도 단연 긍정적인 주목을 받았다."(Frank 1985, 14쪽 이하) 이들 공통의 출발점인 하이데거의 존재론적 해석학은 포스트모더니즘에서 해석학과 해체주의 사이에 벌어진 논쟁의 시발점이 된다.

예술의 존재론과 문학해석학

하지만 하이데거의 사유계기는 비판적인 질문들도 야기한다. 이 비판적인 물음들은 하이데거가 추진한 존재론적 구상의 동력인, 인상적인 동시에 폭력적이기도 한 급진성(Radikalität)으로부터 생겨난다. 하이데거의 이해에 대한 정의가 문학이론에 어떠한 결과를 초래하는가라는 물음과 관련하여 존재론적 이해 개념이 문헌학적 해석기술을 분리시키는 것은 문제가 있다. 하이데거는 보편적인 이해 개념을 구상하면서 해석을 단지 이해의 파생태로 여김으로써 이미 딜타이가 그랬듯이 문학해석학을 뒤로 밀려나게 한다. "현존재의 현상학은 이 단어의 근원적인 의미에서 **해석학**인데, 그 의미에 따르면 이 단어는 해석(Auslegung)이라는 활동을 일컫는다."(Heidegger 1984, 37) 이러한 강령적인 선언에도 불구하고 하이데거의 존재론적 해석학 개념은 문학해석학의 특정한 물음들로부터 멀어지게 된다. 뿐만 아니라 후에 하이데거가 내놓은 횔덜린, 릴케, 트라클, 게오르게의 시에 대한 해석들은 현존재의 해석학에 대한 초기의 기획과 거의 일치하지 않는다. 딜타이와 마찬가지로 하이데거에게서도 나타나는 해석학의 철학적 요청과 문예학적 연관 사이의 간극은 해석학을 존재론적으로 새로이 정초한 것에 대해 비난한다고 해서 쉽게 사라질 수 있는 것이 아니다.

존재 혹은 존재의 의미?

더 심각한 것은 하이데거의 존재론적 사유계기 전체에 나타나는 근본적인 불명료함이다. 하이데거가 주도한 철학적 사유의 혁명은 현존재로 하여금 자신의 존재에 대해 질문을 던지게 만든 데 있는데, 바로 이러한 문제제기에서 모호함이 생겨난다. 이 모호함은 존재에 대한 물음인가 혹은 존재의 의미에 대한 물음인가 하는 존재물음의 이중적 성격에 기인한다. 하이데거는 지금 존재에 대해 묻고 있는 것인가 아니면 존재의 진리로서 존재의 의미에 대해 묻고 있는 것인가? 언제나 그렇듯이 이러한 물음에는 다음과 같은 답변이 가능할 것이다. 어떤 경우든 존재나 존재의 의미라는 개념은 그 자체로는 예술과 문학의 물음들에 대하여 아무런 주목할만한 연관성도 제시하지 못한다. 하이데거는 비록 해석학을 존재론적으로 정초하긴 했지만, 철학적 진리 개념이 예술과 문학의 영역으로 옮겨가는 것에 대해 어떻게 사유할 것인가라는, 문학해석학 이론에서 매우 중요한 물음은 해명되지 않은 채로 남아있다. 한스 게오르크 가다머의 업적은 무엇보다도 예술에 대한 하이데거 고유의 미학적 고찰을 바탕으로 존재론적 진리물음을 예술과 문학에 대한 사유를 위해 생산적인 것으로 만들었다는 데 있다.

5. 해석학과 예술의 진리: 한스 게오르크 가다머

해석학과 예술

가다머의 해석학이 "하이데거의 영향이 없었다면 상상할 수 없었을"(Figal 1982, 90) 것이라는 점에는 의문의 여지가 없다. 딜타이가 추구한 해석학의 보편화가 슐라이어마허의 논의에 대한 급진화이자 축소였듯이, 가다머가 구상한 현대 해석학은 하이데거의 사유에 대한 확장이자 동시에 제한이라 할 수 있다. "철학적 해석학의 기본 특징들"이라는 부제를 달고 출간된 그의 주저 『진리와 방법(*Wahrheit und Methode*)』(1960)에서 가다머는 하이데거의 진리에 대한 물음을 예술의 영역에서 구체화한다. 가다머는 진리의 특권적 장소를 다름 아닌 예술에서 발견한다. 그러나 그는 이를 통해 예술의 의미를 미와 진리의 관계로 축소한다. 그는 또한 이해의 문제를 인간 현존재의 구조 속으로 편입시키려 했던 하이데거의 존재론적 사유계기를 예술과 진리의 관계에 대한 물음으로 환원한다. 가다머에게 예술은 진리 발견의 특권적 장소로서 형이상학의 대리자가 된다.

이해와 진리

딜타이와 마찬가지로 가다머는 이해의 문제를 보편화하여 세계경험의 형식으로 파악하는 정신사적 출발점을 따르고 있다. "텍스트에 대한 이해와 해석은 학문의 관심사일 뿐만 아니라 인간의 세계경험 전반에 속한다."(Gadamer 1990, 1) 하지만 가다머는 하이데거의 진리 개념을 실마리로 삼아 자신만의 해석학이론을 전개함으로써 딜타이를 넘어선다.

> 이 연구는 학문적 진리 개념에 의해 위축된 미학이론에 대항하여 예술작품이 우리에게 제공하는 진리경험을 변호하기 위해 미적 의식에 대한 비판으로 시작한다. 하지만 이 연구는 예술의 진리를 정당화하는 데 머물러 있지 않으며, 오히려 이러한 출발점으로부터 우리의 해석학적 경험 전체에 상응하는 진리와 인식의 개념을 발전시키고자 한다(Gadamer 1990, 3).

예술의 진리

가다머가 감행한 야심찬 시도는 서로를 근거로 삼는 두 가지 행보에 바탕을 두는데, 둘 중 어느 것도 자명하지는 않다. 첫 번째 행보는 자연과학의 진리 개념에 대응할만한 것으로서 특별히 예술에서 드러나는 진리의 경험을 구상하려는 데 있다. 이러한 행보가 자명하지 않은 이유는 진리라는 형식이 과연 예술에서 어느 정도까지 중요성을 가질 수 있는지가 명백하지 않기 때문이다. 기실 예술은 전통적으로 진리의 장소가 아니라 미나 숭고의 장소로 이해되어왔다. 가다머의 두 번째 행보는 예술의 기반에서 획득된 진리 개념을 해석학 전체로, 나아가 정신과학의 영역 전반으로 확장하려는 데 있다. 이러한 행보 역시 자명하지 않은데, 그 이유는 특수한 미적 진리경험이 어느 정도로 역사적 정신과학 전체를 위한 기반을 제공할 수 있을지가 의문시되기 때문이다. 따라서 이와 관련한 비루스의 다음과 같은 단언은 정당하다. "'이해'를 철학적 토대 개념으로 변형시키는 것은 이해 개념이 완전히 공허해지는 정도까지 나아가지는 않을지라도 불가피하게 과도한 부담으로 이어질 수밖에 없다."(Birus 1982, 9)

해석학적인 것의 보편성

해석학은 "정신과학의 하나의 방법론이 아니라, 그것의 방법론적 자의식을 넘어서서 정신과학은 진리 안에서 무엇인가, 그리고 우리의 세계경험 전체와 정신과학을 연결해주는 것이 무엇인가를 이해시키려는 시도"(Gadamer 1990, 3)여야 한다는 주장은 현대 해석학의 강령적 자기이해를 가다머식으로 요약한 것이라 할 수 있다. 하지만 정신과학의 진리와 방법으로서의 해석학은 모든 것을, 특히 철학적 미학을 해석학에 완전히 흡수시키는 경향을 보이는데, 보편성에 대한 이러한 요구에는 문제의 소지가 있다.

해석학적 합의

진리의 경험을 예술의 영역에서 증명하려는 가다머의 근본적 행보가 결코 자명하지는 않지만, 그럼에도 가다머는 『진리와 방법』에서 이해의 개념을 예술작품 자체에 정착시킴으로써 이러한 행보를 일관되게 수행해나간다. "이해는 예술작품과의 만남에 이미 속해 있다. 그러므로 이러한 귀속성은 오직 **예술작품의 존재방식**으로부터만 해명될 수 있다."(Gadamer 1990, 106) 예술작품이 이미 그 스스로 이해를 요구한다는 것, 바로 이것이 많은 전제를 함축하고 있는 가다머의 출발명제이다. 이와 연관되어 있는 두 번째 명제, 즉 이해의 목적은 상호이해(Verständigung)라는 명제 역시 단호하다. "모든 상호이해와 모든 이해의 목적은 사태에 대한 동의이다. 그러므로 애초부터 해석학은 중단되었거나 방해받았던 동의를 성사시키는 임무를 지니고 있었다."(Gadamer 1990, 297) 가다머는 모든 이해의 목적을 어떤 사실에 대한 동의라 주장함으로써 해석학을 미학적 합의이론의 맥락에 위치시킨다. 이는 특히 포스트모더니즘에서 불일치에 관한 이론들에 의해 의문시되었다(Forget 1984 참조).

이해와 언어

가다머가 제시한 진리의 합의이론에서 출발점이 되고 있는 것은 언어이다. 그의 이해의 해석학은 "**이해의 과정 전체는 언어적 과정이다**"(Gadamer 1990, 387)라는 인식을 바탕으로 한다. 따라서 가다머가 해석학적 이해 개념의 근거로 삼는 진리경험은 전적으로 언어의 매개능력과 연관된다. "해석학적 문제란 올바른 언어구사의 문제가 아니라, 언어라는 매체 속에서 발생하는 어떤 사태에 대한 적합한 상호이해의 문제이다."(Gadamer 1990, 388) 문자성(Schriftlichkeit)에 집중하는 해체주의이론들과 달리 가다머의 상호이해이론은 생생한 발언(die lebendige Rede)의 계기를 지향한다. 가다머에 따르면 이 생생한 발언은 쓰여 있는 언어에 생기를 불어넣는 행위인 독서에서 성취된다. "문자성은 자기소외다. 그것의 극복, 즉 텍스트 읽기는 이해의 최고의 과업이다."(Gadamer 1990, 394) 이해와 독서 행위를 서로 연계시킴으로써 가다머가 이루어낸 진일보는 야우스와 이저를 중심으로 한 콘스탄츠 학파의 수용사적 모델을 예비하고 있다. 그의 이해하는 독서(verstehendes Lesen)이론의 핵심은 전통과 전적으로 일치하게도 바로 의미라는 개념이다. "이해의 과제는 우선적으로 텍스트 자체의 의미와 관련된다."(Gadamer 1990, 378) 슐라이어마허에게 그랬듯이 가다머에게 의미라는 범주는 저자, 텍스트, 독자의 통일성에 관한 해석학이론을 보장해주는 것으로서 작용한다. 따라서 가다머의 해석학이론에서 우선권을 갖는 영역은 인문주의 전통과 고전주의 교양사상에 머무르게 된다. “고전이란 역사에서 비판을 견뎌낸 것이다. 그것의 역사적인 지배권, 전승되고 보존되어야 할 가치를 주장하는 그것의 힘은 모든 역사적 성찰보다 앞에 놓여 있고, 모든 역사적 성찰을 관통하고 있다.”(Gadamer 1990, 292)

가다머의 고전주의

딜타이에게서도 고전주의 철학과 문학에 대한 편향이 두드러졌듯이, 가다머도 고전적인 것을 역사의 흐름 속에서 초시간적으로 유지된 지배적 힘으로 해석함으로써 이러한 경향에 정점을 찍는다. 고전주의적 전통을 고수하는 가다머의 미학적 관심은 많은 논란을 불러일으킬 수밖에 없었는데, 예를 들어 테리 이글턴은 다음과 같은 의구심을 드러낸다. “가다머가 말하는 ‘전통’이라는 것이 누구의 전통이며 어떤 종류의 전통인지 우리는 그에게 질문해야 한다. 왜냐하면 그의 이론은 단 하나의 유일한 중심적 전통의 흐름이라는 것이 실제로 존재하며, 모든 ‘가치 있는’ 작품들은 바로 이 전통에 관여하고 있다는 과도한 가정과 깊이 맞물려 있기 때문이다.”(Eagleton 1994a, 38) 또한 만프레드 프랑크는 “전통이라는 생성적 사건에 역사의 유일무이한 주체로서 전권을 부여”(Frank 1985, 23)하고 있다는 의심을 제기한다.

관념론적 전제들: 언어와 이성

가다머의 언어이론적 사유계기가 모더니즘과 포스트모더니즘의 텍스트 모델에 우호적인 파트너로서 매력적이라는 점은 논란의 여지가 없는 장점일 것이다. 하지만 현대 언어학이론들과 직접적으로 비교해보면 가다머의 언어관은 매우 보수적이라는 인상을 준다. 셸링과 헤겔의 전통에 따라 가다머는 "언어는 나와 세계가 결합하는 중심"(Gadamer 1990, 478)이라는 인식에서 출발한다. 가다머가 하이데거의 존재론적 사유계기를 자신의 근본 토대로 삼고 있으면서도, 그가 제시하는 언어, 자아, 세계의 변증법은 독일의 관념론적 성찰 모델로의 회귀를 의미한다. 프랑크는 가다머 해석학의 가장 큰 문제가 "존재가 이성의 자기연관으로 환원될 수 없다는 존재의 비환원성에 대한 사상을 성찰 논리학의 주체 개념에 의거하여 구상된 전통과 자아성 사이의 상호성 및 동질성과 매개하고자 하는 모순적인 성격"(Frank 1985, 22)에 있다고 본다. 가다머는 여기서 더 나아가 존재와 언어의 관계를, 이해하는 이성(die verstehende Vernunft)이라는 계기를 통해 해명하려는 경향까지 보인다. "**이해될 수 있는 존재, 그것이 바로 언어이다.**"(Gadamer 1990, 478) 물론 하이데거의 사유가 다루었던 문제 역시 존재와 존재의 의미에 대한 올바른 이해이긴 했지만, 하이데거가 실마리로 삼았던 것은 사태에 대한 이성적인 통찰로서의 이해 개념이 아니라 궁극적으로는 모든 이해로부터 벗어난, 존재와 시간 사이의 탈존적(ekstatisch) 관계였다. 그러한 이유로 미하엘 토이니센은 하이데거와 가다머의 차이를 다음과 같이 요약한 바 있다. "그의 근본적 목표는 해석학의 존재론화가 아니라 존재론의 해석학화에 있다."(Theunissen 2001, 76)

문학의 참된 언어

다름 아닌 이해를 통해 존재와 언어를 매개하고자 시도함으로써 가다머는 존재뿐만 아니라 언어까지도 진리 모델로 환원하는데, 가다머에 따르면 이러한 진리 모델은 예술에서 "'참된' 언어(*verbum cordis*)"(Gadamer 1990, 424)로서 실현된다. 이 참된 언어라는 개념은 가다머의 해석학이론을 주도하고 있으며, 그의 이론에서 문학은 진리가 현현하는 장소가 된다.

가다머와 첼란

고전주의적 모범과 진리와 예술의 관계에 초점을 맞춘 가다머의 해석학 개념이 지니는 한계는 현대 예술의 해석 가능성에 대한 물음에서 곧바로 드러난다. 가다머가 자신의 해석학이론을 난해한 서정시의 대표자로 여겨지는 시인 파울 첼란을 통해 입증하고자 했던 것은 우연이 아니었다. 첼란의 후기 연작시 『숨결(*Atemkristall*)』에 대한 해석에서 그가 의도한 것은 자신의 해석학적 전제들에 따라 문학의 "참된 언어"(Gadamer 1993, 388)를 밝혀내는 일이었다. 이에 있어 그는 어휘사전이나 백과사전을 문헌학적으로 재수용하기를 처음부터 거부하는데, 왜냐하면 이들은 문학의 참된 언어를 왜곡하기만 할 것이기 때문이다. 이러한 행보는 이해의 보편적 이론이라는 맥락에서 보면 수긍할만한 일일 수도 있다. 하지만 문학 텍스트의 단어적 의미를 묻는 문헌학의 본질적 물음과 관련하여 가다머가 보여주고 있는 것은 그가 텍스트 해석 작업을 결국 해석자의 주체적 천재성을 통해서만 입증될 수 있는 이해라는 이상에 종속시키고 있다는 사실이다. 따라서 이해의 보편적 이론을 문학에 적용해볼 때 가다머가 구상한 해석학은 그것의 유효성을 확인하기보다는 오히려 한계를 발견하게 한다(Gumbrecht 2001 참조). 철학적 해석학을 이해의 보편적 이론으로 일반화하려는 시도와 더불어 가다머에게서 특수한 문학해석학이라는 형식은 자취를 감추고 만다. 이에 반해 철학적 해석학을 다시 문헌학의 지반 위로 되돌려 보내는 것이 바로 페터 손디의 문학해석학 그리고 수용미학의 공통된 관심사이다.

6. 문학해석학과 문헌학적 인식: 페터 손디

해석학의 문제들

딜타이나 가다머처럼 페터 손디도 슐라이어마허의 해석학적 구상을 받아들인다. 하지만 그는 해석학을 처음부터 다른 방향으로 전환시킨다. 손디는 특수한 문학해석학의 문제를 탐구하면서 문예학에 다음과 같은 비판적 물음을 제기한다. "**문헌에 대한 완전한 이해**를 과업으로 삼는 문예학이 슐라이어마허가 요구한 바 있고 신학 강의에서도 구상되었던 이론을 계속 발전시키지 않고 있을 뿐만 아니라 해석학의 문제들도 거의 다루지 않는 것은 어떻게 된 일인가."(Szondi 1978a, 263) 손디는 해석학에서 다루어야 하는 문제가 이해라는 슐라이어마허의 전제에 동의하면서도, 동시에 딜타이와 하이데거를 거쳐 가다머에 이르는 현대 해석학의 전개과정을 교정하고자 한다. 지금까지의 해석학은 이해에 대한 이론이 문예학과 맺고 있는 관련성에 대해서는 논하지 않고 철학적 물음들에만 지나친 관심을 쏟아왔다는 것이다.

문헌학과 철학 사이의 문학해석학

손디가 기대고 있는 것도 해석(Auslegung)으로서의 해석학 개념이다. "문학해석학은 문학작품의 해석에 관한 이론이다."(Szondi 1975, 9) 하지만 손디는 철학적 해석학, 특히 딜타이의 해석학과는 거리를 둔다. "오늘날 **문학**해석학이 거의 존재하지 않는 것은 오늘날의 해석학이 지닌 성격에 기인한다."(Szondi 1975, 9) 손디는 오늘날 문학해석학이 부재하게 된 책임이 이해 개념이 겪어온 역사적 변화에 있다고 지적하는 것에 그치지 않고, 더 나아가 다음과 같이 역설한다. "우리 시대에 부재하는 문학해석학의 자리에 지난 몇 세기 동안 전승되어온 문헌학적 해석학을 무비판적으로 들여놓아서는 안 될 것이다. 그 이유는 첫째로, 문헌학적 해석학이 그 본래 의도와는 달리 역사적인 전제들을 가지고 있기 때문이며, 둘째로, 우리가 문학해석학을 비문헌학적 해석학으로 여기지는 않을지라도, 적어도 문헌학과 미학을 화해시키는 해석이론으로 이해하고자 하기 때문이다."(Szondi 1975, 25) 현대 해석학을 정신과학으로 규정하는 것에 대하여 손디는 철학적 토대를 문헌학적 요구와 결합시키는 해석학이론에 대한 옹호로 대응한다. "철학에 바탕을 둔 문헌학은 문자에 비해 더 고귀한 것으로 여겨져 온 정신과 관계된 모든 것을 거부해야만 한다."(Szondi 1975, 141) 철학적 해석학과 문헌학적 비평의 동행을 요구하다는 점에서 손디는 전반적으로 딜타이나 하이데거의 사유보다는 발터 벤야민의 미학적 사유와 훨씬 더 깊은 연관을 맺고 있다.

문법적 해석과 알레고리적 해석

따라서 벤야민처럼 손디가 알레고리적 해석의 평가절상에 관심을 갖는 것은 놀라운 일이 아니다. 손디는 우선 전통적인 방식으로 해석학의 과제를 문자적 의미의 확인과 전이된 의미의 확인으로 구분한다. "이 중 하나의 목표는 어느 한 자리에 있는 단어들이 무엇을 말하는

지를 확정하는 것, 즉 **문자적 의미**(*sensus litteralis*)를 규정하는 것에 있다. 다른 하나의 목적은 이를 넘어서서 그 자리에서 뜻해진 것, 즉 단지 기호일 뿐인 그 단어들 자체가 무엇을 가리키고 있는가를 묻는 일이다. 이것이 **정신적 의미**(*sensus spiritualis*)에 대한 해석, 즉 알레고리적 해석이다."(Szondi 1975, 14쪽 이하) 여기에서 손디의 출발점은 문자적 의미를 확정하는 책임이 문법학에 있다는 것이다. 문법학의 목표는 이해되지 않는 텍스트의 구절을 이해할 수 있도록 만드는 것에 그치는 것이 아니라, 더 나아가 정전 텍스트를 현재와의 관련 속에서 지켜내는 데 있다. 단어의 의미를 규명하려는 문법학의 노력 앞에서 알레고리적 해석은 점차로 역사의 뒷전으로 물러나게 되었다. 다시 말해 해석학이론의 역사적 흐름은 "알레고리적 해석에 대한 문법적 해석 원리의 승리"(Szondi 1975, 22)를 증언해준다는 것이다. 손디 자신은 이러한 흐름에 반대하여 문법적 해석과 알레고리적 해석이 함께할 때만 비로소 유효한 해석학 개념을 정의할 수 있다는 인식을 출발점으로 삼는다. 그러나 이러한 해석학 개념은 알레고리적 해석의 우위에 기반을 두고 있다. "문법적 해석은 한때 의미된 것을 지향하여, 그것을 보존하는 것을 목표로 한다."(Szondi 1975, 19) 이어서 손디는 다음과 같이 말하고 있다. "이에 반해 알레고리적 해석은 낯설게 된 기호에 불을 붙여, 이것에 새로운 의미를 부여한다. 이 새로운 의미는 텍스트가 표상하는 세계가 아니라, 텍스트의 해석자에게서 유래한다. 이에 있어 알레고리적 해석은 문자적 의미에 대해 물어야 할 필요는 없다. 왜냐하면 알레고리적 해석은 문자의 다중적인 의미에 기초하고 있기 때문이다."(Szondi 1975, 19)

문자의 다중적인 의미

단어의 의미를 문법적으로 확정하는 것이 해석학의 역사에서 알레고리적 해석을 점점 더 내몰았지만, 알레고리적 해석의 장점은 그것이 문자의 다중적 의미에 대한 이론을 실마리로 삼아 문법적 해석까지 포괄한다는 데 있다는 것이 손디의 견해이다. 이에 따라 손디는 단어적 의미의 문헌학적 규정을 해석의 철학적 기술과 연계할 것을 문학해석학에 요구한다. 문법적 해석과 알레고리적 해석의 갈등관계에 관한 테제를 통해 손디는 폴 드 만의 수사학적 해체주의의 본질적 명제들을 선취하고 있다. 그러나 드 만과 달리 손디는 문법적 해석과 알레고리적 해석의 화해를 요구함으로써 자신의 문학이론의 토대를 여전히 해석학에 두고 있다.

손디와 첼란

문학해석학이라는 손디의 세분화된 개념이 문학 텍스트에 대한 철학적 해석이나 수사학적 해석에 지나치게 편향된 해석학과 직접적으로 비교할 때 여러 가지 장점을 지니고 있다는 사실은 파울 첼란의 시에 대한 손디의 해석에서 확인된다. 손디의 해석은 가다머의 해석과 다른 결과에 이른다. 가다머처럼 손디도 일단 첼란의 시를 특징짓는 불가해성이라는 속성에서 출발하지만, 그는 이 불가해성을 철학이 첼란의 텍스트에 침투해야 한다는 요청으로 보는 것이 아니라, 전통적 해석학의 한계에 대한 인정으로 해석한다. 이에 따라 손디는 첼란의 텍스트에서 일의적 명료성이 부재하는 것은 결핍이 아니라 오히려 그것의 구조적 법칙이라고 역설한다. “모호성은 결핍이 아니고 단지 문체에 불과한 것도 아니다. 그것은 시적 텍스트의 구조 그 자체다."(Szondi 1978b, 347) 그러므로 첼란의 시에 대한 해석에서 중요한 것은 그 시 속에서 말해진 것의 의미를 해석학적으로 해독하는 것이 아닐 수 있다는 것이다. 손디는 횔덜린을 예로 들어 문헌학적 인식의 문제를 다룸으로써 커다란 주목을 받았던 논문에서 "여기에서 열쇠는 해석에 있다"(Szondi 1978a, 266)고 단언한 적이 있지만, 여기에서 해석이란 단지 문학 텍스트를 명료하게 이해할 수 있는 의미로 옮겨놓는 그러한 해석을 말하는 것이 아니다. "비의적인 시 역시 이해되려 한다. 이러한 시는 흔히 열쇠가 없이는 이해될 수 없지만, 그것은 닫혀있기 때문에 열려야 할 것으로 이해되어야 한다. 왜냐하면 그것은 그 존재 자체로서 시이기 때문이다."(Szondi 1978a, 266)

문헌학적 인식과 현대문학

손디가 그의 첼란 해석에서 "고찰되어야 할 것은 단어들의 의미라기보다는 그것의 기능에 있다"(Szondi 1978b, 363)라는 인식을 전제로 표명하고 있는 것은 바로 그러한 상황을 고려한 것이다. 손디가 말하는 단어들의 기능이란 알레고리적 해석의 개념에 따라 의미의 모호성을 표현하고 있는 그 단어들의 기호구조를 뜻한다. 이에 있어 의미의 모호성은 일의적으로 명료하게 해명될 수 없고, 오히려 그것에 고유한 해명 불가능성을 통해서만 입증될 수 있다. 손디의 문학해석학은 첼란을 해석학적으로 해독하는 가다머와 이를 다시 해체주의적으로 암호화하는 드 만과 데리다 사이의 한가운데 자리 잡고 있다.

7. 수용미학: 독서의 해석학

작가에서 독자로

영국의 문학비평가 테리 이글턴은 문학이론의 역사에서 작가와 작품에 놓여 있던 중심점이 독자로 옮겨가는 것을 발견한다. "현대 문학이론의 역사는 대략 세 단계로 구분될 수 있을 것이다. 작가를 더 중요시하는 단계(낭만주의와 19세기), 작품에 전적으로 집중하는 단계(신비평), 그리고 지난 몇 년간 이루어진 독자로의 뚜렷한 방향전환이 그것이다."(Eagleton 1994a, 40) 이러한 판단이 과연 보편성을 지니는가라는 의문이 제기될 수는 있겠지만, 이글턴의 관찰은 콘스탄츠 학파의 문예학자인 한스 로베르트 야우스와 볼프강 이저가 전개한 수용이론의 핵심에 맞닿아 있다.

이해와 독서

가다머와의 몇 가지 근본적인 차이에도 불구하고 야우스는 가다머가 『진리와 방법』에서 주목한 이해와 독서의 연관관계와 연결된다. 여기에서 야우스가 특히 관심을 보이는 것은 수용의 의사소통적 측면이다. 야우스에 따르면 "한 작품을 그 영향과 수용으로부터 파악하고, 예술의 역사를 작가와 독자, 과거와 현재 사이의 의사소통의 과정으로서 파악하는 것"(Jauß 1991, 20)이 관건이다. 이에 따라 이글턴이 현대 문학이론의 가장 두드러진 특징으로 인식했던 작품에서 독자로의 전환이 야우스에게서 나타난다.

미적 경험

야우스는 칸트의 취미판단을 원용하여 미적 경험이 창작뿐만 아니라 수용으로도 이해될 수 있다는 테제로써 작품미학을 수용미학으로 전환한다. 이 점에서 그는 18세기 자율미학과의 연결을 꾀하려는 것처럼 보이지만, 실제로는 다음과 같이 자율미학을 비판한다. "자율적인 예술작품이라는 개념은 예술작품의 본질을 규정함에 있어 그 영향과 사회적 기능에 대한 물음을 배제하고 있다."(Jauß 1991, 736) 자율미학의 붕괴로부터 야우스는 더 이상 작품 자체가 아니라 오히려 작품의 역사적 영향에 중점을 두는 수용미학의 가능성을 이끌어낸다.

수용미학과 작품의 역사

그럼에도 불구하고 수용미학을 순전히 영향사로만 이해해서는 안 될 것이다. 오히려 수용미학은 문학 텍스트 그 자체에 포함되어 있는, 그리고 역사 속에서 비로소 전개되는 경험의 잠재적 가능성에 기초하고 있다. "문학 텍스트는 그것의 미학적 특징에 의거하여 이해되어야 할 것을 미리 제공한다. 하지만 이러한 이해되어야 할 것은 텍스트가 영향을 끼치는 과정에서 비로소 모습을 드러낸다. 따라서 이것은 하나의 '인위적 예술품'으로서 텍스트의 완성된 구조를 서술하는 것으로부터 직접적으로 도출될 수 없다. 이러한 서술이 텍스트의 '층위들'과 미학적 등가물들을 아무리 완벽하게 파악한다고 할지라도 사태는 마찬가지다."(Jauß 1991, 814) 야우스가 관건으로 삼고 있는 것은 독서하는 주체가 텍스트에서 경험한 것을 텍스트 자체로 다시 옮겨놓는 것이다. "완성된 미적 대상의 특징들로 해독된 문학적 구조가 서술의 객관화로부터 독자를 미적 대상의 생성과정에 참여시키는 텍스트 경험의 과정으로 다시금 되돌려질 때 비로소 문학 텍스트는 그 것의 미학적 기능 속에서 해명될 수 있다."(Jauß 1991, 815)

미적 향유

여기에서 중심적 기능을 하고 있는 것은 아도르노가 날카롭게 비판했던 미적 향유의 개념이다. 비극에서 얻는 만족을 감각적 정념과 정신적 정념의 결합으로 정의한 아리스토텔레스에게로 되돌아가서 야우스는 향유와 인식의 긴밀한 연관관계를 고수한다. 이에 따라 그는 한편으로는 롤랑 바르트의 『텍스트의 즐거움(*Die Lust am Text*)』(1984)처럼 포스트구조주의 이론에 접근하고 있으면서도, 다른 한편으로 독서를 통해 매개되는 동일성의 경험을 요청한다는 점에서 포스트구조주의 이론들과 구분된다. 야우스는 미적 향유를 자신과 타인에 대한 향유의 변증법, 즉 "이해하는 향유와 향유하는 이해의 통일성"(Jauß 1991, 85)이라고 정의한다. 그는 창작(Hervorbringen, Poiesis), 감각적 지각(Wahrnehmen, Aisthesis), 동일화(Identifikation, Katharsis)라는 세 측면에 상응하는 미적 경험의 세 가지 기본범주를 출발점으로 삼는다.

> 무언가**로부터의** 해방이면서 동시에 무언가를 **위한** 해방인 미적 향유의 태도는 다음 세 가지 기능 속에서 수행된다. 의식 본래의 작업인 세계를 산출하는 일 속에서 생산하는 의식을 위해(Poiesis), 내적 현실과 외적 현실에 대한 감각적 지각을 새롭게 할 수 있는 가능성을 파악하는 일 속에서 수용하는 의식을 위해(Aisthesis), 그리고 마지막으로—이를 통해 주관적 경험이 상호주관적 경험으로 개방되

는데—작품이 요구하는 판단에 대한 동의 속에서, 혹은 이미 주어져 있고 또 계속 규정되어야 할 행위 규범들과의 동일화 속에서(Jauß 1991, 88쪽 이하).

의미 충만성과 지평융합

감각적 지각이라는 아이스테시스(Aisthesis)의 원래 의미를 실마리로 삼아 야우스는 현상학의 전통 안에서 한 작품의 수용사란 역사의 전개과정을 통해 완성되는 의미 충만성(Bedeutungsfülle)에 도달하는 것이라고 해석한다. "완성된 작품은 계속되는 아이스테시스와 해석 속에서 그것의 생성의 지평을 훨씬 넘어서는 의미 충만성을 펼쳐낸다."(Jauß 1991, 89) 해석학의 목적은 이해하는 독서행위를 통해 문학작품의 의미 충만성을 길어내는 것에 있다. 이때 "해석학의 과정은 이해(intelligere), 해석(interpretare), 적용(applicare)이라는 세 가지 계기의 통일로 파악될 수 있다."(Jauß 1991, 813) 가다머에게서처럼 이해는 지평융합의 행위로서 수행된다. 이에 따라 텍스트의 과거의 차원은 현재의 해석행위 속에 수용됨으로써 그 자체를 넘어선다.

역사의 목적론

여기에서 야우스가 요청하고 있는 역사적 이해의 과정은 다음과 같은 접근을 전제로 하고 있다. "문학작품의 의미를 역사 속에서 지속적으로 구체화하는 일은 하나의 '논리'를 따르는데, 이 논리는 미학적인 정전의 형성과 재형성 속에 침전되어 있다."(Jauß 1991, 823) 여기에서 작용하고 있는 하나의 논리에 대한 막연한 시사는 수용사적 입장의 근본적인 불확실성을 드러낸다. 이것은 야우스가 여전히 목적론적 역사 개념을 고수하고 있다는 것을 보여준다. 그에게서 이 목적론적 개념은 예술작품의 의미차원에 중점을 두고 있다. "따라서 과거의 작품은 우리에게 '여전히 말하고 있는' 것으로서 나타난다. 작품의 **형식**은 특정한 시대의 증거라고 하는 실제적인 기능을 넘어서는 예술적 특성으로 이해될 수 있고, 작품의 **의미**는 작품이 우리에게 계속 말하도록 만드는 내재적 응답으로 이해될 수 있는데, 여기에서 작품의 **형식**은 시대의 변화를 뛰어넘어 **의미**를 열어줌으로써 현재성을 유지한다."(Jauß 1991, 739)

볼프강 이저와 독서 행위

볼프강 이저는 역사의 연속성이라고 하는 문제의 소지가 있는 전제를 야우스와 공유한다. 이저도 자신의 이론을 문학의 영향에 관한 이론이라고 정의한다. 이 이론은 "내포적 독자"라는 인물을 내세워 "텍스트 안에 지시된 독서 행위의 특성"(Iser 1972, 9)을 탐구한다. 하지만 공통점 외에 차이점도 존재한다. 이저는 그의 이론을 수용미학이 아니라 영향미학으로 이해한다. 왜냐하면 그의 이론은 텍스트에서 출발하여 텍스트가 독자에게 미치는 영향을 탐구하고자 하기 때문이다. "하나의 문학 텍스트는 읽혀짐으로써 비로소 영향을 미칠 수 있기 때문에, 이러한 영향을 서술하는 것은 독서과정의 분석과 광범위하게 일치한다."(Iser 1976, 7) 이에 따라 이저는 처음부터 야우스와 전혀 다른 곳에 강조점을 둔다. 하지만 그도 결국에는 텍스트와 독서의 일치라는 현상학적 진리이론에 가담한다. 이 이론은 후설의 "궁극적 성취의 이상"(Husserl 1990, 116쪽 이하)을 지향한다. "텍스트의 구조와 행위의 구조는 의도와 성취처럼 서로 관련되어 있다"(Iser 1976, 63)라는 말로 이저는 자신이 후설의 현상학적 전통 위에 서 있다는 것을 표명한다. 그의 관심의 중심은 독서하는 주체와 전달된 현실 사이의 중간지점인 허구성의 개념에 있다(Sill 1997 참조). 연구의 중심은 야우스처럼 텍스트와 독자 사이의 상호작용인 문학의 의사소통적 형식에 있다. 허구성 개념을 실마리로 하여 특히 서사문학의 전통을 지향하고 있으며, 근대 소설의 전개과정이 낳은 중요한 결과물들을 강조하고 있는 이저의 분석은 그래서 동시에 독서에 관한 보편적 인간학의 방향으로 나아간다. 여기에서 논의의 중심이 되고 있는 것은 허구로서 이해되고 독서를 통해 매개되는 문학이 인간의 삶에서 어떤 기능을 하는가이다.

군터 E. 그림: 수용미학 대신 수용사

군터 E. 그림은 그의 연구서 『수용사(*Rezeptionsgeschichte*)』(1977)에서 야우스나 이저와 달리 보다 경험적인 입장을 추구한다. 그림이 수용사적 입장에서 제기하고 있는 것은 무엇보다도 가치중립에 대한 요구이다. "심미성에 대한 판단은 수용을 조건 짓는 시각의 처음이 아니라 그 마지막에 놓여야 한다는 것이 보다 논리적일 것이다. 다시 말해 이 판단은 수용연구의 확고한 규범적 전제가 아니라 (무엇보다도) 그 결과로 보아야 한다."(Grimm 1977, 17) 이러한 요구를 통해 그림은 수용미학의 철학적인 전제들에 거리를 취하고 수용연구를 보다 문헌학적으로 정초하려 한다. 모든 문맥상의 관계들로부터 독립적인 안정된 독자의 기능이라는 가정에 반대하여 그림은 "수용자가 처해 있는 의사소통적 상황에 대한 성찰"(Grimm 1977, 21)에서 수용연구의 본질적인 토대를 발견한다. 이러한 맥락에서 그림은 수용미학과 영향미학의 차이점을 지적한다(Grimm 1977, 24쪽 이하 참조). 영향사는 작품이 끼치는 영향에 대해, 그리고 수용사는 텍스트의 수용과 "수용하는 주체의 역사"(Grimm 1977, 30)에 대해 질문을 제기하는 것이다. "영향사"와 "수용사"에 대한 새로운 개념 규정을 통해 그림은 문학 텍스트 수용의 역사적이고 경험적인 조건에 대해 야우스와 이저보다 훨씬 광범위한 차원에서 질문을 제기한다. 그림은 "수용사의 주된 관심은 하나의 텍스트가 지니는 잠재적 수용이 아니라 역사적으로 발생했던 수용에 있다"(Grimm 1977, 34)고 주장한다. 이는 지나치게 철학적인 조건을 지향하는 수용연구의 형식에 반대하는 것이라 할 수 있다. 이러한 배경에서 그림의 공헌은 역사적이고 문헌학적인 수용분석의 토대를 제공하여, 수용사와 영향사를 순수하게 미학적으로 정초하려는 데서 생겨난 수많은 오해를 제거했다는 데 있다.

구성주의적 입장: 지그프리트 J. 슈미트

지그프리트 J. 슈미트의 구성주의적 입장은 전혀 다른 방향으로 나아간다. 슈미트 또한 문학 텍스트 수용의 경험적 배경들에 관심을 갖기는 하지만 그는 문예학이 아닌 "자연과학의 패러다임"(Bogdal 1996, 152), 특히 생물학과 심리학의 인지주의 패러다임을 따른다. 구성주의에 있어 작가와 텍스트라는 심급은 경험될 수 있는 대상들이 아니라 단지 각각의 독자들이 수행하는 귀속의 질서로서 존재한다. 그리하여 슈미트는 독자의 인식행위가 항상 객관적으로 미리 주어져 있는 현실을 해명하는 것이 아니라, 현실을 비로소 만들어내는 체험과 경험의 독립적인 행위라고 규정한다. "구성주의의 견해에서 보면 텍스트를 이해한다는 것은 의미수취(Bedeutungs-'Entnahme')가 아니라 의미부여(Bedeutungs-Zuschreibung)이다."(Scheffer 1993, 147) 수용하는 주체의 지각행위가 현실을 만들어낸다는 것이 많은 논란을 불러일으키고 있는 구성주의적 입장의 기본전제이다. 즉, "수용자는 원본 없이 (…) 독서방식을 만들어낸다"(Schmidt 1988, 151)는 것이다. 이 점에서 슈미트는 포스트구조주의의 입장과 의견을 같이한다. 따라서 전통적인 해석학적 모델들에서처럼 근원적인 의미를 설립하는 기능이 문학 텍스트에 부여되는 것이 아니라 오히려 그것은 이제 인지적 체계 안에서 독자에게 수용되어 해석에 의해 가공되는 자극에 불과한 것으로 나타난다. 이러한 이유로 구성주의에서 경험적 독자는 학문적 진술의 출발점을 허용하는 유일한 심급이 된다. 하지만 여기에서의 학문적 진술은 문학 텍스트의 구조나 역사 등과 같은 문예학의 전통적 대상이 아니라 단지—이 점에서 구성주의는 체계이론의 사유계기들과 매우 가깝다고 할 수 있다(Sill 2001, 60쪽 이하)—관찰자로서의 독자의 관찰행위에만 주목한다. 이에 따라 문학은 인지적 지각과정의 기능 중 하나에 불과한 것으로 축소된다(Bogdal 1996, 153쪽 이하).

구성주의와 매체이론

생물학에 토대를 둔 모델에 의거하여 지각의 자극을 주체의 현실체험을 위한 매트릭스(Matrix)로 파악함으로써, 슈미트는 현대 매체학으로 나아간다. 전통적인 설명 모델 안에서 주체에게 맡겨졌던 현실생산의 기능을 새로운 매체들이 넘겨받는 것이다. 슈미트가 보편적 문화학의 방향을 제시하는 중요한 자극을 문학이론에 제공한 것은 사실이지만, 구성주의적 입장은 문예학의 문제들을 생물학과 심리학에 토대를 둔 인지관계로 축소했다는 결함을 갖는다. 이러한 인지관계는 문학이론이 아닌 자연과학의 토대 위에서 대답될 수 있는 비판적 물음만을 제기할 뿐이다.

수용미학과 해체주의

작가와 작품의 개념이 점점 더 강력한 비판을 받게 된 후, 어떤 의미에서 수용미학은 독자의 기능에 대한 물음을 통해 해석학의 마지막 카드를 내놓았다고 할 수 있다. 하지만 이를 통해 수용미학이 해석학의 문제를 해결한 것은 아니며, 기껏해야 해석학을 독서하는 주체의 영역으로 옮겨놓은 것에 불과하다. 수용미학은 여전히 전통적인 해석학의 구상에 기대고 있는데, 그 이유는 그것이 독서하는 주체의 개념이건 아니면 영향사의 개념이건 간에 문학사와 문학이론의 흐름에서 점점 더 의문스럽게 된 동일성의 경험을 근거로 하고 있기 때문이다. 해체주의 측에서 수용미학을 비판하는 것은 바로 이 점에 있다. 스탠리 피쉬나 폴 드 만과 같은 미국 이론가들 또한 독서행위를 문학이론의 중심으로 옮겨놓고 있지만, 드 만의 입장은 해석학의 구상과는 정반대로 좌절의 멜랑콜리를 출발점으로 하고 있다. 그에게 있어 독서란 동일성의 형식을 만들어내는 것이 아니라, 주체와 텍스트와 역사 사이의 지양될 수 없는 분열을 보여준다. 드 만은 "언어는 항상 충돌하지만 과녁을 맞히는 적은 결코 없다. 그것은 말을 걸지만 결코 올바른 보고자에게 말을 걸지 않는다"라는 것을 전제로 삼고 있는데, 이에 따라 이저를 독자의 기능에 대한 고찰로 이끌었던 후설의 궁극적 성취의 이념은 "궁극적 환멸의 이념"으로 바뀌고 만다(de Man 1988, 227). 그 결과 텍스트의 이해라는 것이 존재한다는 해석학적 사유의 근본전제가 의문시되기에 이른다. 해석학의 토대 자체에 대한 이러한 비판적 물음이 생소한 것이 아니라는 사실을 우리는 니체, 프로이트, 그리고 하이데거의 폭력성의 해석학에 대한 구상에서 확인할 수 있다.

8. 폭력성의 해석학: 니체, 프로이트, 하이데거

반(反)해석학

해석학을 존재론적으로 정초하고자 했던 하이데거의 시도는 20세기 현대 해석학적 입장들의 선구적 모범으로서도 중대한 의미를 지니고 있지만, 동시에 문학이론의 '반해석학적' 전환을 위한 사유계기로서도 중요하다. 반해석학적 전환은 더 이상 역사적 연속성 및 동일성이라는 개념에 귀의하는 것이 아니라, 오히려 불연속성과 폭력성이라는 계기를 수면 위로 드러낸다. 『존재와 시간』에 나타난 하이데거의 초기 해석학적 구상에 대해 귄터 피갈은 다음과 같이 언급한 바 있다. "하이데거는 이미 자신의 주저에서 해석학의 중심 개념인 '이해'의 반해석학적 전환을 보여준 바 있다."(Figal 1982, 91) 하이데거의 반해석학적 전환은 특히 1929년의 저서 『칸트와 형이상학의 문제(*Kant und das Problem der Metaphysik*)』에서 잘 드러난다. 1950년의 2판 서문에서 하이데거는 다음과 같이 말하고 있다.

> 사람들은 부단히 내 해석의 폭력성에 부딪힌다. 이런 폭력성에 대한 비난은 이 책의 경우만 보더라도 잘 입증된다. 이런 비난이 사상가들 사이의 사상적 대화를 이끌어내려는 시도에 반대하는 것일 때,

철학사 연구에서의 이런 비난은 언제나 정당하다. 나름의 고유한 과제를 가지고 있는 역사적 문헌학의 방법들과는 달리, 사상적 대화는 다른 법칙들 아래 놓여 있다. 이 법칙들은 보다 상처받기 쉽다. 대화에서 빗나감은 보다 더 위협적이고, 실수는 보다 더 빈번하다 (Heidegger 1991, XVII).

해석의 폭력성

하이데거는 다소 문제의 소지가 있는 방식으로 철학적 사유의 영역을 역사적 문헌학의 방법들과 구분 짓는다. 역사적 문헌학에서는 사실에 대한 동의가 중요하지만 철학적 사유에서는 감정이입적 이해 행위의 경계가 규정될 수 없으며, 논의되는 사실에 대한 올바른 이해라는 문헌학의 요구와 달리 철학적 사유는 오히려 해석의 폭력성에 귀의한다는 것이다. 그것의 필연성을 하이데거는 다음과 같이 분명한 말로 강조한다. "언어가 말하고 있는 것에서 그것이 말하고자 하는 것을 쟁취해내기 위하여 모든 해석은 필연적으로 폭력성을 필요로 한다."(Heidegger 1991, 202) 따라서 해석의 목표는 말해진 것을 해석하는 데 있는 것이 아니라, "앞서 빛을 내는 이념의 힘"을 통해서 텍스트의 "말해지지 않은 것"(Bogdal 1999, 17쪽 이하 참조)을 밝혀내는 데 있다. 하이데거에게 있어 이러한 작업이 구체적으로 의미하는 바는 직관과 지성이라는 칸트의 구분을 신칸트학파에 맞서 자기촉발(Selbstaffektation)의 근원적 형식으로서의 시간이라는 공통의 뿌리로 소급시키는 것이다. 폭력성에 대한 하이데거의 긍정은 사실에 대한 이성적 통찰이라는 해석학의 요구와 더 이상 일치될 수 없다.

폭력성과 숭고

폭력성에 대한 긍정은 "웅대함은 저항할 수 없는 힘과 폭력을 행사하여 듣는 모든 이들을 압도한다"(Longinus 1988, 7)는 롱기누스의 통찰과 더불어 역사적으로 고대 시학에서 주로 숭고의 개념과 연결되어 있던 압도(Überwältigung)라는 수사학적 전략으로 되돌아간다(Zelle 1995 참조). 숭고의 개념은 현대미학에서 특히 칸트와 니체에 의해 다시 주목을 받은 바 있다. 사실에 대한 올바른 통찰을 얻고자 하는 문헌학의 노력은 해석의 폭력성을 끌어들이는 하이데거와 모순관계에 있다. 왜냐하면 해석의 폭력성은 해석학의 전통과는 다른 어떤 것, 즉 숭고의 기치하에서 해석학의 명령에 수사학적으로 의문을 제기하는 것이기 때문이다(Hamacher 1998 참조).

문학과 사유되지 않은 것

하이데거가 폭력성을 끌어들인 것은 첫눈에는 스캔들로 여겨질 것이다. 일례로 하이데거는 『존재와 시간』의 지평 위에서 시간의 문제를 칸트 비판철학의 중점으로 여겼는데, 그의 칸트 비판의 철학적 정당성은 철학사 연구진영으로부터 매우 설득력 있는 방식으로 공격을 받았다(Henrich 1955, Düsing 1992 참조). 하지만 하이데거의 칸트 해석이 갖는 근본적인 정당성에 대한 물음과 별개로 형이상학의 역사에 단호히 '폭력적으로' 접근한 하이데거의 방식은 해석학의 관습적인 방법론에 대한 하나의 대안으로 이해되어야 한다. 하이데거가 정립하고자 한 해석 개념에서 중요한 것은 더 이상 텍스트의 의미를 파악하여, 보편적 객관성과 역사성을 통해 그것을 증명하는 일이 아니다. 그의 해석 개념이 옹호하는 것은 오히려 이해를 통해서는 온전히 전달될 수 없는 **사고되지 않은 것**이 형이상학과 문학의 전승된 텍스트들 속에서 언어로 드러난다는 확신이다.

권력에의 의지로서의 해석

하이데거의 이러한 통찰은 니체, 프로이트와 일맥상통한다. 베르너 하마허가 지적했듯이 니체사상의 주도적 동기는 이해라는 전제와 단절한 해석학 개념이었다(Hamacher 1998, 77쪽 이하 참조). 많은 논란을 불러일으킨 권력에의 의지에 대한 이론을 통해 니체는 한편으로 모든 것이 궁극적으로 해석에 소급된다는 테제를 주장했지만, 다른 한편으로는 그 해석들 뒤에 더 이상 어떠한 형식의 진리도 숨겨져 있지 않다는 사상도 표명하였다. 그러한 이유로 하마허는 니체가 주장한 권력과 해석의 동일시는 전통적 해석학을 전복하여 폭력성의 해석학을 수립하기 위한 것이며, 바로 이것이 니체와 하이데거를 이어준다고 설명한다. "**권력에의 의지가 해석한다**라는 말이 의미하는 바는 그 자체가 권력에의 의지인 해석은 우선 **자기 자신에 대한 폭력**(Selbst-Vergewaltigung)으로서의 권력에의 의지와 관련되고, 그 다음에는 타자로서의 권력에의 의지와 관련된다는 것이다."(Hamacher 1998, 100) 미셸 푸코가 니체로부터 이어받은 계보학적 사유계기의 틀에서 본다면(Foucault 1987, 69-90 참조) 니체의 의지의 해석학에서 중요한 것은 특정한 역사적 상황을 초래한 지배권력의 법칙을 재구성하는 것이다. 푸코는 니체의 의지의 계보학이 해석이론과 맺고 있는 관련성을 다음과 같이 강조한 바 있다.

만약 해석이라는 것이 근원에 가라앉아 있는 의미를 서서히 밝혀내는 것을 말한다면, 오로지 형이상학만이 인류의 생성을 해석할 수 있을 것이다. 하지만 만약 해석이 의미하는 것이 그 자체 안에 어떠한 본질적인 의미도 지니고 있지 않은 어떤 규칙체계를 폭력적으로 혹은 간계로 장악하는 것이라면, 그리고 그 체계에 하나의 방향을 강요하고, 그 체계를 새로운 의지에 복종시키고, 그 체계를 다른 놀이 속에 등장시키고, 그 체계를 다른 법칙들에 예속시키는 것이라면, 인류의 생성은 해석들의 연속적 행렬일 것이다. 계보학은 해석의 역사여야 한다. 계보학은 도덕관념의 역사, 이상의 역사, 형이상학적 개념의 역사, 자유라는 개념의 역사, 금욕적 삶의 역사여야 하며, 이들 각각에 대한 다른 해석의 새로운 기원이 되어야만 한다. 계보학은 이러한 해석 및 사건이 역사의 무대에서 생겨나도록 만들어야만 한다(Foucault 2002, 178).

근원에 대한 비판

푸코가 니체의 계보학에서 강조하고 있는 것은 이해와 의미의 근원성이라는 해석학적 범주에 대한 거부, 그리고 형이상학의 역사에서 숨겨져 있었지만 역사 속에서 진리에 대한 다양한 해석을 규정해왔던 폭력성의 형식에 대한 승인이다. 진리를 향한 해석학의 의지를 권력에의 의지로부터 이끌어냄으로써 니체는 권력의 사상의 이름하에 해석학을 전복시킨다. 이러한 권력의 사상 역시도 해석이기는 하지만, 이는 자신의 잠재적 폭력성을 자각하고 있는 해석이다.

문자와 무의식

이와 유사하게 프로이트에게도 폭력성이라는 계기는 중요한 의미를 지닌다. 무의식이라는 역동적 원리를 자신의 이론의 핵심으로 삼음으로써 해체주의의 중요한 선구자 중 하나가 된 프로이트 역시 전통적인 해석학적 규준들로부터 거리를 취한다. 데리다도 "꿈의 해석은 우선 하나의 독법이자 암호해독"(Derrida 1972, 317)이라는 것을 확인한다. 하지만 그는 니체나 하이데거의 경우와 마찬가지로 프로이트의 암호해독이론에서는 근원적 의미의 회복이 문제의 관건이 아니라는 것을 강조한다. 심리 기관의 동력학적 특성은 오히려 폭력적 활동을 통해 초래된 기입과정의 결과인 무의식의 흔적들을 노출시키는 것에 있으며, 따라서 의미라는 해석학적 범주는 근원적으로 파괴를 지향하는 힘의 관계들로부터만 도출된다는 것이다. 니체와 마찬가지로 프로이트에게서도 심층해석학적으로 규정되는 의미의 근원에는 더 거슬러 올라갈 수 없는 폭력성의 형식이 자리 잡고 있다. 데리다는 프로이트의 무의식 개념과 관련하여 "힘이 의미를 만들어낸다"(Derrida 1972, 326)고 말한다. 여기서 무의식은 기입의 무대로서, 이 기입과정에 작용한 근원적 폭력은 그것이 정신 속에 남겨놓은 흩어진 흔적들을 통해서만 재구성될 수 있다.

폭력성의 해석학과 포스트구조주의

물론 프로이트, 니체, 하이데거가 수행한 고전적 해석학에 대한 교정이 문헌학적으로 정당성을 갖는가에 대해서는 빈번히 의문이 제기된다. 그럼에도 불구하고 그들 공통의 관심사인 해석에 내재한 폭력성의 계기로의 소급은 반해석학적 사유계기를 위한 본질적 토대 중 하나라고 할 수 있다. 이러한 반해석학적 사유계기는 일련의 포스트구조주의 텍스트이론들에서 점차 중요성을 획득하였다. 그러므로 반해석학적인 폭력성의 해석학의 토대가 되는 하이데거의 칸트 연구와 관련하여 무엇보다 중요하게 다루어져야 할 문제는 복달의 정당한 지적처럼 여전히 그것이 "해석학과 반해석학에 대한 논쟁과 관련하여 너무 적게 주목받는 텍스트"(Bogdal 1999, 17)라는 점일 것이다.

9. 오늘날 해석학의 가능성

오늘날의 해석학

새로운 문학이론의 이름하에 해석학의 한계를 둘러싼 논쟁이 벌어지면서 해석학의 현재적 가능성에 대한 물음도 함께 제기되었다. 비루스는 1982년 현대 해석학이 처한 상황에 대해 "역사적으로 완료된 것의 숙성된 맛과 새로운 지평의 약속 사이에서 동요하고 있다"(Birus 1982, 6)고 평가하였다. 프랑스의 새로운 문학이론들의 도전에 직면하여 손디는 이미 1970년에 "오늘날의 저 관행화된 해석의 실천을 넘어서서 앞으로 나아가기 위해서 문예학은 최신 언어학과 결합해야만 하며, 이를 통해 완성될 아직 도달하지 않은 새로운 해석이론"(Szondi 1978b, 109)을 구상해야 한다고 주장하였다. 문예학과 언어학의 결합이라는 시대사적 지평이 문학해석학에 대한 손디의 비판적 고찰들을 이끌어왔다. 하지만 손디가 요구했던 매개의 시도들은 거의 대부분 묻혀버리고 말았다. 주지하다시피 해석학은 다른 분과학문들에 유익한 방식으로 개방되기에는 철학적 전통에 너무 깊이 뿌리를 내리고 있다.

펼침의 해석학: 우베 야프

우베 야프와 만프레드 프랑크는 해석학을 새롭게 정립하려는 노력을 기울임과 동시에 전통적인 해석학 모델과 포스트구조주의 이론 사이의 상호이해를 위해서도 노력해왔다. 하지만 의미의 통일이 아니라 의미의 차이로부터 작업을 수행하기 위해 다의성(Polysemie) 개념에서 출발하고 있는 "펼침의 해석학(Hermeneutik der Entfaltung)"(Japp 1977, 10)이라는 야프의 구상은 언어적 기호, 시간, 의미 사이의 상호작용에 대한 물음 속에서 궁극적으로는 문학적 현전이라는 개념에 의존하고 있는데, 이 개념은 해체주의이론의 모든 명료성에도 불구하고 설득력 있는 비판에 부딪칠 수밖에 없다. 또한 프랑크의 노력 역시도 그가 슐라이어마허와 피히테의 낭만주의적 전통을 편향적으로 고수하고 있는 까닭에 빛을 잃었다. 이에 있어 프랑크가 특히 간과하고 있는 점은 슐라이어마허를 통해 해석학이 역사적으로 정초되었던 때부터 이미 그 한계가 분명했다는 사실이다. 노르베르트 알텐호퍼가 역설하였듯이 슐라이어마허에서 오늘날에 이르는 해석학의 전제는 다음과 같이 요약될 수 있다. "해석을 다루는 방식이 그것의 대상에 대해 (…) 외부적으로 머물러서는 안 된다는 사실은 해석학에서 텍스트를 다룰 때 근본 전제들 중 하나이다."(Altenhofer 1993, 39) 하지만 18세기 해석학의 역사는 이미 해석학의 외부에 있는 전제조건들을 가리키고 있다. 이에 대해서는 클라우스-미하엘 복달이 이미 지적한 바 있다. 복달은 비판적인 관점에서 다음과 같은 사실을 강조한다. "슐라이어마허 이후의 근대 해석학은 (…) 그것의 역사적 성립조건에 광범위하게 눈을 감았다."(Bogdal 1999, 13쪽 이하)

해석학과 담론분석

해석학은 한편으로는 철학과 문학의 매개를, 다른 한편으로는 문학과 공론장의 매개를 과제로 삼고 있는 자율적인 분과학문이지만, 근대 해석학의 형성과정은 오히려 이것이 지식의 근본적인 변화에 힘입은 것이며, 바로 이 지식의 변화를 통해 해석학적 사유가 비로소 성립될 수 있었다는 사실을 보여준다. "19세기 초에 이루어진 해석학적 전환은 1800년경의 지식의 변화 및 문자성의 분화와 분리해서 생각할 수 없다."(Bogdal 1999, 14) 해석학을 그것의 생성사가 예속되어 있는 담론적 조건들에 위임하는 것은 해석학과 현대 언어학이론을 매개하라는 손디의 요구에 다시 한 번 명확한 근거를 제공해준다. 지난 수십 년 동안 커다란 동요를 불러일으키고 특히 문화학적·매체이론적 사유의 생성을 이끌어낸 광범위한 담론적 변화 속에서 현대 해석학의 가능성은 계속해서 비판적 의문에 직면해 있다.

Ⅳ. 구조주의

1. 문예학과 언어학

언어적 전회

슐라이어마허가 해석학을 정초한 이래로 해석학의 역사는 18세기와 19세기에 정신과학 분야에서 확고한 헤게모니를 쥐고 있던 철학의 역사와 불가분의 관계로 묶여 있었다. 20세기에 들어와 철학은 정신과학 내에서 차지해왔던 중심적 지위를 잃어버리게 되었으며, 이와 더불어 문학이론에 대한 모범적 기능 역시 상실하였다. 이는 새롭게 형성된 근대 자연과학의 영향 때문만은 아니었다. 언어와 문학을 새롭게 이해하는 데 결정적인 자극을 준 것은 오히려 20세기 초에 스위스 언어학자 페르디낭 드 소쉬르의 저작과 더불어 하나의 독자적인 영역으로 확립되기 시작한 현대 언어학이다. 20세기 정신과학의 토대를 결정적으로 변화시킨 "언어적 전회(linguistic turn)"(Rorty 1967)의 틀 속에서 언어분석철학과 구조주의적 사유가 확립된다. 소쉬르를 폭넓게 수용하면서 출발한 구조주의는 이내 하나의 국제적인 현상으로 확산된다(Schiwy 1969, Dosse 1999, Albrecht 2000 참조). 구조주의가 특히 50년대와 60년대에 파리에서 지식의 모든 분야에 걸쳐 핵심적인 역할을 떠맡았던 데 반해 독일에서는 "구조주의의 '고전적' 단계를 건너뛰었는데"(Albrecht 2000, 2), 이는 특히 역사지향적 언어학이 구조주의의 수용을 오랫동안 방해했기 때문이다.

구조의 개념

구조(structura)라는 기본 개념이 "층층이 쌓다, 세우다, 배열하다"라는 건축학적 의미를 지니고 있다는 것이 이미 구조주의가 공간적인 질서체계와 관련된 학문이라는 점을 시사한다. 이에 따라 구조주의는 독일에 침투해 들어오는 과정에서 처음부터 역사지향적 언어학과 문예학 양측으로부터 격렬한 저항을 받았다. 이러한 저항이 구조주의의 수용을 현저히 늦추었고, 문학이론의 영역에서는 어떤 의미에서 오늘날까지도 지속되고 있는 해석학과 구조주의 사이의 논쟁을 불러일으켰다.

소쉬르와 구조주의

20세기에 구조주의가 거둔 성공의 역사는 소쉬르가 마련했던 언어학적 토대로부터 멀어져 감으로써 이루어낸 것이다. 소쉬르의 책에는 구조라는 개념이 명확히 제시되어 있지 않다. 로만 야콥슨은 소쉬르의 언어학을 토대로 하는 문학이론을 만들어냈는데, 이 문학이론의 목표는 언어의 시적 기능을 입증하는 데 있었다. 야콥슨에게서 언어의 시적 기능이란 언어 고유의 기능을 지시하는 기호의 자기지시성과 관련된 것이었다. 정신분석학자 자크 라캉, 마르크스주의자 루이 알튀세르, 문예학자 롤랑 바르트와 제라르 즈네트는 그레마스(A. J. Greimas)의 텍스트 기호학 연구의 연장선상에서 구조주의를 전통적 정신과학의 틀 안에 있던 거의 모든 학문영역으로 확장시켰다.

구조주의와 포스트구조주의

60년대까지 성공가도를 달려온 구조주의의 역사는 1966년에 새로운 사유 운동이 등장함으로써 극적인 결말을 맞는다. 이 새로운 사유는 몇몇 구조주의자들의 영향을 받기는 했지만, 전체적으로는 구조주의의 학문적 이상과 결별한다. 야콥슨을 따라 구조주의에서 관습적으로 사용되었던 언어의 시적 기능이라는 말은 오늘날의 관점에서 보면 언어의 시적 기능이라는 것이 존재한다는 바로 그 점에서 언어가 시적이라는 것으로, 일종의 동어반복일 뿐이다. 미셸 푸코의 담론분석과 자크 데리다의 해체주의는 구조의 구조성에 관한 사유를 비판적으로 해체하고, 그것을 결코 종결되지 않는 차이들의 열린 체계로 대체함으로써, 구조주의의 전제들에 반기를 든다. 푸코의 담론분석과 데리다의 해체주의에 있어 언어를 규정하는 것은 무한한 차이들로 이루어진 열린 체계이다. 파리 출신의 언어학자 앙리 메쇼닉은 이와는 완전히 다른 토대 위에서 방브니스트가 수정을 가한 소쉬르를 받아들여, 구조라는 핵심 개념을 개방적 체계라는 개념으로 대체하고자 하는 언어학적 시학을 정립하였다. 이러한 배경에서 구조주의는 20세기의 가장 영향력 있는 문학이론 중 하나가 되었을 뿐만 아니라 동시에 포스트모더니즘의 새로운 문학이론들이 생겨나는 기반이 되었다.

2. 현대 언어학의 정초: 페르디낭 드 소쉬르

언어학과 구조주의

해석학의 역사가 특히 슐라이어마허라는 이름과 관련이 있다면, 구조주의의 역사는 소쉬르라는 이름과 연결된다. 프랑수아 발은 1968년을 회고하면서 이렇게 단언한다. "구조주의라는 말이 어떤 무언가를 의미한다면, 그것은 무엇보다도 기호와 관련된 문제를 학문의 영역으로 가져와 연구하는 새로운 방식과 방법이라고 할 수 있다. 즉, 소쉬르의 언어학과 더불어 시작된 방식과 방법이 그것이다."(Wahl 1973, 7) 하지만 소쉬르가 현대 언어학의 창시자이자 구조주의의 창시자라는 주장은 유보되어야 한다. 소쉬르는 사후 출간된 그의 주저 『일반 언어학 강의(*Grundfragen der allgemeinen Sprachwissenschaft*)』에서 구조(Struktur)라는 개념을 출발점으로 삼지 않았다. 그가 사유의 중심으로 삼았던 것은 체계(System)라는 개념이다(Albrecht 2000, 233 참조). 소쉬르는 언어를 하나의 기호체계로 정의하고, 그것을 랑그(langue), 랑가주(langage), 파롤(parole)이라는 세 영역으로 세분화한다. 이 중에서 특히 랑그(언어 Sprache)와 파롤(발화 Sprechen)에 핵심적 의미가 부여된다. 소쉬르는 랑그를 언어적 기호체계로, 파롤을 개별적 발화 행위로 설명한다.

소쉬르의 랑그 개념

랑그와 파롤, 언어와 발화의 구분은 이로부터 생겨난 다른 모든 세분화된 차이에 앞선 근본적인 차이를 일컫는다. "언어를 발화와 구별함으로써 다음의 것들 또한 구별된다. 1. 사회적인 것이 개별적인 것으로부터 구별되고, 2. 본질적인 것이 부차적인 것 혹은 다소 우연적인 것과 구별된다."(Saussure 1967, 16) 그렇기 때문에 소쉬르의 구분에서 핵심적 위치를 차지하는 것은 랑그 개념이다. "**우리는 먼저 언어(랑그)의 영역에서 시작해야 하며, 이것을 인간이 행하는 다른 모든 발화의 규범으로 인정해야 한다**."(Saussure 1967, 11) 소쉬르가 랑그에 특권을 부여한 것은 구조주의에 중대한 결과들을 가져왔는데, 이는 랑그의 자율성에 대한 주장에 토대를 두고 있다. "언어는 오로지 자신의 고유한 질서만을 허용하는 하나의 체계이다."(Saussure 1967, 27) 소쉬르는 랑그를 독자적인 기호체계로 이해하고, 비트겐슈타인처럼 이 체계를 체스게임과 비교함으로써 "다양한 표상들에 상응하는 다양한 기호들로 이루어진 하나의 체계"(Saussure 1967, 12)로서 이것이 지닌 고유한 법칙성을 밝혀내고자 한다.

언어기호

소쉬르는 언어의 체계적 특성을 언어기호라는 개념과 연결한다. 그는 기호를 다시 기표(記標, Signifikant)와 기의(記意, Signifikat)로 구분한다. 기표는 기호의 음성적 측면을, 기의는 기호의 개념적 측면을 포괄한다. "언어기호는 이름과 사물의 결합이 아니라, 표상과 음성 이미지의 결합이다."(Saussure 1967, 77) 소쉬르는 기표와 기의라는 개념을 도입하여 언어기호는 사물과 이름의 결합이라는 전통적인 정의를 거부함으로써, 자신이 명칭목록(Nomenklatur)이라고 부른 언어관에 대항한다. "많은 사람들에게 언어는 근본적으로 하나의 명칭목록, 다시 말해 그 표현과 같은 수의 사물들에 상응하는 표현들의 목록이다."(Saussure 1967, 76) 이에 반해 소쉬르는 언어기호의 철저한 자의성에서 출발한다. "지칭대상(Bezeichnete)과 지칭방식(Bezeichnung)의 결합은 자의적이다."(Saussure 1967, 79) 기표와 기의, 음성 이미지와 표상의 결합은 그 자체로는 어떤 근원으로도 소급하지 않으며, 거듭 제시되는 의성어의 사례들에도 불구하고 어떤 특정한 음성 이미지가 왜 하나의 특정한 표상에 귀속되는가에 대한 아무런 자명한 근거도 없기 때문에, 기호는 자의적이라는 것이다.

기호의 자의성

언어기호의 자의성에 관한 소쉬르의 이론은 언어의 체계적 특성에 대한 토대로서 매우 중요하지만, 이것은 현대 언어학의 수용 과정에서 심각한 오해들을 불러일으켰다. 소쉬르의 이론이 오해받은 것은 그가 언어기호의 자의성을 이야기하면서 기호를 실제 대상과 연결한 것이 아니라, 오로지 음성 이미지와 표상의 결합만을 다루었기 때문이다. 기호가 기표와 기의의 결합이라는 정의는 소쉬르가 단지 언어의 두 가지 특성만을 출발점으로 삼고 있는 것처럼 보이게 한다. 하지만 외른 알브레히트가 확언했듯이 소쉬르의 언어 모델은 삼중 모델이다. "소쉬르는 스토아학파보다도 더 이전으로 거슬러 올라가는 삼중기호 모델의 오랜 전통 위에 서 있다."(Albrecht 2000, 44쪽 이하) 삼중 모델이 중요한 것은 기의는 기표뿐 아니라 지칭된 대상, 즉 지시대상(Referent)과도 구분되어야 하기 때문이다. 또한 기표, 기의, 지시대상이라는 구분 속에도 기호의 자의성과 관련된 핵심적인 오해가 담겨 있다. 자의적인 것은 오직 기표와 기의의 결합뿐이고, 그와 반대로 기호와 지시대상의 결합은 관습적인데, 이는 언어 공동체에 따라 결정된다(Benveniste 1974, 61-68 참조). 소쉬르의 사유계기들이 혁신적인 것이기는 하지만, 그는 언어기호의 자의성과 언어의 지시적 관계의 관습성을 구분함으로써 아리스토텔레스의 언어관 역시 받아들인다.

자의성과 차이성

자의성에 대한 사유뿐만 아니라 언어기호의 자의성과 차이성의 결합 역시 혁명적인 영향을 끼쳤다. "**자의성과 차이성**은 상호 연관된 속성이다."(Saussure 1967, 141) 랑그를 자의적 기호들로 이루어진 하나의 체계로 정립하면서 소쉬르는 다음과 같이 말한다. "이 모든 전제의 귀결은 **언어에는 오로지 차이성만이 존재한다는 것이다**."(Saussure 1967, 143) 언어기호의 차이성을 고찰함으로써 소쉬르는 구조주의의 근본 사유를 제시하였다. 언어적 의미는 폐쇄적인 기호체계 내에서 하나의 기호를 그 체계에 있는 다른 모든 기호들과 구별해주는 차이를 통해서만 발생한다는 것이다. 따라서 이제 중요한 것은 어떤 기호가 스스로 제시하는 것처럼 보이는 의미가 아니라 언어체계 전체를 좌우하는 차이의 특징이다. 이로써 소쉬르는 구조주의뿐만 아니라 포스트구조주의에서도 매우 핵심적인 의미를 지니는 통찰을 제시한다.

통합체와 계열체

차이성이라는 중심 개념과 더불어 이를 보완하는 두 번째 개념이 등장하는데, 그것은 바로 부재라는 개념이다. 소쉬르는 이 개념을 그가 새로 도입한 통합체(Syntagma)와 계열체(Paradigma)라는 대립적 개념쌍과 연결한다. 그는 통합체를 시간적으로 배열된 선형적인 기호의 계열군으로, 이와 반대로 계열체를 공간적-수직적으로 배열된 연상 계열군으로 이해한다. 여기서 통합체는 현존(Präsenz)이라는 특징을 통해, 계열체는 부재(Absenz)라는 특징을 통해 규정된다. "통합관계 혹은 행렬관계는 현존하는 것 내(*in praesentia*)에 있다. 그것은 현재의 계열 속에 병존하는 둘 혹은 그 이상의 사항에 바탕을 둔다. 반대로 연상관계는 잠재적인 기억의 계열에 있는 부재하는(*in absentia*) 사항들을 연결한다."(Saussure 1967, 148) 통합체는 상이한 기호들을 시간적 순서로 결합시키기 때문에 현존과 연관된다. 그에 반해 계열체는 부재 개념에 바탕을 두는데, 그 이유는 랑그 체계와 그것의 다양한 가능성으로부터 오로지 하나의 요소만이 선택되고, 다른 모든 기호들은 언어체계의 차이성에 근거하여 오로지 부재의 형식을 통해서만 역할을 수행하기 때문이다. 바로 이러한 방식으로 소쉬르는 차이성과 부재를 연결했는데, 이는 포스트구조주의의 중요한 토대가 되었다.

형식과 실체

소쉬르의 이론이 현대 언어관에 일으킨 혁명은 다음의 한 문장으로 요약할 수 있다. "언어는 형식이지 실체(Substanz)가 아니다."(Saussure 1967, 146) 언어의 형식적 특성에 대한 소쉬르의 지적은 일차적으로는 언어에 관한 새로운 학문으로서의 언어학과 관련을 맺고 있다. 하지만 동시에 그는 이를 통해 새로운 문학이론을 위한 토대도 제공하는데, 이 새로운 문학이론은 해석학처럼 정신적으로 파악되어야 할 이념으로서의 언어의 실체적 의미를 고수하는 것이 아니라, 언어의 체계적 특성 및 기표와 기의의 구분을 사유의 중심으로 삼아 의미구조가 기호의 차이성을 통해 비로소 구성된다는 인식에서 출발한다. 소쉬르의 연구가 정초한 언어학적 토대는 이를 계승한 로만 야콥슨에게서 보다 좁은 의미에서의 문학의 영역과 관련을 맺는다.

3. 로만 야콥슨과 언어의 시적 기능

언어학과 문예학

소쉬르의 저서에서 구조라는 개념은 중요한 역할을 하지 않는다. 실제로 구조주의의 기틀을 마련한 것은 러시아의 언어학자 로만 야콥슨이다. 모스크바 언어학회를 모범으로 삼아 1926년 창설된 프라하 학파의 공동창시자인 야콥슨은 언어학과 문예학을 연결해야 한다는 입장을 표명하였는데, 여기에서의 문예학은 문학이론을 새로운 토대 위에 세울 것을 요구하는 문예학이다.

시학과 언어학

문학에 대한 야콥슨의 연구는 시학을 언어학에 편입시키는 것에서 출발한다. "언어학은 언어의 구조에 대한 포괄적인 학문으로서 시학을 연구영역의 필수적인 요소로 다루어야 한다."(Jakobson 1979, 84) 소쉬르와 달리 야콥슨은 처음부터 문학과 관련된 질문들에 관심을 표명하는데, 이는 언어학에 대한 그의 저술에서 이미 확인된다(Jakobson 1982, 9 참조).

언어의 시적 기능

야콥슨이 특히 주목하는 것은 언어의 특수한 시적 기능에 관한 문제이다. 야콥슨은 그의 주요 논문 「문학이란 무엇인가(Was ist Poesie?)」에서 이렇게 역설한다. "우리가 강조하고자 하는 것은 예술의 분리주의가 아니라 미적 기능의 자율성이다."(Jakobson 1979, 78) 미적인 것의 자율성이라는 개념과 더불어 야콥슨은 18세기와 19세기 미학의 근본사상을 그대로 수용하는 것처럼 보인다. 하지만 하랄드 바인리히가 말했듯이 야콥슨은 그것을 완전히 새로운 방식으로 정초한다. "야콥슨에 따르면 언어가 가진 미적·시적·예술적인 기능은 스스로를 목적으로 삼는 '자기목적적(autotelisch)' 기능이다. 그 속에서 언어의 일상적인 자동사적 성질(Intransivität)은 자기 자신에게로 되돌아간다."(Weinrich 1985, 234) 야콥슨은 시적 언어의 자율적 기능을 가리킴(Bedeutung)의 형식과 관련하여 설명한다. 여기서 가리킴이란 더 이상 세계 속에 있는 무언가를 지칭하는 것이 아니라 의미 자체 및 고유한 언어성과 관련된 것이다. 즉, "낱말은 지명된 대상의 단순한 대변자 혹은 감정의 분출이 아니라 낱말로서 지각된다."(Jakobson 1979, 79) 야콥슨이 언어학을 토대로 문학을 정립하면서 언어사용의 특수한 형식으로서 언어의 '시성(詩性, Poetizität)'(Jakobson 1979, 78)이라는 핵심 개념을 가지고 말하고자 했던 것은 바로 이 미적 기능의 자율성이라는 자기연관적 형식이다.

시성과 자기지시성

언어의 시성을 이론의 중심에 놓음으로써, 야콥슨은 우선 언어의 지칭적(referentiell) 혹은 외연적(denotativ) 기능, 감성적(emotiv) 기능, 내포적(konnotativ) 기능에 대한 뷜러의 구분으로 소급한다(Bühler 1982 참조). 하지만 여기에서 더 나아가 그는 이러한 기능들로부터 학문의 메타 언어와 문학 텍스트에서의 언어의 시적 기능을 다시 구분한다. "**전언**(BOTSCHAFT) 그 자체를 향한 지향, 전언 그 자체를 위한 방향성이 바로 언어의 **시적** 기능이다."(Jakobson 1979, 92) 그러므로 시적 기능은 외연석 기능으로 포괄될 수 있는 것이 아니며, 언어의 내포적 혹은 감성적 기능으로도 다 설명되지 않는다. 시적 기능의 특징은 오히려 전달되는 것이 아니라 전달의 방식에 주목한다는 점에 있다. 언어의 시성은 문학에서 모습을 드러내는 자기지시적 언어에 근거한다. 야콥슨은 문학언어의 자기지시성이라는 개념을 통해 포스트모던적 사유의 본질적인 토대를 마련한다. 하지만 포스트구조주의가 언어의 지시적 관계를 부정하는 말라르메를 단서로 언어의 시적 기능을 파악하는 경향을 보이는 반면(Kristeva 1978, Derrida 1995 참조), 야콥슨은 언어의 다의성이라는 해석학적 원리에서 출발한다. "시적 기능은 지시적 기능에 앞서서 대상의 맥락을 완전히 없애버리는 것이 아니라 오히려 그것을 다의적으로 만든다."(Jakobson 1979, 111) 언어의 시적 기능의 다의성이라는 원리와 함께 구조주의와 해석학의 접점 역시 드러나지만, 그것은 이들의 논쟁적인 대립에 의해 빈번히 가려지게 된다(Ricoeur 1973 참조).

선택과 결합

언어의 시적 기능이라는 야콥슨의 개념에서 "선택과 결합"(Jakobson 1979, 94)이라는 두 차원의 분리는 결정적인 의미를 지닌다. 야콥슨은 선택과 결합을 구별하면서 먼저 계열체와 통합체라는 소쉬르의 구분을 수용한다. 계열체처럼 선택 역시 연상적 사슬에서 하나의 단어를 골라내는 것(예컨대 "Kind(아이)"의 단어군으로부터 Kind, Baby, Knirps, Bengel 등의 다양한 단어들을 골라내는 것)이라면, 그와 반대로 결합은 통합체처럼 하나의 진술에서 선택된 단어들의 조합에 근거를 둔다. 언어의 선택축과 결합축의 구별을 야콥슨은 다음과 같이 명료하게 정의하였는데 이는 이후 커다란 영향을 미쳤다. "선택은 등가성, 유사성과 비유사성, 동의성과 반의성을 토대로 이루어지는 반면, 연속의 구조는 인접성에 기초한다. **시적 기능은 등가성의 원리를 선택축에서 결합축으로 투사한다.**"(Jakobson 1979, 94) 야콥슨은 계열체적인 선택축에 유사성의 개념을, 통합체적인 결합축에 인접성의 개념을 부여함으로써, 소쉬르의 통합체와 계열체라는 구분을 넘어서서 은유와 환유의 수사학으로 나아간다.

은유와 환유

야콥슨에 따르면 계열체적인 선택의 차원은 은유의 원리를 따라 작동하고, 통합체적인 결합의 기능은 환유의 원리를 따라 작동한다. 따라서 언어의 시적 기능은 은유의 선택축이 환유의 결합축으로 변환되는 것에 기인한다. 은유를 환유에 중첩시키는 이러한 테제는 야콥슨의 문학이론에서 핵심적인 중요성을 지니는데, 그는 이 테제를 파스테르나크의 산문에 대한 분석을 통해 입증하려 하였다. 문학 텍스트에 대한 야콥슨 자신의 해석은 소쉬르의 계열체와 통합체라는 구분을 은유와 환유라는 수사학적 개념으로 확장하고, 또한 그 두 축의 결합으로서의 언어의 시적 기능이라는 정의로 확장시킨 것만큼 혁신적이지는 않다. 이를 잘 보여주는 것이 보들레르의 시 「고양이(Les chats)」에 대한 분석이다. 이 논문은 레비-스트로스와 공동으로 출간하여 구조주의적 해석의 모델로서 빈번히 인용되고 있다. 이것은 운율과 문법 사이의 긴밀한 연관성을 밝혀내려는 시도였는데, 그 결과는 정치하지만 진부한 시분석이 되고 말았다(Jakobson/Lévi-Strauss 1972 참조).

언어학과 문학이론

이러한 한계에도 불구하고 야콥슨은 시성에 대한 그의 이론을 통해 이후 수십 년 동안 문학이론의 담론을 결정적으로 규정할 하나의 새로운 패러다임을 창조했다고 주장할 수 있는 권리를 획득하게 되었다. 새로운 패러다임이란 언어학과 문학이론의 결합을 뜻한다. 야콥슨은 그가 제시한 사상이 문학이론에서 어떤 변화를 의미하는지에 대해 분명히 의식하고 있었다. "우리 모두는 이제 언어의 시적 기능을 받아들이지 않는 언어학자나 언어학적 질문과 방법을 외면하는 문예학자 모두가 매우 시대착오적이라는 사실을 알게 되었다."(Jakobson 1979, 119)

4. 구조주의와 정신분석: 자크 라캉

언어학과 정신분석

야콥슨의 문학이론은 전적으로 언어에 관한 학문인 언어학에 기반을 두고 있었다. 50-60년대 파리에서 구조주의적 사유가 생겨나면서 언어학적 인식에 대한 요청은 인류학이나 정신분석학과 같은 다른 학문 영역으로 확장된다. 언어학의 시각에서 볼 때 처음에 파리의 구조주의는 언어학으로부터의 무책임한 일탈을 의미했다. "60년대에 주로 프랑스에서 시작되어 유행과 시류를 탔던 구조주의, 인텔리겐치아들에게 토론의 소재거리를 제공하고, 신문의 문예란을 통해 퍼져나간 구조주의는 언어학적 구조주의와는 아무런 관계가 없는 것이었다."(Albrecht 2000, 6) 야콥슨과 친했던 인류학자 클로드 레비-스트로스, 정신분석학자 자크 라캉, 마르크스주의 철학자 루이 알튀세르, 그의 제자 미셸 푸코, 문예학자 롤랑 바르트와 제라르 즈네트 같은 학자들과 더불어 구조주의는 현대 정신과학의 거의 모든 분야에 침투해 들어갔다(Schiwy 1969, Dosse 1999 참조). 이들 모두는 소쉬르와 야콥슨이 정초한 구조주의적 형식분석을 근본적인 토대로 삼았는데, 이로써 언어에 대한 구조주의적 인식은 인류학, 정신분석학, 철학, 문학 등의 학문분야들에 전파되었다.

프로이트로의 회귀

프랑스의 정신분석학자 자크 라캉은 구조주의 운동 내에서 특별히 중요한 이론가이자 논란이 많은 인물이다. 라캉은 그가 "프로이트로의 회귀"(Weber 2000 참조)라고 불렀던 정신분석에 대한 새로운 구상을 현대 언어학의 인식과 결합시켰다. 라캉의 업적을 그 자신이 이해한대로 요약한다면 다음과 같이 표현할 수 있을 것이다. 프로이트의 공로가 무의식을 발견한 데 있다면, 라캉의 업적은 무의식의 구조를 언어의 구조로 인식했다는 데 있는데(Taureck 1992, 7 참조), 여기에서 언어가 하나의 기호체계로 이해된다는 점에서 그것은 구조주의와 일치한다. 라캉의 이러한 생각은 동시대인들에게 대단히 매혹적이었지만, 동시에 프랑스 정신분석학계 내에는 커다란 혼란을 불러일으켰다(Roudinesco 1996 참조). 미국의 비평가 말콤 보위는 라캉의 매력적이지만 논란이 분분한 몇 가지 공식의 목록을 제시하며 그가 끼친 영향을 설명한 바 있다.

무의식은 언어처럼 구조화되어 있다.

무의식은 타자의 담론이다.

문자는 언제나 목적지에 도달한다.

가장 타락한 안락함은 지적 안락함이다.

성관계는 없다(Bowie 1994, 11).

무의식의 언어적 구조

보위의 목록은 라캉의 연구를 특징짓는 몇 가지 핵심 주제를 보여주고 있다. 그것은 무의식과 언어 사이의 연관관계, 자아형성에 있어서 타자의 역할, 인간의 말에서 기표의 기능, 대학의 지성주의 및 욕망의 부정성이론에 대한 비판 등이다. 라캉 이론의 핵심을 담고 있는 이 문장들은 다른 것들도 드러내 보여주는데, 그것은 특유의 "간결한 언어용법", 강렬하지만 수수께끼 같은 공식을 만드는 라캉의 능력, 다시 말해 라캉 이론의 탁월한 심미적 자극이다. 하지만 바로 그러한 것이 비평가들로 하여금 과연 이것이 진지한 이론인가에 대해 의심을 품게 만든다.

거울단계와 주체의 탈중심화

그럼에도 불구하고 라캉은 프랑스에서 최초로 경험에 근거한 이론을 전개한 이론가 중 하나라는 공적을 인정받고 있다. 그는 저 유명한 거울단계에 대한 논문의 서두에서 경험에 대하여 다음과 같이 말한 바 있다. "경험은 우리로 하여금 코기토에서 출발하는 모든 철학에 맞서게 한다."(Lacan 1991a, 63) 라캉은 이 논문에서 프로이트와 매우 유사한 방식으로 데카르트의 코기토 철학에 맞서 탈중심적 주체성이라는 모델을 내놓는다. 탈중심적 주체성은 6개월에서 18개월 사이의 아이가 거울을 통해 자기 자신을 인식하고, 이러한 인식에 환호하며 열광하는 경험으로부터 추론된다. 라캉은 정신분석학적 의미에서 이러한 자기인식의 초기형태를 하나의 동일시로 규정하고, 어떤 상(象)을 주체적으로 내면화하는 과정으로 규정하는데, 이러한 과정은 주체를 탈중심화한다. 주체가 거울단계에서 경험하는 탈중심화의 형식을 라캉은 후에 다음과 같은 언어유희를 통해 표현한다. "나(je)는 내(moi)가 아니고, 주체(Subjekt)는 개체(Individuum)가 아니다."(Lacan 1980, 9) 이를 통해 라캉이 말하고자 하는 것은 한편으로는 자기 스스로에 대해 확신하는 나(철학적 전통에서의 성찰적인 자의식 모델)는 아이의 유동적인 미숙성을 오인된 일치로 이끄는 자기기만의 결과물로서의 나(moi)라는 점이다. 다른 한편으로 '나'(ich)'와 '자기 자신(sich selbst)'의 비동일성이라는 라캉의 테제가 암시하는 것은, '나'의 완전한 자율성이라는 표상은 겉보기에만 그렇게 보이는 '나'의 자기확신에 항상 개입할 수 있는 타자, 그리고 언어의 상징적 질서에 진입할 때에는 언제나 이러한 개입을 행하는 타자를 단념함으로써만 가능하다는 점이다.

무의식의 억압

라캉은 「무의식의 억압(Das Drängen des Unbewußten)」이라는 그의 중요한 논문에서 다음과 같이 말한 바 있다. "제목에서 알 수 있듯이, 정신분석은 무의식 속에서 발화를 넘어 언어의 전체 구조를 발견한다."(Lacan 1991b, 19) 이처럼 무의식이 언어처럼 구조화되어 있다는 주장에서 그가 출발하고 있다는 점을 고려할 때, 그는 구조주의에 근본적으로 동의하는 입장이라고 할 수 있다. 이 테제가 구조주의적 사유와 일치하는 것은 라캉의 언어관이 일단 소쉬르의 기호 모델을 따르는 것으로 보이기 때문이다. 하지만 라캉은 기표와 기의라는 구조주의의 구분에 대하여 매우 자의적인 해석을 내놓는다. 그의 연구의 중심에 놓인 것은 소쉬르가 강조했던 것처럼 언어기호의 자의성에 근거한 기표와 기의의 연결이라기보다는, 오히려 그들의 분리이다. 소쉬르가 기의(SA)/기표(SE)라는 도식을 제시하여 기호의 두 측면을 명료하게 보여주었다면, 라캉의 관심은 기의나 기표 어느 한쪽이 아니라 그 둘 사이의 도식적 구분선을 향한다. 라캉은 기표와 기의 사이의 구분선을 다음과 같이 정의한다. "기의 위의 기표, 여기서 '위'란 가로선(barre)에 해당하는 것으로서 그 둘을 분리시킨다."(Lacan 1991b, 21)

언어의 차단목

언어기호인 '나무(Baum)'—프랑스어로 "arbre"—에 대한 소쉬르의 애너그램으로 유명한(Starobinski 1980) 가로선(barre)은 "건널목"을 의미하는 것이 아니라, "오히려 분리와 저항, 즉 차단목(Barriere)과 비대칭을 만들어내는데, 이로 인해 소쉬르의 체계는 근본적으로 흔들리게 된다."(Wahl 1973, 413) 라캉이 의미에 대한 저항을 기호에 부여하는 근거는 '가로선'이 환유적인 치환 작업을 토대로 기표가 하나의 기의와 연결되는 것을 막고 있다는 것에 있다. 바로 이 지점에서 라캉은 야콥슨의 은유와 환유에서 출발하고 있으면서도, 동시에 프로이트에로의 언어지향적 회귀라는 의미에서 야콥슨을 확장한다. 이는 야콥슨의 은유와 환유에서 라캉이 프로이트의 치환과 억압이라는 개념을 재

발견하고 있기 때문이다. 왜곡(Entstellung)에 대한 프로이트의 이론에서 라캉은 그에 상응하는 "기표 아래로 기의의 미끄러짐"(Lacan 1991b, 36)을 파악한다. 이 미끄러짐으로 인해 폴 리쾨르가 프로이트에게서 발견했다고 주장한 바 있는(Ricœur 1974) 의미라는 해석학적 범주의 자리에 라캉에게서는 무한한 기표의 연쇄가 들어선다.

환유적 치환과 은유적 압축

라캉의 언어이론이 기표를 기치로 내세우면서 전제하는 것은 "다른 의미를 필연적으로 밀어내지 않는 의미는 없다"(Lacan 1991b, 22)는 것이다. 기표 아래로 기의가 미끄러짐에 있어 결정적 중요성을 지니는 것은 환유적 치환 작업이다. 야콥슨처럼 라캉은 수사학적 전통에 동의하면서 은유를 대체에 근거하는 유사성의 어법으로 정의한다. 즉, 라캉에 따르면 은유의 구조는 "기표가 또 다른 기표로 대체되면서 시적이거나 창조적인 의미작용이 발생한다는 것"(Lacan 1991b, 41)을 보여준다. 반면에 그는 환유를 의미, 즉 기의를 끝없는 치환 작업에 종속시키는 어법이라고 정의한다. 환유는 다음과 같은 사실을 알려준다. "기표와 기표의 연결은 뭔가를 배제시키고, 이러한 배제를 통해 기표는 존재의 결핍을 대상관계로 끌어들인다."(Lacan 1991b, 41) 라캉에 따르면 환유적인 치환 작업이 유사성과 대체를 통한 의미생산이라는 은유의 원칙 위에 겹쳐지는데, 이때 환유적인 치환 작업은 의미의 생산 과정을 방해한다. 은유적인 계열체의 영역에 환유적인 통합체의 영역을 중첩시키는 것이 여전히 해석학적으로 규정된 다의성이라는 형식으로 귀결되는 야콥슨의 경우와 달리, 라캉에게 있어 은유적인 유사성을 조건으로 하는 치환으로서의 환유는 폐기될 수 없는 "존재의 결핍"으로, 의미의 영점(Nullpunkt)으로 되돌아간다. 라캉이 이 영점의 근거로 삼는 것은 프로이트가 말한 남근 부재 경험이다 (Derrida 1987 참조).

존재의 결핍

은유와 환유의 상호작용으로부터 라캉이 추론해낸 것은 "환원 불가능성이며, 바로 그 안에서 기의에 대한 기표의 관계를 통해 의미의 저항이 구성된다."(Lacan 1991b, 41) 이를 통해 포스트구조주의 언어이론이 규정하고 있는 "기표 질서의 우위"(Wahl 1973, 413)가 암시된다. 즉, 기표는 결코 목적지에 도달하지 못하는 통지서를 운반하는 전령의 역할을 넘겨받는다. 라캉은 무의식의 언어적 작업에 대한 이러한 견해를 에드거 앨런 포의 『도둑맞은 편지(*Der entwendete Brief*)』에 대한 탁월한 독법에서 입증하려 한 바 있다. 이를 통해 그는 빗나가는 전언으로서의 언어에 대한 해체주의적 모델을 선취하였을 뿐만 아니라, 동시에 언어라는 체계 속에서 문학이 차지하는 특수한 위치를 환기시킨다. 야콥슨에게서처럼 라캉에게서도 언어의 문학성은 언어의 자율성의 형식으로 설명되는데, 이는 프로이트의 정신분석을 구조주의적으로 재구성한 것이라고 할 수 있다. 여기에서 언어의 자율성의 형식은 문학성이 언어의 핵심적 기능인 의미에 대한 환멸을 분명하게 드러낸다는 것에 있다. 이렇게 하여 정신분석, 언어학, 시학이 라캉에게서 자의적으로 통합된다. 이러한 통합은 하나의 새로운—하지만 해를 거듭할수록 점점 더 난해해지는—정신분석학적 문학이론을 형성한다. 라캉에 따르면 정신분석학적 문학이론의 과제는 저자의 무의식을 재구성하는 데 있는 것이 아니라, 오히려 텍스트의 무의식을 바로 의미의 거부로서 추적하는 데 있다. 이를 통해 문학은 기표들의 순수한 유희가 된다. 이렇게 하여 라캉은 소쉬르와 야콥슨을 넘어 앞으로 나아가는데, 이는 해체주의에 의해 생산적인 방식으로 수용되었다.

도둑맞은 편지

문학이론에서 라캉이 지니는 의미는 특히 『도둑맞은 편지』에 대한 그의 해석을 살펴봄으로써 확인할 수 있다. 라캉은 세미나에서 항상 문학 텍스트들에 대한 자신의 입장을 표명했는데, 1966년에 처음 출간된 세미나 모음집 『에크리(*Écrits*)』에 포에 대한 논문을 포함시킴으로써 그는 이 논문에 특별한 의미를 부여하였다. 라캉은 먼저 포의 단편을 상상계의 질서와 상징계의 질서를 구분하는 그의 특유한 시각에서 해석한다. 라캉에 따르면 상상계의 영역에서 포의 텍스트는 시선에 대한 상이한 심급을 묘사하는 데 초점을 맞춘다. 상상계의 영역은 상징계의 영역에 의해 가로막힌다. "무의식은 타자의 담론이다"(Lacan 1991a, 14)라는 공식에서 라캉은 하나의 주체가 언어와의 관계 속에서 어떻게 구성되는가라는 근본적인 질문을 제기한다. 라캉에게 결정적인 중요성을 지니는 것은 이 단편에서 편지라는 핵심적 심급이 "실제 언어의 차원에 속한다"(Lacan 1991a, 17)는 사실이다. 여기에서 라캉은 읽고 해석하는 주체가 이미 편지에 대한 자신의 위치에 종속되어 있음을 보여주는 것이 편지의 언어적 전언이라고 해석한다.

타자의 담론: 언어와 부재

라캉은 이 편지를 이중의 의미로 설명한다. 그에 따르면 프랑스어 'lettre'의 개념은 편지뿐만 아니라 언어적 기표의 질서로서의 글자를 (그리고 이를 넘어서서 존재를) 의미한다. 여기에서 기표는 단지 "부재의 상징"(Lacan 1991a, 23)으로서만 작용한다. 부재는 그 어떠한 해독기술로도 없앨 수 없다. 따라서 중요한 것은 편지에 무엇이 쓰여 있는가가 아니라, 제자리에 있지 않은 그 어떤 것을 위해 편지가 놓여 있다는 점이다. '빈 곳'이라는 이 상징적 장소에서 라캉은 무한한 반복의 연쇄로서의 무의식의 탈중심화하는 힘을 다시 인식한다. 그 힘은 오로지 비어있음의 근원적 경험의 치환이라는 형식 속에서만 기표의 기능을 규정한다. 라캉에 따르면 기표의 과제는 하나의 전언을 송신하는 데 있는데, 이 전언은 항상 수취인에게 가 닿기는 하지만 결코 목적지에 도달하지 못한다. 왜냐하면 그것의 길은 오로지 끝없이 이어지는 치환의 행렬로서만 나타나기 때문이다. 전제와 암시가 지극히 많은 포에 대한 라캉의 해석에는 언제나 반론이 따른다. 하지만 라캉의 해석이 심지어 포스트구조주의의 진영에 의해서도 비판을 받았던 것(Derrida 1987 참조)과는 별개로, 포의 『도둑맞은 편지』에 대한 세미나는 정신분석학적 문학해석이 심리적 전기에 매몰되지 않고 텍스트성의 의미에 대한 구조주의적 통찰을 수행하는 방식을 명료하게 보여준다.

5. 구조주의와 마르크스주의: 루이 알튀세르

증상적 독법

정신분석학자 라캉의 언어와 무의식에 관한 연구에서는 소쉬르와 야콥슨의 언어이론과 더불어 프로이트가 중요한 기준점이 되고 있는데, 루이 알튀세르의 이론에서는 칼 마르크스의 철학이 그와 유사한 역할을 하고 있다. 알튀세르의 저작에서는 구조주의 언어이론과 마르크스의 사회비판철학이 매혹적으로 결합되는데, 이는 당대 지식인 전체에게 범례가 되었다. 알튀세르는 문학이론과 직접적으로 관련되는 증상적 독법이라는 개념을 통해 구조주의와 마르크스주의를 연결한다. 알튀세르는 마르크스에게서 그가 "증상적"(Althusser 1972, 32)이라고 부른 독법을 진단했을 뿐만 아니라, 마르크스로부터 구상해낸 증상적 독법의 형식을 마르크스의 텍스트 자체에 적용하려 한다는 것을 강조하였다. 여기에서 결정적인 중요성을 지니는 것은 알튀세르가 현존과 부재, 가시성과 비가시성의 관계를 설명하기 위해 구조주의의 전제인 분류학적 완결성에서 출발한다는 점이다. "이것은 가시적인 영역과 비가시적인 영역의 필연적이면서도 비가시적인 연관관계, 즉 비가시성 특유의 필연적인 모호성을 가시적인 영역의 구조가 산출하는 필연적인 결과로 규정하는 그러한 연관관계로까지 나아간다."(Althusser 1972, 21)

가시성과 비가시성

가시적인 것과 비가시적인 것은 하나의 텍스트 속에 결합되지 않은 채 병렬적으로 놓여있을 뿐만 아니라, 현존과 부재를 동시에 포괄하는 전체로서 구조를 정의할 때 나타나는 공통의 결과이다. 증상적 독법이라는 개념을 가지고 알튀세르가 시도하는 것은 텍스트에 부재하는 것을 분석에 끌어들이는 일이다. 발리바르와 공동으로 출간한 『자본론 읽기(*Das Kapital lesen*)』에서 그가 말하고 있듯이, 증상적 독법은 "읽혀진 텍스트 안에 숨겨져 있는 것을 드러내고, 이것을 처음의 텍스트에—필연적인 부재라는 형태로—현존하는 다른 텍스트와 연관시킴으로써"(Althusser 1972, 32), 부재하는 것의 역사에 대한 구조주의적 재구성에 참여하게 된다. 증상적 독법은 하나의 텍스트를 다른 텍스트와의 관계를 통해 규정하는 현존과 부재의 유희에 토대를 두고 있는데, 이는 언어기호의 자의성과 차이성에 대한 소쉬르의 이론과 유사성을 지닌다. 하나의 텍스트의 의미차원은 그것을 구성하는 타자로부터 비로소 해명된다는 것이 알튀세르의 증상적 독법에 대한 정의인데, 이는 많은 전제를 함축하고 있다. 문예학에서 증상적 독법이 갖는 중요성을 복달은 다음과 같이 설명한다. "이로써 하나의 문학이론이 그 윤곽을 드러낸다. 이 문학이론은 그것이 사용하는 개념들을 전통이라는 경험적 현실에서 끌어내는 것이 아니라, 인식의 과정에서 새롭게 생산해내며, 문학을 역사적 증거로 만드는 것은 구조적 인과성의 이미에서 결정적 역할을 하는 부재라고 규정한다."(Bogdal, 1997, 99) 동시에 알튀세르는 저자, 작가, 독자라는 해석학의 3요소에 대해서도 새로운 평가를 내림으로써, 담론분석의 본질적인 통찰을 선취한다. 즉, 증상적 독법은 해석학에서처럼 한 텍스트의 의미에 대해 묻는 것이 아니라, 의미를 산출하는 (이데올로기적인) 구조조건에 대해 질문을 던진다. 텍스트가 의미라는 해석학적 범주만으로는 해명되지 않는 구조조건에 종속되어 있다는 통찰을 통해 파리 고등사범학교(École Normale Supérieure)의 교수 알튀세르는 한 세대의 지식인 전체에 엄청난 영향을 끼쳤는데, 이들은 후에 "포스트모던"(Welsch 1987, Zima 1997, Neumann 1997 참조)이라는 논란이 많은 집합 개념으로 불리게 되었다. 미셸 푸코, 질 들뢰즈, 자크 데리다 등 여러 학자들이 알튀세르의 저서 및 그의 이론과의 복잡한 대결을 통해 자신들의 이론을 구축했던 것이다.

알튀세르와 라캉

마르크스뿐만 아니라 라캉에 의해 매개된 프로이트의 정신분석도 알튀세르에게 중요한 지적 자극을 주었다. 알튀세르는 특히 상징계, 상상계, 실재계라는 라캉의 구분에서 그의 마르크스 연구를 처음부터 규정하였던 이데올로기 비판의 계기를 다시 발견할 수 있었다. 여기에서 핵심적인 위치를 차지하는 것은 상상계의 개념이다. 라캉의 정신분석을 모범으로 삼아 알튀세르는 다음과 같이 확언한다. "인간 주체는 탈중심적이다. 인간 주체는 '중심'을 갖지 않은 구조에 의해 구성된다. 이 중심은 상상적 오해 속에서, 다시 말해 자아가 스스로를 '인식'하는 이데올로기의 형성을 통해 생겨난다."(Althusser 1976, 35) 라캉의 상상계이론과 밀접하게 연관된 이데올로기 비판 개념이 정신분석과 알튀세르의 접점인 것이다. 이러한 배경에서 알튀세르는 프로이트 외에 마르크스와 니체도 동일한 일을 수행한 대표자들로 나타내는데, 그것은 다름 아닌 이데올로기적 편견에 사로잡혀 있는 인류를 계몽시키는 일이다.

마르크스, 니체, 프로이트

1964년에 알튀세르는 "내가 아는 한 19세기의 진행과정에서 사람들이 기대하지 않았던 세 아이가 세상에 나왔다. 마르크스, 니체, 프로이트가 바로 그들이다"(Althusser 1976, 9)라고 말한 바 있다. 이를 통해 60년대 중반의 알튀세르는 구조주의와 포스트모더니즘 사이의 상징적인 갈림길에 서게 된다. 즉, 한편으로 그는 프로이트가 마르크스, 니체와 공유하는 계몽의 역사적 형태로서의 정신분석을 고수한다. 하지만 다른 한편으로 그는 탈중심화된 주체성이라는 개념을 통해 휴머니즘적 계몽철학을 궁극적으로 극복하기 위한 토대를 마련하는데, 알튀세르를 직접적으로 계승한 푸코와 데리다 같은 이론가들은 이제 마르크스와 프로이트가 아니라 니체와 하이데거를 통해 그러한 극복을 시도한다(Derrida 1994 참조).

6. 구조주의 문학이론: 롤랑 바르트

구조주의적 활동

라캉과 알튀세르의 이론이 프로이트와 마르크스라는 이름과 밀접한 관련을 맺고 있었다면, 구조주의적 사유가 문학이론에 영향을 끼치게 된 것은 롤랑 바르트에게서 시작된다(Dosse 1999, 303쪽 이하 참조). 바르트의 구조주의이론을 하나의 개념으로 쉽게 정리할 수는 없다. 그의 논문 「구조주의적 활동(Die strukturalistische Tätigkeit)」에서 확인할 수 있듯이 바르트 역시도 소쉬르와 현대 언어학을 출발점으로 삼고 있다. 그러나 그는 이론적으로 단일화할 수 없는 구조주의 운동의 근본적인 다양성을 강조한다. “구조주의란 무엇인가? 그것은 어떤 학파도 아니요, 하나의 운동도 아니다.”(Barthes 1966, 190) 따라서 바르트는 구조주의를 엄격한 학문이라기보다는 “활동”(Barthes 1966, 191)이라고 부른다. 이 활동은 초현실주의 같은 아방가르드 사조와 유사한데, 왜냐하면 이것은 살아있는 활동으로서 개방성과 비완결성이라는 성격을 지니고 있으며, 이 점에서 모든 종류의 학교교육에 이질적인 것이기 때문이다.

초현실주의에서 차용해온 아나키즘적인 기본태도에도 불구하고 바르트의 이론이 자의적인 것은 결코 아니다. 그는 구조주의적 활동의 과제를 문학 텍스트의 기능적 맥락에 초점을 맞춰 다음과 같이 정의한다. “성찰적 활동이든 시적 활동이든, 모든 구조주의적 활동의 목표는 하나의 ‘대상’을 이러한 방식으로 재구성할 때 그 대상이 어떠한 법칙에 따라 기능하는가(무엇이 그 대상의 ‘기능들’인가)를 밝혀내는 데 있다.”(Barthes 1966, 191) 바르트와 더불어 구조주의는 문예학의 형식주의로의 전환을 불러온다. 텍스트의 의미가 아니라, 그 텍스트를 기능하게 하는 법칙들에 대한 질문이 분석의 핵심에 놓이게 된 것이다.

분해와 배열

바르트는 구조주의적 활동을 두 개의 상호 보완적인 접근방식으로 구분한다. 이 접근방식은 야콥슨과 라캉이 은유와 환유를 끌어들이면서 그랬던 것처럼 궁극적으로 소쉬르의 통합체와 계열체 구분으로 소급된다. “분해(découpage)와 배열(agencement)”(Barthes 1966, 193)이 바로 그것이다. 분해라는 개념을 통해 바르트는 언어기호의 차이성에 관한 언어학의 명제를 받아들인다. "최초의 대상을 분해함으로써 우리는 그 대상을 구성하는 파편들을 발견하는데, 이 파편들의 미세한 차이가 특정한 의미를 만들어낸다."(Barthes 1966, 193) 바르트는 소쉬르를 모범으로 하여 언어의 기호체계가 지니는 차이라는 특성으로부터 의미의 차원을 이끌어낸다. 즉, 의미는 개별적이고 파편적인 요소들에 의해 좌우되고, 이들 사이의 차이로부터 비로소 의미 있는 전체가 생겨난다는 것이다(Barthes 1987 참조).

기능적인 것

바르트는 분해의 분석적 작업을 보완하는 역할을 배열의 종합적 작업에 부여한다. 배열은 분해를 통해 얻어진 기본요소들을 새롭게 조합하는 일이다. "구조주의적 인간은 주어진 기본요소들에서 연관법칙을 찾아내거나 부여해야 한다. 이것이 명명의 활동에 뒤따르는 배열의 활동이다."(Barthes 1966, 194) 바르트에게 있어 분해가 소쉬르와 야콥슨에게서 계열체가 지니고 있던 기능을 넘겨받은 것이라면, 배열은 통합체의 영역에 해당한다. 즉, 일단 분리되었던 선택요소들에 순서나 질서의 형식을 부여하는 것이다. 여기서 분해와 배열은 텍스트 속에 숨겨서 있는 의미를 재구성하도록 돕는 것이 아니라, 오히려 모사품(*Simulacrum*)을 만들어내는 일에 종사한다. 바르트는 이 모사품을 "기능적인 것(das Funktionelle)"(Barthes 1966, 195)이라고 부르고, 이것을 문학분석의 본래적 목표로서 제시한다.

기호학의 모험

바르트가 의미라는 전통적 해석학의 범주를 언어기호의 기능성이라는 범주로 대체함으로써, 마침내 구조주의는 문예학에 진입할 수 있게 되었다. 하지만 바르트의 위치를 구조주의에 국한시킬 수는 없다. 그의 후기 저서에서 바르트는 구조주의에서 포스트구조주의로 옮겨가는 조짐을 보인다(Röttger-Denker 1989, Münker/Roesler 2000, 22쪽 이하 참조). 그의 이론의 출발점은 기호에 관한 현대적 학문으로서의 기호학에 머물러 있다. 하지만 그가 구조주의를 비완결적 활동이라는 개념으로 정의한 것에서 암시되듯이, 바르트는 기호학을 완결된 학문적 체계가 아닌 하나의 모험으로, 즉 기호의 모험으로 이해한다. "기호학이란 내게 무엇을 의미하는가? 그것은 하나의 모험이다. 요컨대 그것은 나에게 **닥쳐온**(기표들로부터 나에게 일어난) 그 어떤 것이다."(Barthes 1988, 8) 기호학의 모험이라는 공식은 그 수수께끼 같은 정의와 기표에의 특권 부여를 통해 라캉을 상기시키는데, 이 공식은 바르트 문학이론의 핵심 개념으로 나아간다. 그의 문학이론의 핵심 개념은 구조 개념이 아니라, 글쓰기(écriture) 개념이다. "글쓰기는 한 개인(저자)의 진리가 아니라, 언어의 진리이다."(Barthes 1988, 12)

글쓰기 개념

언어의 개별적 실행이라는 점에서 글쓰기는 소쉬르의 파롤 개념을 대체하려는 것이라 할 수 있는데, 이 개념을 도입함으로써 바르트의 이론은 데리다가 구상한 해체주의처럼 문자성에 대한 이론의 편에 선다. '글쓰기' 개념은 그의 첫 번째 저작 『영도의 글쓰기(*Le degré zéro de l'écriture*)』에서 그의 후기 저작에 이르기까지 바르트 이론의 핵심적 원리가 되고 있다(Ette 1998, 62-66). 언어의 개별적 측면과 보편적 측면을 결합하고 있는 이 개념은 현대의 구조주의적 사유를 기표의 학문으로 규정하는 근거가 된다. 바르트는 "체계의 쾌락이 내게는 학문의 초자아를 대체하였다"(Barthes 1988, 10)고 말한 바 있는데, 이를 통해 그는 자신의 학문적 작업이 정신분석학의 비판적 수용을 통해 쾌락주의적 예술의 측면을 끌어들이고 있다는 사실을 보여준다(Lindorfer 1998 참조). 여기에서 "텍스트의 쾌락"이라는 핵심어가 문학 텍스트 독법의 개인적 양식에 면죄부를 주는 것으로 받아들여져서는 안 될 것이다. 이것이 구현하고자 하는 것은 구조주의의 엄격한 학문적 특성에 대한 균형추 역할이다. 기호학의 비완결적 모험으로서의 구조주의적 활동이라는 테제를 통해 바르트는 구조주의를 넘어서서 언어기호에 대한 개방적 이론으로 나아간다. 이 이론은 데리다, 푸코, 들뢰즈 등의 학자들에 의해 계승된다.

7. 구조주의와 문학 비평: 제라르 즈네트

구조주의와 문예학

학계에서 아웃사이더였던 바르트가 파리 구조주의에서 문예학 진영을 대표하는 유일한 인물은 아니었다. 제라르 즈네트 또한 구조주의적 사유에 입각한 문예학에서 중요한 역할을 했다. 즈네트와 바르트의 이론 사이에는 근본적인 공통점들이 존재한다. 분해와 배열이라는 개념을 사용했던 바르트와 매우 유사하게 즈네트 역시 구조주의적 활동의 분석적 측면과 종합적 측면을 구분한다. 문학비평이 구조주의적 활동 자체와 동일한 대상을, 즉 소쉬르식으로 말하면 랑그라는 영역을 다루기 때문에, 그는 문예학을 문학의 메타 담론으로 정의

한다. 이 점에서 그는 언어의 시적 기능과 학문적 메타 담론을 구분하는 야콥슨과 입장을 달리한다. 그리고 바르트처럼 즈네트 역시 문학적 대상이 아니라 그것을 규정하는 문학적 기능에서 출발점을 찾는다. "우리는 문학을 너무나 오랫동안 코드 없는 전언으로 고찰해왔기 때문에 이제 그것을 전언 없는 코드로 고찰하는 일이 필요하게 되었다."(Genette 1972, 74)

전언 없는 코드로서의 문학

전언 없는 코드라는 공식과 더불어 즈네트는 야콥슨에 의해 널리 알려진 문학언어의 자율성이라는 명제를 받아들인다. 하지만 즈네트는 코드의 기능뿐만 아니라 더 나아가 그것이 의미의 근원적 형식으로 이해되지 않는 한에서 전언의 영역 자체에도 관심을 갖는다. "구조주의적 방법은 코드 속에서 다시 전언에 부딪히는 바로 그 순간에 탄생하였다. 그러나 여기에서 전언은 더 이상 외부의 이데올로기적인 편견에 의해 강요되는 것이 아니라, 내재적 구조의 분석을 통해 모습을 드러낸다."(Genette 1972, 74) 이러한 배경에서 즈네트는 형식만이 아니라, 형식과 의미의 결합을 그의 연구의 중심에 놓는다. "구조주의적 분석은 순수한 형식주의와 고전적 사실주의 사이의 영역에서 낱말들의 유비성의 추구를 보편적인 상동성의 추구로 대체함으로써 형식체계와 의미체계 사이에 존재하는 결합을 발견해야 한다."(Genette 1972, 75) 이 점에서 즈네트는 바르트가 말한 형식을 통한 의미의 대체를 계속 수행하고 있는 것처럼 보인다. 하지만 동시에 그는 이를 다시 철회한다. 즉, 구조주의적 분석의 첫 단계가 텍스트의 기능적 상관관계들을 파악하는 데 있다면, 두 번째 단계에서는 텍스트의 형식과 의미의 결합을 확보하는 것이 중요한 작업으로 나타난다. 이를 통해 형식을 구조주의적으로 분석하는 것과 형식과 의미의 관계를 미학적으로 분석하는 것 사이의 연관관계가 암시되는데, 이것이 즈네트의 후기 연구에서 주된 작업이다.

프루스트에게서 나타나는 은유와 환유

즈네트는 언어의 문학적 기능에 대한 이론과 야콥슨의 은유와 환유 구분을 연결한다. 특히 프루스트에 관한 여러 논문들에서 즈네트는 은유와 환유에 대한 구조주의적 구분을 문학분석을 위해 유용하게 활용할 수 있었다. 프루스트에 대한 그의 연구에서 주요 대상이 되는 것은 "**은유 속에서의** 환유의 역할"(Genette 1966, 42)이다. 야콥슨이 파스테르나크에 대해 표명했던 것의 연장선상에서 즈네트는 언어의 은유축이 환유와 겹치는 것이야말로 프루스트 산문의 토대라고 강조한다. "프루스트가 말했듯이 은유가 없으면 참된 기억도 없다. 이에 덧붙여 우리는 이렇게 말하고자 한다. 환유가 없으면 기억의 결합도 없고 **역사**도 없으며, 소설도 없다."(Genette 1966, 63) 하지만 즈네트는 환유의 기능이란 프루스트의 작품을 규정하는 기억의 관계들이 은유적으로 성취된 것이 아니라, 오히려 텍스트의 진리층위가 언어적으로 치환된 것으로 본다. 프루스트의 『잃어버린 시간을 찾아서(*Recherche*)』에 대하여 즈네트는 이렇게 말한다. "그것은 전적으로 본질을 드러내는 것을 지향함으로써, 오히려 그것으로부터 계속해서 멀어지게 된다. 그리고 이렇게 놓쳐버린 진리, 즉 소유권의 박탈로부터 비로소 작품으로서의 가능성과 진정한 소유권이 생겨난다. 프루스트의 글쓰기처럼 그의 작품도 일종의 팰림프세스트(Palimpsest, 다른 텍스트를 써넣을 자리를 마련하려고 적힌 글의 일부나 전부를 지운 양피지: 역주)이다. 그 안에는 다양한 비유법들과 의미들이 혼합되고 서로 얽혀 있으며, 이들이 모두 동시적으로 현존하고 있어, 오로지 풀어낼 수 없는 전체성 안에서만 해독될 수 있다."(Genette 1966, 67)

팰림프세스트

은유와 환유의 역할을 "본질의 현시"가 아닌 팰림프세스트로서, "놓쳐버린 진리"로서 이해함에 따라, 즈네트는 후에 폴 드 만이 그랬던 것처럼(de Man 1988, 91-117 참조) 프루스트를 해체주의적으로 설명한다. 이로써 즈네트는 구조주의와 포스트구조주의의 경계가 유동적임을 보여준다.

8. 또 다른 구조주의: 앙리 메쇼닉

반(反)구조주의

구조주의의 역사에서 중심적인 의미를 차지하고 있는 소쉬르에 대한 수용은 두 개의 대립되는 노선으로 구분되는데, 이 두 노선이 오늘날까지 프랑스 언어학의 전개과정을 규정해왔다. 그 하나의 노선은 소쉬르에서 출발하여 야콥슨, 라캉, 바르트를 거쳐 크리스테바, 데리다, 푸코의 포스트구조주의 이론에 이른다. 또 다른 노선은 소쉬르에서 출발하여 방브니스트를 거쳐 앙리 메쇼닉으로 이어진다. 위르겐 트라반트가 보여주었듯이(Trabant 1990 참조), 이 상이한 수용노선을 하나로 묶어주고 있는 긴장관계로부터 메쇼닉 시학의 비판적 작업이 전개된다. 이 작업은 체계를 통한 구조 비판, 리듬을 통한 기호 비판, 담론을 통한 랑그 비판이라는 세 가지 방식으로 나타난다.

메쇼닉과 포스트구조주의

프랑스에서 시작된 "새로운 문학이론들"(Bogdal 1997 참조)에 대한 뒤늦은 열광을 생각해볼 때, 파리 출신의 작가, 언어학자, 문예학자인 앙리 메쇼닉의 저서가 국제무대에서 지금까지 거의 주목을 받지 못했다는 것은 매우 기이한 일이다. 메쇼닉이 이처럼 거의 도외시된 이유는 무엇보다도 그가 자신의 나라에서 전개된 구조주의와 신구조주의이론에 대하여 긴장관계를 구축했기 때문이다. 지난 수십 년 동안 언어학과 문예학이 주로 프랑스 학자들에게서 영감을 얻어왔던 데 반해, 메쇼닉은 그의 포스트모더니즘 동료들에 대해 비판적인 입장을 견지해왔다. 방문객으로 넘쳐나는 파리의 포스트구조주의라는 집에서 메쇼닉은 조용한 세입자라기보다는 오히려 평화의 교란자이자 불평가로서 독립적이고 불편한 입장을 표명해왔다.

구조주의와 무관한 소쉬르

메쇼닉이 구조주의에 맞서 내세우는 모토는 매우 간단하다. "구조주의와 무관한 소쉬르"(Meschonnic 1995, 88)가 바로 그것이다. 『리듬의 정치학(*Politique du Rythme*)』에 나오는 이 말은 소쉬르에 대한 구조주의적 수용으로부터 소쉬르 자신을 구별하려 하는 메쇼닉의 언어학적 시학의 기본명제이다. 메쇼닉에게 "구조주의와 무관한 소쉬르"가 의미하는 바는 구조에 대한 사유가 체계에 대한 사유로 대체되어야 한다는 것이다. 메쇼닉의 이러한 소쉬르 독법은 소쉬르가 보여준 것은 체계의 개념이지 구조의 개념이 아니라는 사실에 근거를 두고 있다. 이에서 더 나아가 메쇼닉의 비판이 근본적으로 겨냥하고 있는 것은 역사와 구조의 대립에 있다. 구조주의가 랑그라는 구조의 원칙을 끌어들여 언어의 역사적 차원에 작별을 고했던 반면에, 소쉬르는 체계라는 중심 개념을 통해 언어의 공시적 측면과 통시적 측면을 결합시켰다고 메쇼닉은 지적한다. "소쉬르가 사용한 단어**체계**는 역사성과 이율배반적 관계를 이루지 않지만, 구조주의의 개념 **구조**는 비역사적이다."(Meschonnic 1995, 137) 이에 따라 메쇼닉은 소쉬르의 체계 개념을 구조 개념으로 대체하는 것이 언어이론의 진보가 아니라, 오히려 언어의 역사적 차원을 시야에서 지워버리는 축소라고 본다.

리듬과 기호

메쇼닉은 한편으로 언어가 지니는 체계의 성격에 근거를 두고, 다른 한편으로는 방브니스트에게서 차용한 리듬 개념에 눈길을 돌려 구조주의의 기호 모델을 비판한다. 구조주의가 추구하는 "기호의 정치"에 메쇼닉은 "리듬의 정치"를 맞세움으로써, 기호학의 모던적·포스트모던적 모델에 대항하는 현대성의 시학이 나아갈 길을 마련하려 한다. "리듬은 반기호학에 토대를 제공한다"(Meschonnic 1982, 72)는 메쇼닉의 말은 기호학에서 시학을 해체하려는 구조주의의 시도에 저항하려는 의도에서 나온 것이다. 메쇼닉의 리듬 개념이 거둔 비판적인 성과가 무엇보다도 구조주의의 기호 모델에 대한 단호한 거부에 토대를 두고 있다면, 그의 시학이 거둔 긍정적인 성과는 기표와 기의의 기호학적인 차이에서는 도출될 수 없었던 의미이론을 정초하였다는 데 있다. 메쇼닉은 발화에서 인어의 운동을 표현하는 리듬을 담론과 연결함으로써 구조주의의 비연속적 기호 모델에 응수한다. 방브니스트의 논문 「'리듬' 개념과 그것의 언어적 표현(Der Begriff des 'Rhythmus' und sein sprachlicher Ausdruck)」에서 차용한 리듬이라는 개념을 이용한 메쇼닉의 구조주의 비판이 겨냥하고 있는 것은 구조주의가 현대 기호학과 공유하는 계기, 즉 언어의 형식적 측면이다. 소쉬르는 언어를 실체(Substanz)가 아니라 형식으로 파악할 것을 요구함으로써, 언어의 형식적 측면을 현대 언어학의 중심에 놓은 바 있다. 그러나 메쇼닉은 언어의 형식적 측면을 랑그라는 구조주의적 체계가 아니라, 언어의 담론적 성격과 연결한다. 방브니스트는 그리스어에서는 이미 리듬이라는 표현이 "언제나 오로지 '형식' 개념과"(Benveniste 1974, 369) 관련되어 있다는 사실을 지적한 바 있다.

운동 속의 형식으로서의 리듬

도식(Schema), 형태(Morphè), 형상(Eidos) 등 흔히 사용되는 그리스어의 형식 개념들과 달리 리듬이라는 개념은 방브니스트가 설명하듯이 형식의 특수한 "형식"을 의미한다. "그것은 즉흥적·순간적·가변적인 형식이다."(Benveniste 1974, 371) 따라서 "고정되고 실현되어 있는, 어떤 의미에서 하나의 대상으로서 주어져 있는"(Benveniste 1974, 370) 형식인 도식과 달리, 리듬은 원칙적으로 언제라도 변할 수 있는 순간적인 형식, "유동적이고 운동하고 유체적인 것을 통해 나타나는 순간 속에서의 형식"(Benveniste 1974, 370쪽 이하)이라고 방브니스트는 규정한다. 방브니스트에 의거하여 메쇼닉은 리듬 개념을 언어의 연속성의 표현이라고 설명한다. 이는 도식이라는 철학적 개념뿐만 아니라 구조라는 언어학적 사유와도 대립한다. 메쇼닉은 리듬 개념을 통해 언어의 역사인류학이론을 제시함으로써 기호의 차이성에 맞선다. 이 이론은 의미와 주체성의 연관관계를 발화의 살아있는 운동으로부터 도출해내려 한다.

> 의미가 주체의 활동이라면, 그리고 리듬이 담론 속에서 의미를 형상화하는 것이라면, 리듬은 필연적으로 주체를 바로 그의 담론 속에서 형상화하거나 구성한다. 따라서 리듬에 대한 이론은 언어 속에서의 주체에 대한 이론이기도 하다. 주체이론 없는 리듬이론은 리듬이론 없는 주체이론만큼이나 불가능하다. 언어는 주체의 구성요소, 주체의 가장 주체적인 구성요소이며, 구성요소 중 가장 주체적인 것은 리듬이다(Meschonnic 1982, 71).

메쇼닉의 언어의 시학

메쇼닉의 언어관이 파리 학계에서 스캔들을 불러일으켰던 것은 구조주의와 포스트구조주의가 오로지 조롱의 표적으로서만 입에 올렸던 모든 개념들을 다시 끌어들였다는 데 기인한다. 무의식이 언어처럼 구조화되어 있다는 견해와 더불어 라캉이 도입하였던 언어(랑그)에 의한 주체의 해체적 분열에 대해 메쇼닉은 발화(담론) 속에서의 언어, 의미, 주체성의 연관관계를 내세우며 이의를 제기한다. 구조주의 사상에 대한 메쇼닉의 비판은 현대성의 시학이라는 지평 속에서 이루어진다. 현대성의 시학은 훔볼트와 방브니스트를 계승하여 언어와 주체의 관계에 대하여 새롭게 규정하는 것을 목표로 한다. 메쇼닉에 따르면 언어는 랑그의 구조만으로는 충분히 설명될 수 없다. 오히려 언어의 담론적 성격은 언어 속에서 구성되는 주체의 현전을 내포한다. 현대의 언어학적 사유가 지배하는 시대에 시학을 새로이 규정하려 함으로써 메쇼닉은 구조주의에 대한 대안을 입안하였는데, 이것이 열어놓은 가능성은 아직 고갈되지 않고 우리 앞에 열려 있다.

9. 구조에서 차이로: 질 들뢰즈와 텅 빈 장의 메타포

무엇으로 구조주의를 식별할 것인가?

모든 개별적 차이에도 불구하고 구조주의적 사유의 대표자들에게서 나타나는 공통점은 야콥슨이 도출한 언어의 시적 기능을 그들 작업의 토대로 삼고 있다는 것이다. 구조주의에서 포스트구조주의로의 전환이 이루어졌던 시기인 1967년에 질 들뢰즈는 「무엇으로 구조주의를 식별할 것인가(Woran erkennt man den Strukturalismus?)」라는 에세이에서 구조주의적 사유의 전제가 되는 조건들에 대해 다시 질문을 던진다. 여기에서 들뢰즈는 그가 구조주의의 특징이라고 여기는 다양한 형식적 기준들을 제시한다. 들뢰즈는 라캉과 알튀세르를 이어받아 "실재계의 질서나 상상계의 질서로 환원될 수 없는, 이보다 더 깊은 곳에 뻗어 있는 상징계의 질서를 정립하는 것"(Deleuze 1975, 272)이 구조주의에서 우선적인 중요성을 지니는 특징이라고 설명한다. 들뢰즈에 따르면 구조주의를 식별케 하는 두 번째 특징은 '구조'의 위상기하학적(topologisch)이고 상관적(relational)인 성격이다. "중요한 것은 실재계가 확장된 곳에 있는 어떤 자리나 상상계의 영역에 있는 장소들이 아니라 근본적으로 구조적인 공간, 즉 위상기하학적인 공간에 있는 자리나 장소들이다."(Deleuze 1975, 274)

차이와 부재

나아가 들뢰즈는 구조주의의 특징으로 차이와 계열을 든다. 그가 제시하는 마지막 기준은 "텅 빈 장(場)의 역설(das Paradox des leeren Feldes)"(Deleuze 1975, 298)이다. 텅 빈 장이라는 말로 들뢰즈가 가리키는 것은 구조주의를 특징짓는 역설적인 근본적 상황이다. 구조주의적 사유의 토대에 대한 질문에 들뢰즈는 "상징적인 요소들을 서로 규정해주는 차이의 관계의 체계(System differentieller Verhältnisse)"(Deleuze 1975, 279)라고 응답하는데, 이는 구조주의에서 차용해온 것이다. 하지만 들뢰즈는 차이의 관계의 체계가 구조주의적 사유의 전제들로는 더 이상 모순 없이 매개할 수 없는 근본조건 아래 놓여있음을 지적한다. 즉, 구조주의 언어이론은 완결적인 분류학적 영역 안에 있는 개별 요소들의 차이와 부재를 토대로 하고 있는데, 바로 이 때문에 기호체계의 중심에는 텅 빈 지점이 생겨나고, 개별적인 기호요소들은 바로 그 주위에 비로소 모이게 된다는 것이다.

구조의 탈중심화

들뢰즈는 텅 빈 장을 구조주의적 사유의 중심에 놓음으로써, 구조주의에서 포스트구조주의로의 이행을 실행한다. 이는 이미 라캉, 알튀세르, 바르트의 저서에서도 암시되었던 것이다. 이러한 이행은 언어체계를 완결적인 분류학적 영역의 체계로 보는 사고를 해체하고, 이에 대항하여 열린 구조라는 사상을 전개한다. 열린 구조에 대한 사상은 어떤 중심도 알지 못한다. 구조의 중심을 지배하는 것은 텅 빈 하얀 점이기 때문이다. 개별적인 입장들의 그 모든 차이에도 불구하고 푸코, 들뢰즈, 데리다, 드 만과 같은 다양한 저자들의 사상을 서로 연결해주는 공통점은 언어학의 구조 및 해석학의 주체성이론을 탈중심화하려는 시도에 있다. 이에 있어 텅 빈 장의 메타포는 들뢰즈로 하여금 그가 푸코, 데리다와 공유하는 또 하나의 이행으로 그를 나아가게 하는데, 이를 그는 주체에서 실천으로의 이행이라고 부른 바 있다.

> 구조주의는 결코 주체를 배제하는 사유가 아니다. 오히려 그것은 주체를 산산조각 내어 체계적으로 배치하는 사유, 주체의 동일성에 반론을 제기하고 주체를 해체하여 장소에서 장소로 옮겨 다니게 하는 사유이다. 여기에서 주체는 항상 유목민으로 남아 있으며, 개별자들로 이루어져 있지만 이는 항상 비개인적인 개별자들이고, 특수자들로 이루어져 있지만 이는 항상 개인 이전의 특수자들이다(Deleuze 1975, 299).

유목민적 사유

유목민적 사유라고 하는 들뢰즈의 핵심어는 포스트구조주의의 사유에서 항상 새로운 출발점으로 변주되는 하나의 계기를 가리킨다. 이것이 문제로 삼고 있는 것은 모든 개별자에게 해당되는 산종(Dissemination)의 열린 유동을 지켜내기 위해 자기동일적 주체에 대한 표상을 비판하는 일이다. 의미의 다의성을 다루는 해석학이나 구조주의이론과 달리, 산종은 그 자체로는 의미가 없지만 이를 통해 비로소 의미가 구성되는 분산 운동을 의미한다. 모든 언어적 표현은 바로 이 분산 운동에 예속되어 있다(Derrida 1998, 294 참조). 포스트구조주의로 나아가는 노정에서 들뢰즈가 이해한 구조주의적 사유는 의미요소들의 분산을 실천하는 것이다. 이러한 실천은 고정된 구조에 대해 말하는 것을 더 이상 허용하지 않고, 오히려 구조의 완결성에 대한 사상을 필연적으로 포기하도록 만든다. 이로써 그는 언어적 차이에 대한 사유를 새로운 길로 이끌었는데, 이는 70년대와 80년대에 특히 문학이론에서 활발하게 전개되었다.

V. 해체주의

1. 포스트모던적 지식

60년대의 분기점

구조주의적 사유의 역사와 관련하여 프랑수아 도스는 1966년이라는 시점에 "광명의 해(Lichtjahr)"(Dosse 1999, 456)라는 웅변적인 표제어를 붙여준 바 있다. 구조주의가 1950년에서 1960년 사이에 정점에 도달했다는 것에는 이론의 여지가 없다. 그러나 60년대 후반에 출간된 바르트의 『비평과 진실(*Kritik und Wahrheit*)』(1966), 라캉의 『에크리(*Écrits*)』(1966), 푸코의 『말과 사물(*Die Ordnung der Dinge*)』(1966), 데리다의 『그라마톨로지(*Grammatologie*)』(1967), 들뢰즈의 『차이와 반복(*Differenz und Wiederholung*)』(1968)과 같은 중요한 저서들은 더 이상 단순히 구조주의의 완성으로 볼 수 없다(Descombes 1989 참조). 이 저자들의 사유에서 나타나는 극명한 이질성에도 불구하고 이들을 하나로 묶어주는 것은 차이의 기치하에 구조주의적 사유를 넘어서려는 시도이다. 특히 데리다의 해체주의 철학과 푸코의 담론분석에 힘입어 정치적 격동기였던 60년대 말에 새로운 사유들이 탄생했는데, 이들의 공통된 주장은 "포스트구조주의"(Frank 1983, Laermann 1986, Weber 1986, Munker/Roesler 2000 참조)라는 논란 많은 이름 아래 함께 묶이게 되었다.

구조주의에서 포스트구조주의로

포스트구조주의를 단지 구조주의의 역사적 지속으로 규정한다면, 이는 포스트구조주의의 역사를 제대로 이해하지 못한 것이다. 구조주의와 마찬가지로 포스트구조주의에서도 의미와 주체성의 해석학적 연관관계에 대한 비판이 중요한 문제이기는 하지만 푸코, 들뢰즈, 데리다는 이제 구조주의도 극복하려 한다. 이들은 더 이상 자기완결적인 분류학적 영역의 이념이 아니라, 언어와 차이의 연관관계에 초점을 맞춘다. 이로써 이들은 언어학적 구조주의의 학문적 이상을 포기한다. 구조주의와 포스트구조주의 사이의 차이를 조너선 컬러는 다음과 같이 설명한다. "구조주의자들은 언어학을 모델로 하여 구성요소들 및 그 구성요소들의 조합 가능성에 대한 체계적인 목록, 즉 '문법'을 발전시키고자 하는데, 문학작품의 형식과 의미는 그로부터 도출된다. 포스트구조주의자들은 그러한 기획이 텍스트 자체에 대한 연구를 통해 어떻게 전복되는지를 탐구한다. 구조주의자들은 체계적인 지식이 가능하다고 확신하는 반면, 포스트구조주의자들은 그러한 지식이 불가능하다고 주장한다."(Culler 1999, 21) 포스트구조주의적 사유의 중심에 놓여있는 것은 정합성을 지닌 새로운 학문적 형식을 구축하려는 시도가 아니라, 구조주의와 철학적 해석학을 이끌어왔던 학문적 요구에 비판적으로 문제를 제기하고, 궁극적으로 차이라는 개념을 통해 이를 해체하려는 노력이다. 학문적으로 보증된 객관적 지식이라는 것이 체계상으로 불가능하다는 통찰은 해체주의의 다양한 이론들을 서로 연결해주는데, 이는 60년대 후반 이래로 프랑스에서는 철학자 자크 데리다에 의해, 미국에서는 문예학자 폴 드 만에 의해 전개되었다.

차이에 대한 사유로서의 포스트모던

구조주의가 그랬던 것처럼 해체주의 역시 처음에는 학계의 인정을 받는 데 어려움을 겪었다. 그러다가 차이에 대한 포스트모던적 사유는 특히 문학이론의 영역에서 꽃을 피우게 된다. 프랑스 철학자 장-프랑수아 리오타르는 "포스트모던적 지식"의 조건을 감성에 대한 새로운 차원의 긍정 미학이라는 맥락에서 공표한다. 이 점에서 그는 들뢰즈와 공통점을 지닌다. 자크 데리다는 니체와 하이데거의 연장선상에서 서구 형이상학이 로고스 중심주의에 빠져 있었다는 것을 드러내 보여줌으로써 해체주의의 보편적인 토대를 정립한다. 데리다가 보기에 고대 이래로 철학적 사유는 생생한 현전(Präsenz)이라는 표상에 매달려왔다. 이 표상은 자기동일적이고 의미로 충만한 음성이라는 이념 속에서 그 이상을 발견하였는데, 이에 맞서 해체주의는 문자의 새로운 개념을 내세운다. 문자와 텍스트의 관계에 대한 데리다의 연구는 줄리아 크리스테바에 의해 상호 텍스트성이라는 혁신적인 개념으로 전개되었다. 미국의 문학비평가 해럴드 블룸의 초기 저서들 역시 이 개념에 의해 규정된다. 해체주의가 문학이론에서 특별한 의미를 얻게 되는 것은 폴 드 만의 저작을 통해서이다. 상징의 철학적 질서와 알레고리라는 수사학적 비유법 사이의 구분을 토대로 드 만은 특히 미국에서 문예학의 새로운 패러다임으로 급속히 자리를 잡은 새로운 수사학의 이름하에 고전미학을 수정하려 한다. 또한 페미니즘 문학이론은 주로 프로이트의 저작에 대한 비판적 연구를 통해 로고스 중심적 사유의 역사로 전개되어온 서구 형이상학에 대한 비판을 남근중심적 편견을 교정하는 차원으로 확장함으로써 해체주의에 동참했다. 데리다와 드 만이 선포한 언어적 차이에 대한 이론의 틀 속에서 해체주의는 전통적 인문학 진영의 수많은 반대 목소리에도 불구하고 국제적인 명성을 얻게 된다.

해체주의와 담론분석

하지만 해체주의의 비판적 몸짓 역시 취약점을 드러낸다. 해럴드 블룸, 폴 드 만, J. 힐리스 밀러와 함께 '예일 학파'의 대표자 중 한 명인 미국의 문학비평가 제프리 하트먼이 해체주의의 창시자 자크 데리다를 자신의 논문 제목에서 반은 반어적으로, 그리고 반은 애정을 가지고 "미스터 텍스트(Monsieur Texte)"(Hartman 1981, 1)라고 불렀던 것은 데리다의 문자이론에 대한 오마주이자 동시에 해체주의가 처음부터 품고 있던 문제를 지적한 것이기도 하다. 서구 형이상학의 로고스 중심주의에 맞서 데리다가 문자에 대한 평가절상을 시도한 것은 주체의 모든 가능한 경험의 매트릭스가 되는 텍스트의 특권화를 의미하는데, 이에 따라 지식의 텍스트 외적 조건에 대한 물음이 해체주의의 한계로서 제기된다. 이러한 배경에서 미셸 푸코의 담론분석이론과 새로운 문화학은 해체주의의 문자 개념과 단순히 동일시될 수 없는 물질성의 흔적을 추적한다. 해체주의의 패러다임에 일격을 가한 것은 해석학과 수사학 사이의 오랜 논쟁이 아니라, 텍스트를 그의 고유한 역사성과 물질성 속에서 산출해내는 담론의 콘텍스트에 대한 비판적 물음이다.

2. 긍정 미학: 장-프랑수아 리오타르

아도르노와 리오타르

아도르노의 『미학이론』은 어떤 의미에서 미학을 그 전통적인 의미에서 정립하고자 했던 마지막 시도였다고 할 수 있다. 이는 아도르노가 칸트의 자연미이론과 헤겔의 변증법적 역사철학을 고수하고 있기 때문만은 아니다. 아도르노는 미학의 궁극적인 정립의 근거를 부정성의 개념에서 발견한다. 여기에서 부정성의 개념은 이중적 의미를 지닌다. 즉, 아도르노는 미적인 것과 미적이지 않은 것 사이의 차이를 강조함으로써 한편으로 칸트가 공식화한 예술의 자율성에 대한 요구를 다시금 역설하고, 다른 한편으로는 칸트 이래로 철학적 미학을 이끌어온 자율성이라는 근본사상을 통해 예술을 근대의 철학적 이성이 쿠데타를 경험하는 장소로 규정한다(Menke 1991, 13 참조). 포스트모던 미학은 비록 자율적이며 쿠데타적 경향을 띠는 현대 예술의 특징을 고수하기는 하지만, 부정성이라는 개념을 포기함으로써 아도르노의 미학이 정립한 예술의 자율성과 혁명성의 매개관계를 넘어선다. 장-프랑수아 리오타르의 사상에서 부정성의 자리를 대신하는 것은 숭고를 기치로 내세우는 긍정 미학의 이념이다.

거대 서사의 종언

주지하다시피 리오타르는 포스트모던을 거대 서사의 종언이라고 정의한다(Lyotard 1994 참조). 리오타르에 따르면, 바움가르텐과 칸트가 경험의 감성적 형식에 독자적인 정당성을 부여한 이래로 전개되어 온 미학의 역사는 비록 상위의 이성능력 아래 종속되어 변방에 위치하고 있기는 하지만, 그 역시도 모던의 메타 서사에 속한다. 리오타르는 미학이 거두어온 성공의 역사에 대해 그 권리를 인정하면서도 거대 서사의 종언이라는 명제를 가지고 이를 제한한다. 하지만 그는 이와 동시에 미학의 새로운 시작을 공표하는데, 이 시작은 칸트와 감성적 경험의 직접성으로 회귀한다는 점에서, 어떤 의미에서는 미학의 근원으로 되돌아가는 것이기도 하다. 이것을 리오타르는 다음과 같은 공식으로 요약하고 있다. "실험의 시대(장르를 통해 작품을 포만케 하는 풍자의 시대)가 개화하고 있다. 그러니 이제 우리는 배리(背理, Paralogien)를 확산시키자."(Lyotard 1982, 8)

배리

『포스트모던의 조건(*Das postmoderne Wissen*)』에서 리오타르는 배리란 보편타당한 근대의 거대 서사와 달리 국지적이고 전략적인 타당성만을 요구하는 규칙들이라고 설명한다(Lyotard 1994, 175-193 참조). 리오타르는 배리를 언제나 열려있는 비완결적 체계의 패러다임이라고 설명함으로써 구조라는 자기완결적 영역을 개방하려 한다. 이는 포스트구조주의적 사유 전체의 특징이기도 하다. 따라서 기존에 정립된 어떠한 지식 모델에도 적합하지 않은 순전히 새로운 것이 이제 자유롭게 시도되어야 한다. "오늘날 작품이 따라야 하는 유일한 불변의 기준이 있다면, 그것은 아직까지 실험되지 않은 것, 따라서 아직 아무런 규칙도 지니지 않은 것이 그 안에서 가능성으로서, 즉 감수성이나 언어의 가능성으로서 제시되는가이다. 이로써 미학은 이제 반(反)미학이자 배리에 대한 주석이 된다. 그리고 작품 자체는 반시학이 된다."(Lyotard 1986, 72) 이미 확립된 규칙에 대한 거부는 필연적으로 리오타르를 무규칙성의 급진적 철학으로 나아가게 한다. 실험의 개념은 리오타르가 아방가르드의 논리를 신뢰하고 있음을 드러내 보여준다. 아방가르드의 논리에 따르면 미적 경험의 아직 유효한 형식들은 오직 과거의 것을 넘어섬으로써만 성취될 수 있다. 혁신에 대한 아방가르드적 강박과 더불어 리오티르의 미학은 새로운 것, 그리고 시금까지 알려지지 않은 것을 성취하기 위해 기존에 존재하는 것을 넘어서는 것을 관건으로 하는 감성적 긍정의 이론으로 이해될 수 있다.

감성과 강렬함

리오타르에 따르면 미적 경험의 핵심 개념은 강렬함이다. 오직 쾌락 개념을 통해서만 매개되는 감성의 형식의 근본원리인 강렬함은 "현전하는 격정(Affekte in ihrer Präsenz)"(Lyotard 1982, 21)을 의미한다. 리오타르는 70년대에 발표한 글들에서 프로이트의 리비도와 강렬함이라는 두 개념을 결합함으로써, 모든 예술의 목표가 에너지의 양을 활성화하는 데 있다는 것을 보여주려 한다. 즉, 지속적이고 고착화된 질료를 자유롭게 순환하는 에너지 상태로 되돌려야 한다는 것이다. 감성의 강렬함을 풀어놓음으로써 리오타르가 추구하는 목표는 다소 막연하게 정의된 단수형(單數形)의 철학에 있다. 리오타르에게 있어 감성적인 것은 포괄적인 정신의 보편성과 대립하고 있다는 점에서 그 자체로 이미 항상 혁명적인 개별자이고, 그에게 있어 예술은 "의미들을 해체하는 것이 아니라 감수성을 확장하고, 볼 수 없는 것(혹은 들을 수 없는 것)을 볼 수 있게(혹은 들을 수 있게) 만들려는"(Lyotard 1986, 94) 시도로 나타난다. 표현할 수 없는 것을 감각할 수 있게 함으로써 감수성을 확장시키려는 시도야말로 숭고를 표제어로 삼고 있는 리오타르 미학의 토대이다. 단수형에 대한 옹호는 아도르노 철학이 주도했던 규정, 즉 미학이론을 비판의 형식으로 규정하는 것에 대한 거부로 귀결된다. 리오타르는 "이제 필요한 것은 어떤 이론도 갖지 않는 것이다"(Lyotard 1986, 105)라고 선언하고, 여기에 다음과 같은 말을 덧붙인다. "따라서 우리는 비판을 완전히 포기해야만 한다."(Lyotard 1984, 209)

긍정 미학

리오타르의 미학은 그 근본태도에 있어서 긍정적인데, 왜냐하면 그의 미학에서는 단수적 감성으로서의 규칙 없는 강렬함에 대해 긍정적으로 대응하는 것 외에 다른 대응 방법이 전혀 없기 때문이다. 즉, 리오타르에게 있어 순수한 나타남은 그 자체가 이미 감성적 강렬함의 정당화이기도 하다. 이처럼 문제의 소지를 지니고 있는 출발점이 전제로 삼고 있는 것들은 리오타르가 80년대에 칸트의 연장선상에서 구상한 숭고의 미학에서도 거의 변화를 겪지 않는다.

숭고의 르네상스

70년대 초반에 전개된 리오타르의 사상적 기획은 아직 프로이트와 마르크스의 전통 안에 있었다. 그러나 그 이후에는 칸트 미학으로 복귀하려는 경향이 두드러지게 나타나는데, 칸트 미학은 80년대에 들어와 리오타르의 사유에서 점점 더 커다란 중요성을 획득하게 된다. 그는 다음과 같이 강령적으로 선언한다. "변증법적이고 사변적인 이성이 지배한 200년의 시간이 지난 이후에 이제 철학은 다시 칸트와 더불어, 그것도 『판단력 비판』의 칸트와 더불어 새로이 시작된다."(Lyotard 1982, 9) 제3 비판서의 칸트와 더불어 시작되는 리오타르의 미학에서 핵심적인 위치를 차지하는 것은 숭고의 개념이다. 칸트의 연장선상에서 리오타르는 우선 숭고를 미의 대립 개념으로 제시한다. "100년 전부터 예술의 주된 과제는 더 이상 미가 아니고, 오히려 숭고를 통해 촉발되는 그 어떤 것이다."(Lyotard 1989, 231) 문학보다 조형예술에 더 중점을 두었던 리오타르는 이제 고전이 된 모더니즘 예술에 숭고 개념을 부여함으로써, 이미 70년대 초반에 그의 강렬함의 미학을 규정했던 아방가르드와 넘어섬(Überbietung)의 변증법을 계속 전개해나간다.

숭고와 표현 불가능성

리오타르에게 있어 숭고의 개념은 특별한 중요성을 지닌다. 그는 특히 바넷 뉴먼의 작품을 예로 들어 현대 예술의 본질적인 계기를 '표현 불가능성의 문제'라고 규정한다. 칸트는 숭고에 대한 고대 이론의 전통에 반대하여 숭고를 자연의 압도적인 힘에 대항하는 도덕적 주체의 저항으로 정의한 바 있다(Menninghaus 1991 참조). 숭고에 대한 고대 이론은 리오타르에게서도 아무런 역할을 하지 못한다. 리오타르를 포함하여 그가 몸담고 있는 포스트모던 미학 전체는 표현 불가능성이라는 계기를 통해 칸트의 숭고이론이 처음으로 전개하였던 하나의 계기를 부각시킨다. 미와 달리 숭고는 직접적이고 감성적인 직관의 어떤 형식에도 적합하지 않다고 칸트는 주장한 바 있다. 왜냐하면 숭고에서 나타나는 인간의 정신능력은 초감성적 이념이기 때문이다. 칸트에 따르면 이 이념은 자연에 대한 인간 이성의 우위를 보여주는 표지로서 오로지 간접적으로만 모습을 드러낸다. 리오타르는 이러한 칸트의 주장의 바탕에 깔려있는 도덕적 요구보다는 오히려 이로부터 도출되는 미학적 결론에 관심을 보인다. 그것은 표현될 수 없는 대상들이 존재한다는 것, 따라서 간접적인 표현형식 혹은 칸트가 말했던 것처럼 상징적인 표현형식을 요구하는 대상들이 존재한다는 것이다. 이와 관련하여 리오타르에게서는 특히 뉴먼과 모더니즘의 추상예술이 숭고의 지평에서 움직이는 표현 불가능성에 대한 성찰 형식의 예로서 중요한 의미를 지닌다.

일어남으로서의 예술

자신의 논문 「숭고와 아방가르드(Das Erhabene und die Avantgarde)」에서 리오타르는 뉴먼을 예로 들면서 포스트모던적 숭고이론의 함의를 추적한다. 열광(Enthusiasmus)이라는 그리스어 개념에서 유래한 숭고의 이론이 걸어온 오랜 전통을 돌아볼 때, 리오타르의 개념규정은 다소 의아한 느낌을 불러일으킨다. 그는 일어남(Ereignis)이라는 하이데거의 개념을 받아들여 숭고를 어떤 단수적 사건이 "일어나고 있다는 것(quod, Dass)"으로 규정한다. "무언가가 일어나고 있다는 것, 혹은 더 단순한 표현으로 일어나는 것은 우리가 사유할 수 없는 것이다."(Lotard 1989, 160). 리오타르의 정의는 이러한 규정의 이론적 빈약함으로 인해 우리를 놀라게 만든다. 그는 숭고를 단수적 일어남으로, 그저 나타남이라는 단순한 사실로 서술함으로써 숭고이론 또한 긍정미학의 모델에 소급시킨다. 이에 따르면 회화에서 나타나는 예술의 불확정적인 감성과 사건성은 다름 아닌 색과 이미지의 물질적 현전 속에만 존재한다. 리오타르의 숭고이론은 그것이 예술의 사건성을 단지 대상이 주어져 있는 그 상태 자체로 파악한다는 점에서 긍정적이다. "지금 여기에 이 그림이 있다는 것, 그 이상은 아무것도 아니라는 것, 그것이 바로 숭고다."(Lyotard 1989, 165)

나타남의 벌거벗음

이러한 정의를 통해 리오타르는 숭고를 내용적으로 규정하는 모든 가능성을 "벌거벗음(Blöße)"(Lyotard 1989, 187)이라는 말로 차단해버린다. 이 강령적 단어가 그의 논문의 마지막을 장식하고 있는데, 이것은 나타남 자체의 공허함만을 가리킨다. 리오타르의 숭고이론과 더불어 미학은 종말에 도달한다. 아도르노의 부정 미학과의 결별을 의미하는 긍정 미학이라는 기획은 미적인 것을 순전한 나타남 자체로 등장시킴으로써, 보다 엄밀한 모든 규정들을 폐기한다. 말라르메에게서 나온 벌거벗음이라는 은유가 보여주듯이, 리오타르와 들뢰즈의 포스트모던 미학을 규정하는 법칙은 결국 근본적 공허함에 대한 감성적 경험이다.

3. 의미의 논리학을 위하여: 질 들뢰즈

의미의 논리

질 들뢰즈도 리오타르와 매우 유사한 방식으로 미학적 개념을 끌어들여 사유 운동에 동참하는데, 그 이유는 무엇보다도 이러한 사유 운동이 감성적인 것의 계기에 높은 가치를 부여하기 때문이다(Balke 1998 참조). 1969년에 출간된 초기 연구서 『의미의 논리(*Logik des Sinns*)』에서 들뢰즈는 해석학의 의미 개념에 비판적인 질문을 제기하면서, 그것의 역설적인 근본구조를 입증하려 한 바 있다. 그의 고찰의 출발점은 의미와 무의미의 대립이다. 이 연구에서 들뢰즈는 루이스 캐럴의 작품을 실마리로 삼고 있다. 들뢰즈에 따르면 캐럴은 "의미의 역설에 대한 최초의 위대한 탐구이자 최초의 위대한 연출"(Deleuze 1993, 13)을 행한 작가이다. 캐럴에게서 얻어온 의미의 모순에 대한 통찰은 들뢰즈로 하여금 문학 텍스트의 해석학적 심층차원을 근본적으로 거부하고, 그것의 순수한 표면에 특권을 부여하도록 한다. 빈프리트 메닝하우스는 이를 "해석학적 의미 모델의 전환"(Menninghaus

1995, 249)이라고 부르면서, 바로 이것이 들뢰즈로 하여금 의미란 단지 무의미의 기능일 뿐이고, 역으로 무의미는 단지 의미부여의 형식일 뿐이라는 것을 인정하게 만들고 있다고 지적한다. 들뢰즈에게서 나타나는 의미와 무의미의 역설적 결합은 니체에게서 물려받은 것인데, 니체에 따르면 의미는 의미의 개념에 종속되어 있지 않은 심급의 효과로서 이해되어야 한다.

정신분석학 비판

텍스트의 해석학적 심층차원에 대한 표층차원의 우위는 들뢰즈를 급진적인 방식으로 완전히 새롭고 반체계적인 사유형식으로 이끈다. 이러한 사유형식은 무엇보다도 프로이트의 무의식 개념을 거부한다 (Deleuze/Guattari 1988 참조). (남근) 결핍이라는 심급을 내세우는 프로이트와 라캉의 무의식이론과는 달리 들뢰즈는 정신분석가 가타리와의 공동작업을 통해 주체가 오이디푸스화되는 모든 형식을 교묘히 빠져나가는 욕망의 기계, 영원히 생산을 수행하는 욕망의 기계로서의 무의식이라는 개념을 제안한다. 정신분석학의 결핍 개념에 대한 대립 개념으로서 들뢰즈는 제멋대로 뻗어나가는 구조로서의 리좀(Rhizom)이라는 개념을 펼쳐 보인다. 그러한 구조는 위계질서를 만들어내려는 모든 시도들로부터 벗어나 개별자를 개별자와 결합하는 것을 가능하게 한다.

리좀

리좀의 메타포는 포스트모던적 사유에서 가장 커다란 영향을 끼친 이론적 근본비유인데(Balke/Vogl 1996 참조), 들뢰즈에게서 리좀의 은유를 확증해주는 사례들은 문학의 영역에서 발견된다. 그리하여 들뢰즈는 스피노자, 니체, 베르그송 등에 대한 철학적 연구 외에 문학작품, 특히 카프카와 프루스트에 대한 저서들을 거듭 발표하였다(Hesper 1994 참조). 이러한 연구들은 들뢰즈의 사상에 내포된 반체계적이고 쾌락적-무정부주의적인 동인을 명시적으로 보여준다.

카프카의 작은 문학

들뢰즈와 가타리에게 카프카의 작품은 "하나의 리좀, 하나의 건축물"(Deleuze/Guattari 1976, 7)이다. 여기에서의 건축물은 많은 입구들을 지니고 있는 건축물, 중심이 없는 건축물이다. 모든 방면으로 뻗어나가는 카프카의 우주를 하나의 개념으로, 예컨대 아버지의 개념으로 집중시키려는 시도를 들뢰즈는 "재영토화"(Deleuze/Guattari 1976, 11)라고 지칭한다. 이에 반해 문학 자체는 들뢰즈와 가타리가 카프카의 후기 소설 『여가수 조세핀(*Josephine, die Sängerin*)』을 예로 들어 제시한 것처럼 "탈영토화"(Deleuze/Guattari 1976, 11)로 나타난다. 따라서 들뢰즈의 목표는 카프카의 작품 전체를 설득력 있게 해석하는 데 있는 것이 아니라, 텍스트가 그것을 재영토화하려는 시도들에 저항하여 제시하는 "탈주선(Fluchtlinien)"(Balke/Vogl 1996 참조)을 표시하려는 데 있다. 이런 맥락에서 들뢰즈는 열린 독서의 개념을 옹호하고, 특히 카프카가 아버지에게 보낸 편지를 근거로 그의 작품에 대한 정신분석학적 독법의 정당성을 주장하는 입장에 거부를 표명한다. "카프카에게서 인간을 불안하게 (혹은 기쁘게) 만들어주는 것은 아버지나 초자아가 아니라 미국의 기술관료 기계, 소련의 관료주의 기계, 파시즘의 전체주의 기계이다"(Deleuze/Guattari 1976, 187). 들뢰즈는 정신분석학의 무의식이론에 반대하여 기계의 개념을 제시한다. 들뢰즈는 프루스트의 『잃어버린 시간을 찾아서』의 핵심에 놓여있는 문제를 기억의 문제가 아니라 사회적·성적·감성적 기호들에 대한 해석의 문제로 보았는데, 이와 마찬가지로 그는 카프카의 작품에 대해서도 통일적인 의미의 중심을 인정하지 않고, 카프카 글쓰기의 출발점인 관료주의, 현대, 파시즘 등의 계기들을 기계라는 개념을 통해 서로 연결하고, 이에 비판적인 분석을 가한다. 이런 맥락에서 볼 때 카프카 문학의 언어는 더 이상 아버지의 법에 대한 무기력한 반영이 아니라, 현대 관료주의의 냉혹성 앞에서 "작은 문학(littérature mineure)"으로 탈주하려는 시도로 나타난다. 들뢰즈가 "작은" 문학, "소수" 문학, "미성년" 문학 등으로 번역될 수 있는 "littérature mineure"를 그의 연구서 부제로 삼은 것은 그 때문이다.

문학과 탈영토화

"작은 문학 또는 소수 문학은 사소한 언어의 문학이 아니라 위대한 언어를 사용하는 소수의 문학이다. 따라서 소수 문학의 첫 번째 특징은 그 언어의 강력한 탈영토화 효과이다."(Deleuze/Guattari 1976, 24) 그리하여 들뢰즈에게서 문학이란 의미의 중심을 포스트모던적으로 탈중심화하는 패러다임이자 "언어의 타자되기"(Deleuze 2000, 16)로 나타난다. 언어의 타자되기란 모든 개념적 귀속에서 벗어나는 것이며, 오로지 고유한 글쓰기의 방식을 통해 계속해서 사유될 수밖에 없는 것이다. 이는 무엇보다 문학언어의 반체계적인 성격을 강조하는 것으로서, 이것이 들뢰즈를 데리다, 푸코와 연결한다.

4. 문자와 차이: 자크 데리다

데리다와 해체주의

해체주의를 대표하는 가장 중요한 사상가는 단연코 자크 데리다일 것이다(Kofmann 1984 참조). 데리다의 국제적인 명성은 해체주의를 특징짓는 해석학 비판과 구조주의 극복이라는 두 가지 계기가 그의 저서에서 도출된다는 점에 기인한다. 데리다의 저서는 지금까지 30년이 넘는 시간 동안 철학적 사유의 담론을 결정적으로 규정해왔다.

구조주의 비판

데리다 이론의 출발점은 구조주의의 자기완결적이고 분류학적인 활동영역에 대한 비판이다. 데리다가 자신의 논문 「기호, 구조, 유희(Das Zeichen, die Struktur und das Spiel)」에서 보여주려 했듯이, 구조주의적 사유는 은밀한 역설에 의해 지배된다. "구조, 아니 오히려 구조의 구조성은 비록 그것이 작품에 이미 존재한다고 할지라도, 내가 확증하려는 사건에 이르기까지 거듭 중립화와 환원을 고수한다. 내가 문제 삼고자 하는 것은 그것이 구조에 중심을 부여하고 그 구조를 현전의 한 지점이나 하나의 확고한 근원에 연결하려는 태도를 보인다는 것이다."(Derrida 1972, 422) 구조주의적 사유에 대한 데리다의 반론은 수많은 이론가들에게 수용되었다. 데리다에 따르면 구조주의는 랑그의 차원을 개별 요소들의 차이에 근거하는 기호의 자기완결적 영역으로 파악함으로써 차이를 충분히 근본적으로 사유하지 못했다. 구조주의적 사유는 기호의 차이성 자체를 이론의 출발점으로 삼는 대신에, 구조가 더 이상 차이 자체에 종속되지 않는 하나의 중심을 가져야 한다는 생각에 의존해왔다는 것이다.

> 그 본래의 정의에 따라 구조 내에 유일하게 존재하는 중심이 구조성을 지배하기 때문에, 그 중심은 구조성에서 벗어나 있다고 사람들은 항상 생각해왔다. 이로 인해 구조에 대한 고전적인 사상에 하나의 역설이 생겨나는데, 이는 바로 중심이 구조의 **내부**뿐만 아니라 **외부**에도 존재하게 된다는 것이다. 중심은 전체의 중심에 존재하지만, 전체는 그 **중심을 다른 어딘가**에 갖게 된다. 왜냐하면 중심은 전체에 속하지 않기 때문이다. 중심은 더 이상 중심이 아니다(Derrida 1972, 423).

구조의 탈중심화

이러한 규정을 통해 데리다는 해체주의의 근본사유를 공표하는 동시에 구조주의를 넘어서는 결정적인 일보를 내딛는다. 데리다에 따르면 자기완결적인 영역의 중심은 오로지 구조의 외부에만 존재할 수 있다. 즉, 구조를 지배하는 중심은 구조의 내부와 외부에 동시에 존재하는 중심점이라는 모순적인 위치를 지닌다. 이러한 이유로 철학에서 중요한 것은 더 이상 구조 개념의 도움을 받아 새로운 학문을 구축하는 것이 아니라, 오히려 외관상으로만 정합적인 지식체계의 언표를 가능하게 만드는 역설을 드러내 보여주는 것이다. 해체주의가 담론분석과 공유하는 비판의 토대는 구조주의의 체계 사상을 탈중심화함으로써, 완결될 수 없는 유희의 형식을 통해 모든 궁극적 정초로부터 벗어나려 하는 열린 체계를 지향하는 데 있다.

데리다의 보충대리성이론

이처럼 역설적인 상황으로부터 데리다는 두 번째 논거를 이끌어낸다. 구조주의의 내·외부에 동시에 놓여 있는 중심은 지양될 수 없는 부재의 형식에 대한 그때그때의 보충대리(Supplement)로서만 기능한다는 것이다. 데리다는 다음과 같이 강조한다. "유희의 이러한 운동은 결핍을 통해, 다시 말해 중심과 근원의 부재를 통해 가능해지는데, 따라서 유희의 운동이란 곧 보충대리 운동이다. 우리는 중심을 규정할 수도 없고 전체를 완전히 파악할 수도 없다. 왜냐하면 중심을 대신하고 대리하는 기호는 중심의 부재를 통해 자신의 자리를 유지하기 때문이다. 다시 말해 기호는 보충대리로서 부가되는 것이기 때문이다."(Derrida 1976, 437) 대개 라캉과 비판적으로 논쟁하였던 (Derrida 1987, 1998 참조) 데리다는 여기에서는 라캉과 유사한 출발점을 보인다. 즉, 언어기호의 자기완결적 영역은 그것의 중심에 근본적으로 빈자리를 지닌다는 것이다. 이 빈자리는 구조에 정합적인 중심을 부여하려는 시도를 통해 감추어진 것일 뿐이다. 하지만 라캉과 달리 데리다는 구조를 지배하는 빈자리를 남근의 부재를 드러내는 기호로 파악하는 것이 아니라, 오히려 부재 그 자체, 존재의 탈취로 파악한다. 바로 이 점에서 데리다는 구조주의나 정신분석학의 전제들보다는 오히려 하이데거의 철학을 따르고 있다.

데리다와 하이데거: 현전 비판

형이상학의 역사에서 존재가 언제나 현전으로 사유되었다고 보았던 하이데거와 마찬가지로 데리다가 볼 때도 형이상학은 현전의 사유 속에 머물러 있는데, 구조주의가 기호의 차이성이라는 테제를 체계의 현전이라는 이념을 통해 지양한다는 점에서, 데리다는 구조주의에서도 그러한 현전의 사유를 발견한다. 언어가 지니는 차이의 성격에 대한 구조주의의 통찰은 데리다에게서는 결국 존재와 존재론의 차이에 대한 하이데거의 철학과 연결된다. 즉, 하이데거가 말하는 존재의 은폐성은 데리다의 이론에서 오로지 보충대리를 통해서만 접근 가능한 중심의 부재와 일치한다. 따라서 데리다에게서도 구조의 부단히 교체되는 중심의 역사로서의 보충대리의 역사는 형이상학의 역사를 붕괴시키는 결과에 이를 수도 있었을 것이다. 하지만 데리다는 이로부터 하이데거와 다른 결론을 이끌어낸다. 데리다에게 중요한 일은 존재의 문제를 철학 내로 다시 끌어들이는 것이 아니라, 구조주의의 자기완결적인 영역을 차이들의 무한한 유희로 대체하는 것이었다. 이 유희는 중심화의 어떠한 형식도 허용하지 않는데, 비록 그것이 존재를 중심에 놓은 것이라 할지라도 예외가 될 수는 없다. 따라서 해체의 작업은 한편으로 형이상학의 역사가 겪어온 다양한 보충대리의 과정을 비판적으로 증명하는 일이고, 다른 한편으로는 기호의 무한한 유희를 모든 학문적 주장의 자기해체로서 추적해내는 반체계적 학문을 만들어내는 일이다. "따라서 '해체를 수행하는' 철학은 그 개념들의 구조화된 계보학을 가장 충실한 방식으로 그리고 가장 깊은 내부로부터 사유하면서도, 동시에 철학이 이기적인 억압을 통해 역사로 만들어버림으로써 은폐하고 금지해왔던 것을 철학 스스로는 규정할 수도 없고 명명할 수도 없는 외부로부터 확인해야 한다."(Derrida 1986, 38)

음성과 문자

데리다는 구조의 구조성이 시간적 현전의 형식이라고 비판한다는 점에서 하이데거의 사유에 빚지고 있지만, 동시에 그는 차이의 철학이라는 틀 속에서 현전의 해체를 음성의 해체와 연결함으로써 하이데거를 넘어선다. 데리다는 『음성과 현상(*Die Stimme und das Phänomen*)』에서 후설의 『논리 탐구(*Logischen Untersuchungen*)』를, 그리고 『그라마톨로지』에서는 언어의 기원에 대한 루소의 고찰을 엄밀하게 분석하고, 이에 의거하여 플라톤까지 거슬러 올라가는 형이상학의 역사가 음성을 통해 문자를 평가절하해온 역사를 추적한다. 그의 목표는 존재의 현전을 살아있는 음성으로 해석하는 사유의 밑바탕에 깔려 있는 아포리아를 증명하는 데 있다. 데리다의 의도가 서양 형이상학의 역사에서 문자보다 음성에 더 많이 부여되어온 특권을 뒤집어 놓음으로써, 이제 음성보다 문자에 더 큰 특권을 부여하려는 것은 결코 아니다. 살아있는 음성과 죽은 글쓰기라는 대립관계 대신 그는 새로운 문자 개념을 제안하는데, 그 윤곽을 그는 1967년 출간된 주저 『그라마톨로지』에서 그려낸 바 있다.

차이에서 차연으로

"중요한 것은 새로운 문자 개념을 만들어내는 일이다. 이것을 문법(gramma) 혹은 차연(différance)이라고 부를 수 있을 것이다. 차이의 유희는 사실상 종합과 지시를 전제로 하는데, 이것은 그 어떤 시점의 그 어떤 의미 내에서 그 어떤 단순한 요소가 그 자체로 **현전**하고 오로지 자기 자신만을 지시하는 것을 금지시킨다. 어떤 요소도 단순히 그 자체로 현전하지 않는 또 다른 요소를 지시하지 않고는 기호의 기능을 지닐 수 없다. 이는 발화된 언어에서든 기록된 언어에서든 마찬가지다."(Derrida 1986, 66쪽 이하) 일견 데리다는 기호의 차이성에 대한 구조주의의 통찰을 되풀이하는 것처럼 보인다(Culler 1999, 27). 그 어떤 요소도 오직 그것에 앞선 부재하는 요소들을 지시함으로써만 구성되는 것이므로 순수하게 현전하지 않는다는 것이 구조주의의 통찰이기 때문이다. 하지만 새로운 문자 개념과 더불어 데리다는 랑그의 체계적 성격에 대한 구조주의의 통찰을 넘어선다. 그의 사유가 시선을 향하는 곳은 기호의 차이성이 아니라 오히려 차이 자체, 즉 차이의 존재를 가능하게 만드는 유희이다. 모든 언어적 차이에 앞서 있는 이러한 과정의 형식을 지칭하기 위해 데리다는 "차연"이라는 신조어를 도입한다. 이것을 그는 "흔적(trace)"(Derrida 1983, 99)의 형식을 지니는 "원문자(Urschrift)"(Derrida 1983, 99)라고 정의한다. "여기에서 중요한 것은 이미 구성된 차이가 아니라 모든 내용적 규정에 앞서 차이를 계속 생산해내는 순수한 운동이다. (순수한) 흔적이 바로 차연이다."(Derrida 1983, 109)

공간화와 시간화

차이의 기원에 흔적과 함께 놓여 있는 것은 시간적 유예와 공간적 지연으로서의 차연이다. 차연은 어떤 근원적 장소도 알지 못한다. "현실을 구성하고 있는 것은 '독자적인' 종합, 환원 불가능한 방식으로 단순하지 않은 종합, 그런 의미에서 엄밀히 말해 독자적이지 않은 종합이다. 이러한 종합은 변별적 특징들로, 보존된 것들과 종합된 것들의 흔적들로 이루어진다. 나는 현실의 이러한 구성을 원문자(Urschrift), 원흔적(Urspur)이라고 부를 것을 제안한다. 이것은 공간화인 동시에 시간화이다."(Derrida 1988a, 39) 차이를 만들어내는 공간화와 시간화의 원리로서 차연이라는 이름이 붙여진 "원문자"라는 역설적인 개념이 데리다 언어이론의 근원에 놓여 있다. 하지만 이 이론은 그 어떤 근원성도 알려고 하지 않는데, 왜냐하면 차이의 유희 속에서는 근원성의 모든 형식이 지양되기 때문이다. 이러한 차이를 우리는 하이데거의 용어를 빌려 하나의 언어체계에서 단순히 현전하는 기호의 차이라는 존재적 차원, 그리고 이와 차별되는 문자의 존재론적 차원으로 구분하여 부를 수 있을 것이다. 이러한 차이 자체를 데리다는 근원에 대한 모든 사유를 거부하는 운동으로서 사유한다. "차연은 차이들의 충만하지 않고 단순하지 않은 근원이다."(Derrida 1988a, 37) 이로써 데리다는 구조주의의 지평뿐만 아니라 하이데거의 존재의 사유도 넘어선다.

그라마톨로지와 기호학

데리다는 기호학이라는 이름하에 언어학을 새롭게 정립했던 소쉬르에 맞서 언어적 차이에 대한 새로운 학문으로서 그라마톨로지를 내세운다. "결코 단순한 말에 불과한 것이 아닌 대체를 통해『일반 언어학 강의』의 **기호학**이라는 단어는 **그라마톨로지**로 대체되어야만 할 것이다."(Derrida 1983, 88)

해체의 해체

데리다의 해체주의가 지닌 철학적 적실성을 어떻게 평가할 것인가라는 문제와는 별도로, 구조주의를 넘어서려는 그의 시도는 몇 가지 중요한 문제를 제기하고 있다. 구조주의적 사유가 이루어낸 가장 중요한 진보 중 하나가 현대 인문학을 철학의 우선권으로부터 해방시킨 것이라면, 데리다의 차연은 궁극적으로 언어적 사유의 재철학화를 공표한다. 급진성과 일관성을 가지고 데리다는 기호의 차이성에 대한 구조주의적 통찰을 시공간적인 원문자로서의 차이에 대한 보편적 이론으로 옮겨놓았는데, 이러한 급진성과 일관성은 현대 언어적 사유의 언어학적 기반을 넘어서려는 진지한 철학적 태도에 힘입은 것이었다. 이에 있어 라캉처럼 데리다 역시 기표의 무한한 연쇄라는 사상에 초점을 두고 있다. 기표가 기표로서의 임무를 수행하는 것은 항상 이 연쇄 안에서 일어난다(Derrida 1983, 17 참조). 차연의 원리를 위해 기표의 환유적인 치환 작업을 넘어섬으로써 데리다는 결국 구조의 자기완결적 중심 비판의 전제들을 역설적으로 충족시키는 영역으로 나아간다. 즉, 차이의 무한한 유희로서의 차연은 데리다의 사유에서 그것이 차지하는 핵심적인 위치에서 빈 장소로 표시되는데, 이 장소는 스스로를 존재 탈취의 원리로 규정하기 때문에, 해체의 운동에서 벗어나려 한다. 이에 따라 해체의 작업이 결국 자기 자신에게 관여하게 된다는 사실에서 이것의 한계가 드러난다. 즉, 차연의 틀 안에서도 해체의 해체는 가능하지 않다.

해체주의와 문학

차연의 자기지양의 가능성과 필연성에 대한 질문을 넘어 해체의 가능성과 한계에 대한 질문이 제기될 수 있는데 이는 문학 텍스트에 대한 데리다의 고찰에서 잘 드러난다. 킴멀레는 데리다에 대하여 "명백한 미학적 앙가주망"(Kimmerle 1997, 20)이라는 진단을 내린 바 있는데, 데리다의 핵심 개념인 문자가 이미 그 자체로 철학과 문학 사이의 경계를 지양하는 경향을 지니고 있다는 점에서 이는 정당한 진단이라 할 수 있다. 많은 비평가들을 당혹케 한 데리다의 텍스트들은 한편으로 여러 면에서 누보로망의 유희적 기법들에 비교되는 언어예술작품으로 읽혀질 수 있다. 그러나 다른 한편으로 데리다는 자주 문학 텍스트들에 눈길을 돌림으로써, 그의 이론이 문학과 맺고 있는 관련성에 질문을 던진다. 이에 대해 컬러는 다음과 같이 비판한 바 있다. "문예학에서 해독과 오독의 관계가 지니는 명백한 중요성에도 불구하고 해체주의가 문학연구에 대해 지니는 의미는 전혀 분명하지 않다. 데리다는 문학작품에 대한 글을 자주 쓰고 있지만, 문학비평의 과제, 문학언어를 분석하는 방법론, 문학에 있어 의미의 본질과 같은 주제들을 직접적으로 다루지는 않는다. 문예학에 대한 해체주의의 연관성은 반드시 밝혀져야 한다. 하지만 그것이 어떤 방식으로 이루어질 수 있는지는 명료하지 않다."(Culler 1999, 200) 그럼에도 불구하고 데리다의 이론에서 문학 텍스트들이 패러다임의 기능을 갖는다는 것에는 논란의 여지가 없다. 아도르노나 들뢰즈와 마찬가지로 데리다의 주된 관심은 아르토, 말라르메, 카프카, 첼란 등 고전적 모더니즘의 전통을 대표하는 작가들을 향해 있다. 이러한 배경에서 첼란에 대한 데리다의 해석은 해체주의를 가다머의 해석학과 비판적으로 비교해볼 수 있는 가능성을 제공한다.

데리다와 첼란

가다머가 첼란의 연작시 「숨결(Atemkristall)」을 해석하면서 의도한 것은 시문학의 "참된 언어"를 입증하는 일이었다. 데리다는 근본명제에서부터 가다머와 전혀 다른 목표을 추구하고 있는데, 이에 대해 킴멀레는 다음과 같이 지적한 바 있다. "그의 목표는 지평융합이라는 의미에서의 이해가 아니라, 오히려 결코 하나의 통일성으로 집약될 수 없는 차이들을 부각시키는 데 있다."(Kimmerle 1997, 50) 해석학적 통일성의 형식을 결코 허용치 않는 이러한 접근방식을 우리는 서명, 날짜, 이름의 상호관계를 추적하는 데리다의 첼란 해석에서 확인할 수 있다. 첼란의 서정시 「하나로(In eins)」와 「암호(Schibboleth)」의 전기적·상호 텍스트적·역사적 연관관계들을 추적하면서 데리다는 자료들이 수정되어 있음을 발견한다. 바로 이것이 해석 가능성을 거부한다는 것이다. "날짜(서명, 시점, 장소, 유일무이한 특징들의 총합)는 언제나 암호처럼 작용한다. 여기에는 명백하게 불분명한 것, 유일무이한 방식으로 암호화된 것이 존재한다. 이는 개념, 지식, 역사, 전통으로, 심지어 종교적인 것으로도 소급될 수 없다."(Derrida 1996b, 72)

날짜, 서명, 이름

스페인 내전과 유럽 파시즘 지배의 과거 역사를 돌아보고 있는 첼란 서정시의 제목인 암호는 데리다에게 있어 해체주의 문학 형식을 위한 핵심어의 기능을 하게 된다. 해체주의 문학 형식의 구체적 모습은 시어 안에서 단수적 자료들의 재생이 가능한가라는 질문을 제기한다.

암호

첼란의 「암호」에 대한 데리다의 해석을 이끌고 있는 것은 구조주의에서도 이미 핵심 개념이었던 환유 개념이다. 환유적인 치환 운동 안에서는 언어적 재생이 단수적인 것, 유일무이한 것을 허용하지 않는데, 이로 인해 은폐된 것의 모호한 공간이 첼란의 서정시에서 모습을 드러낸다는 것이다. 여기에서 은폐된 것 그 자체는 표현될 수 없고 오로지 부재하는 것으로서만 텍스트에 침투해 들어간다. 포스트모더니즘이 알레고리와 숭고의 형식에 관심을 기울이는 이유가 바로 여기에 있다. 첼란의 사례를 통해 보았듯이 현대문학은 언어의 해체적 능력에 대한 패러다임이 된다.

해체주의의 한계

데리다의 첼란 해석은 많은 점에서 탁월하지만 동시에 비판적 반론도 불러일으킨다. 데리다가 날짜, 서명, 이름의 연관관계를 예로 들어 첼란의 서정시에 함축된 해독 불가능성을 파악한 것은 매우 인상적이다. 첼란 시의 모호성에 대한 그의 해석은 언어적 의미지시의 불가능성에 대한 이론인 해체주의의 철학적 원칙으로부터 도출된 것이다. 끝없는 애도작업으로서의 해체주의이론이 첼란의 서정시와 구조적인 유사성을 보여준다는 점에서 우리는 데리다에게 동의를 표할 수 있다. 하지만 첼란의 서정시와 데리다의 철학 사이 유사성은 너무 모호하여 다음과 같은 한계를 드러낸다. 즉, 가다머와 마찬가지로 데리다는 첼란의 「암호」를 분석함에 있어 시 자체보다는 오히려 언어의 의미연관성이 원칙적으로 실패할 수밖에 없다는 가정에 기대어 언어관의 맥락에서 자신의 주장을 전개하고 있다. 첼란의 시를 통해 볼 때 문학에 대한 데리다의 해체주의적 입장은 해석학에 대한 반론인 동시에 해석학에 대한 보완적 전환으로 나타난다. 그들 자신이 그렇게 이해하고 있듯이 해석학과 해체주의는 서로 경쟁하고 서로 배제하는 것으로 보이는 문학이론이지만, 동시에 이들은 포스트모던의 담론체계 안에서 적대관계를 통해 서로를 닮아가는 이중적인 모습을 보여준다.

5. 글과 상호 텍스트성: 줄리아 크리스테바

텍스트와 상호 텍스트성

데리다는 차연을 공간화 및 시간화 운동으로 설명함으로써 새로운 텍스트 개념을 위한 토대를 마련했다. 기호체계를 그것에 앞서 있지만 결코 현전하지 않는 언어적 흔적에 연결해주는 운동이 바로 차연이다. 이러한 새로운 텍스트 개념은 곧 그 본래의 연구영역을 넘어서서 문예학에서 중요한 의미를 획득하게 되는데, 상호 텍스트성 개념이 바로 그것이다. 물론 상호 텍스트성은 한 텍스트가 그보다 선행하는 텍스트를 지시한다는 의미에서 서양 문학의 시초부터 이미 하나의 특징적인 현상이었다(Broich/Pfister 1985, 1). 하지만 선행 텍스트에 대한 한 텍스트의 관계가 그 텍스트에 앞서 있는 부재의 형식 전반에 대한 관계로까지 확장됨으로써, 상호 텍스트성이라는 개념은 해체주의에서 새로운 전환을 맞이한다. "이러한 연쇄, 이러한 직물이 바로 **텍스트**이다. 그것은 오로지 다른 텍스트의 변형에 의해서만 생겨난다. 어느 시점이나 어느 장소에 단순히 존재하거나 부재하는 것은 구성요소들 속에도 없고, 시스템 속에도 없다. 있는 것은 오로지 차이와 흔적의 흔적들뿐이다."(Derrida 1986, 67) 텍스트는 다른 텍스트의 변형이며 그 자체로는 결코 현전하지 않는다고 규정함으로써 데리다는 상호 텍스트성의 개념을 정초한다. 이 개념은 단지 경험에 바탕을 둔 두 텍스트 사이의 관계를 대상으로 하는 것이 아니라, 어떤 텍스트가 그것에 앞서 있는 부재하는 텍스트와 갖는 관련성을 문학의 패러다임으로 격상시킨다. 상호 텍스트성이라는 데리다의 해체적 개념은 특히 줄리아 크리스테바에 의해 계승된다(Lachmann 1984 참조).

바흐친과 크리스테바

상호 텍스트성이라는 개념을 발전시키기 위해 크리스테바는 텍스트가 흔적과 차이의 다발이라는 데리다의 텍스트 이론뿐 아니라, 러시아 문예학자인 미하일 바흐친이 주장한 발언의 독백성과 대화성의 구분에도 기대고 있다(Bachtin 1985 참조). 바흐친이 대화적 발언에 대해 그러했듯이, 크리스테바도 텍스트 전체를 역동적인 것으로 파악한다. "텍스트는 텍스트의 가공(텍스트의 치환)이자 상호 텍스트성이다. 하나의 텍스트 속에는 다른 텍스트에서 유래한 많은 진술들이 서로 중첩되고 상쇄된다."(Kristeva 1977, 194) 문학 텍스트에 다른 텍스트의 흔적들이 나타난다는 통찰, 하나의 텍스트가 다른 텍스트와의 대화 속에 놓여 있다는 통찰은 분명 그리 새로운 것은 아니다. 새로운 것은 크리스테바가 제안한 상호 텍스트성 개념의 확장이다. "모든 텍스트는 인용들의 모자이크로 만들어진다. 모든 텍스트는 다른 텍스트의 흡수이자 변형이다. 상호주관성의 자리에 상호 텍스트성이라는 개념이 들어서고, 시적 언어는 최소한 **이중**의 언어로 읽혀질 수 있다."(Kristeva 1972, 348) 크리스테바의 상호 텍스트성 개념에서 혁명적인 부분은 모든 텍스트가 그에 선행하는 요소들로부터 나온 또 하나의 건축자재에 불과하다는 명제인데, 왜냐하면 이와 더불어 상호 텍스트성은 이제 더 이상 문학사에서 경험적으로 증명할 수 있는 어떤 현상을 일컫는 것이 아니라 문학언어 전반의 패러다임이 되었기 때문이다.

문학언어의 패러다임으로서의 상호 텍스트성

따라서 상호 텍스트성이라는 개념은 야콥슨이 제기한 문제, 즉 언어의 문학성이라는 문제에 대한 포스트구조주의의 응답이라 할 수 있다. 이에 따르면 언어의 문학적 기능은 하나의 텍스트를 그에 선행한 텍스트와 다시 연결하는 지시적 성격에 기인한다. 이는 결국 구조주의적 사유로부터 넘겨받은 언어의 환유축의 우위를 의미한다. 크리스테바는 환유축의 우위를 더 이상 개별 텍스트의 언어기호가 아닌 텍스트 전체에 투영하고, 이 텍스트 전체는 다시금 무한한 연쇄 속에서 또 다른 텍스트를 지시한다.

> 문학의 기표는 다른 담론의 기표들을 지시한다. 다시 말해 문학적 진술 속에서는 더 많은 담론들이 읽혀진다. 이러한 방식으로 문학의 기표를 둘러싸고 다양한 텍스트 공간이 형성되어, 이 공간의 요소들이 구체적인 문학 텍스트에 적용될 수 있게 된다. 우리는 이 공간을 **상호 텍스트적**이라고 부른다. 상호 텍스트성의 틀에서 보면 문학적 진술은 우리의 질서단위 속에 적용되어 있는 텍스트들의 공간으로 이루어진 보다 큰 질서단위의 하위단위이다(Kristeva 1969, 194).

텍스트와 저자

상이한 질서단위들을 분류하는 크리스테바의 언어에서는 구조주의의 유산이 뚜렷이 감지된다. 끝없는 기표의 사슬이라는 라캉의 생각과 유사하게 크리스테바는 상호 텍스트성이라는 개념을 텍스트들 사이의 무한한 지시관계로 정의한다. 이제 여기서 중요한 것은 어떤 특정한 문학 텍스트가 그 이전의 특정한 문학 텍스트와 맺는 관계라는 시간적-역사적 차원이 아니라, 텍스트들로 엮인 다발이라는 공간적-체계적 차원이다. 이 텍스트들은 서로를 지시하지만 더 이상 어떤 근원 텍스트를 지시하지는 않는다. 오히려 텍스트들 사이의 관계 자체가 중심에 놓이고, 텍스트들 사이의 관계에 대한 물음이 텍스트 자체에 대한 물음보다 중요해진다. 아울러 결국 모든 것이 텍스트라는 식으로까지 텍스트 개념이 변화한다면(Broich/Pfister 1985, 7), 상호 텍스트성이라는 해체적 개념은 더 이상 단일한 텍스트 개념이 아니라, 다양한 텍스트 개념의 원리를 지칭하게 된다. 이 다양한 텍스트 개념은 저자-주체의 문제로부터 벗어나 고유의 독자성을 요구한다. 즉, 텍스트의 근원에는 창조하는 작가가 아니라 언제나 새롭게 결합될 수 있는 텍스트들의 끝없는 강이 놓이게 된다. 텍스트 개념을 이렇게 급진적으로 확장시킨 데 대하여 어떤 평가를 내릴 수 있을지와는 별개로, 크리스테바는 그녀의 연구를 통해 이후 비판적으로 수용되고 계승된 중요한 자극들을 문학이론에 남겨주었다.

6. 영향의 불안: 해럴드 블룸

블룸과 크리스테바

"문학 텍스트는 텍스트 세계 전체에 삽입될 수 있다. 그것은 다른 텍스트(들)에 대한, 기록된 응답(écriture-réplique, 즉 기능 혹은 부정)이다."(Kristeva 1972a, 170쪽 이하) 이것이 크리스테바가 정의하는 상호 텍스트성 개념이라면, 미국의 문예학자 해럴드 블룸의 상호 텍스트성 역시 크리스테바의 개념과 유사한 징후를 보인다. 블룸은 문학 텍스트에 대한 자신의 견해를 "영향-불안(Einfluß-Angst)"(Bloom, 1995) 이라는 개념으로 요약하면서 『오독의 지형도(*Topographie des Fehllesens*)』에서 이렇게 말한다. "내가 이해하는 바에 의하면 영향이라는 말은 텍스트 사이의 관계만 있을 뿐, 어떠한 텍스트도 없다는 것을 의미한다."(Bloom 1997, 9) 이로써 블룸은 한편으로는 데리다와 크리스테바가 발전시킨 전적으로 상호연관적인 텍스트 개념이라는 사상과 관계를 맺는다. 하지만 다른 한편으로 그는 영향의 불안이라는 이론과 더불어 수사학적이자 심리학적으로 구조화된, 현대문학의 후세대성이라는 용어를 제시함으로써 데리다, 바흐친, 크리스테바의 상호 텍스트성 개념을 넘어선다. 이러한 이유로 마르틴 폰 코펜펠스는 블룸의 업적을 무엇보다도 다음의 요소들 속에서 발견한다. "순진무구한 독서라는 사상에 대한 비판, 경건한 천재숭배와는 전혀 다른 엄밀하게 문학적인 작가 개념, 투쟁적인, 다시 말해 반역에 기초한 전통 개념의 재검토, 텍스트 사이의 수사학의 고안."(Koppenfels 2002, 308)

영향의 불안과 오독

텍스트 사이의 수사학에 토대를 둔 작가에 대한 투쟁적 이론은 영향의 불안이라는 개념을 통해 수사학과 정신분석학의 결합을 이끌어낸다. 왜냐하면 블룸에 따르면 수준 높은 모든 문학 텍스트는 결국 선행 텍스트를 능가하려는, 고쳐 쓰려는, 그리고 마침내는 없었던 일로 만들려는 묵시적인 노력의 결과물이기 때문이다. "모든 문학 텍스트는 선행 텍스트에 대한 전용(Trope)"(Koppenfels 2002, 8)이라고 코펜펠스는 덧붙임으로써, 블룸에게 읽기란 필연적으로 "오독", 즉 개별적 문학 텍스트를 고쳐 쓰는 과정인 전용의 오독이라는 것을 보여준다.

상호 텍스트성에서 정전으로

블룸은 과거의 위대한 텍스트와 지자들로 인해 사신의 고유한 창조력으로부터 멀어지게 되는 불안에 대한 반작용을 문학 속에서 인식함으로써, 해체주의가 이룬 성과를 영향의 불안의 연속으로서의 문학사라는 통찰과 연결하는 작가이론과 독서이론을 제시한다. 후기의 블룸은 니체와 프로이트의 이름 아래 셰익스피어라는 성전 기둥에 의존하여 문학의 정전을 승인하는 쪽으로 상호 텍스트성에 대한 자신의 투쟁적 이론의 기능을 변경하였는데, 이는 비평가들에게 정당한 분노를 불러일으켰다. 더 나아가 크리스테바와 블룸이 급진적으로 전개한 상호 텍스트성 개념은 텍스트 사이의 관계를 절대적인 것으로 설정함으로써 커다란 대가를 치르게 된다. 요한나 보시나데는 "상호 텍스트성은 분명 포스트구조주의 문학이론의 가장 성공적인 개념"(Bossinade 2000, 94)이라고 단언한 바 있지만, 해체주의적인 상호 텍스트성 개념이 거둔 성공이 엄밀성의 상실을 동반한다는 점 또한 명백하다. 크리스테바의 말처럼 모든 문학 텍스트가 그에 선행한 다른 텍스트의 반복이라면, 혹은 블룸의 주장처럼 모든 시가 다른 시의 전용이라면, 우리의 시선을 끄는 것은 더 이상 문학 텍스트가 역사적으로 나타나는 방식이 지닌 독창성이나 물질성이 아니라, 오히려 모든 텍스트를 지배하는 자족적 변형과정의 이념이기 때문이다.

상호 텍스트성과 차연

이렇게 확장된 상호 텍스트성 개념은 근원 텍스트의 극복 불가능한 부재라는 전제가 공유되거나, 상호 텍스트성이라는 개념이 경험적으로 적용되는 것이 아니라, 텍스트에 선행하는 무의식의 표현 혹은 차연의 전치 작업의 기호로서 이해되는 경우에만 정당성을 지닌다. 하지만 어떤 경우라도 상호 텍스트성 개념은 포스트구조주의 문학이론의 한계를 보여준다. 즉, 텍스트들 사이의 상관관계에 대한 정의 안에서 상호 텍스트성 개념은 텍스트가 아닌 그 어떤 것도 인정하지 않는다. 텍스트 개념이 이런 식으로 전지전능하게 된다는 것은 이 개념이 주석이라는 해석학의 개념과 다를 바 없는 중복 운동에 종속된다는 것을 시사한다. 이 중복 운동은 항상 부재하는 근원 텍스트의 흔적들을 경험적으로 주어져 있는 텍스트 속에서 이미 발견해낸다. 데리다의 주장대로 근원 텍스트의 보충대리의 역사가 동시에 형이상학의 역사라면, 문학의 역사는 근원 텍스트의 보충대리를 규정해왔던 실패한 전용의 역사일 것이다. 이러한 통찰은 특히 벨기에 출신의 문예학자 폴 드 만에 의해 계승된다.

7. 문학과 수사학: 폴 드 만

독서의 알레고리? 드 만과 정치

해체주의의 주도적 이론가 중 하나인 미국의 문예학자 폴 드 만이 독일에서 학문적으로 수용되는 것은 데리다의 경우보다 훨씬 어려웠다. 그가 저술한 글 중 극히 일부만이 번역되었으며, 그의 저서가 학문적 논의의 대상이 되는 것은 여전히 드문 일이다. 드 만이 관심을 적게 받은 이유는 구조주의와 해체주의가 독일에서 반발에 부딪힌 때문이기도 하지만, 무엇보다 그의 정치적 배경 때문이었다. 그의 사망 4년 후인 1987년 12월에 알려졌듯이 독일이 벨기에를 점령했던 시기에 드 만은 독일에 협력하였고, 그가 신문에 썼던 몇몇 정치적인 기사 중 적어도 하나는 명백하게 반유대주의적인 내용을 담고 있다. 그로 인해 촉발된 해체주의와 정치의 상관관계에 대한 논쟁은 드 만에 대한 체계적인 연구를 촉진시키기는커녕 오히려 이에 방해가 되었다. 따라서 크리스토프 멩케가 1993년에 이미 확인했던 것처럼 "심판대에 섰던 이 저자가 거의 사람들에게 알려지지 않고 있는 상황"(Menke 1993, 267)은 오늘날까지도 본질적으로 변함이 없으며, 드 만의 주요 텍스트들은 여전히 번역되지 않고 있다.

데리다와 드 만

독일에서 드 만이 상대적으로 잘 알려져 있지 않은 것에는 또 하나의 이유가 있는데, 암암리에 해체주의와 동일시되는 데리다의 그늘이 바로 그것이다. 여기에서 종종 간과되고 있는 것은 드 만이 매우 독자적인 이론을 구상했다는 것, 그리고 더 나아가 드 만의 이러한 구상이 데리다의 경우보다 훨씬 광범위하게 문학과 연결되어 있어 문학이론 내에서 더 많은 강점을 지니고 있다는 사실이다. 이는 드 만과 데리다가 각기 발표한 바 있는 서로 다른 방식의 루소 읽기에서 잘 드러난다. 드 만이 그의 논문 「맹목의 수사학(Die Rhetorik der Blindheit)」에서 분명히 밝히고 있듯이 그와 데리다 사이의 차이는 문학 텍스트에 대한 서로 다른 평가에서 비롯된다. 데리다가 『그라마톨로지』에서 루소에 대한 철학적 해체를 인상적으로 제시했던 반면에, 드 만은 루소의 문학 텍스트를 해체하는 일은 전혀 필요하지 않다고 주장한다. 왜냐하면 문학은 언제나 그 자신의 해체를 이미 스스로 완수하기 때문이다. "루소의 텍스트에는 맹목적인 오점이 없다. 그것은 매 순간 자신에 고유한 수사학을 수행하고 있기 때문이다."(de Man 1993, 223) 따라서 "루소를 해체하는 일은 불필요하다."(de Man 1993, 223)

문학과 수사학

드 만의 이 적확한 발언은 이론적 차원에서 그와 자주 연결되는 데리다와의 구분점을 명확히 보여준다. 이 발언은 그의 이론의 핵심으로 이어지는데, 그에 따르면 문학은 수사학에 다름 아니고, 문예학은 텍스트의 수사적 함정을 추적하는 일이다. 해체주의를 문학언어의 수사성에 대한 증명이라고 정의한 드 만의 입장은 그의 해체주의가 데리다와 달리 순수하게 문학이론적 해체주의라는 사실을 보여준다. 프랑스 이론가들과 달리 드 만에게 중요한 것은 서양 형이상학의 역사를 해체하는 일이 아니라, 문학 텍스트의 근본적인 수사적 체질에 대한 통찰이다. 드 만이 독일의 문예학으로부터 주목을 받지 못했다는 사실은 이 점에서 더욱 놀라운 일이 아닐 수 없다.

수사학과 미학

드 만의 사유가 문학이론에 대해 지니는 매력은 그의 해체 개념이 명시적으로 문학언어의 기능을 향하고 있다는 점에 있다. 이에 있어 드 만은 특히 18세기 이래로 확립된 미학과 수사학의 대립관계를 비판적으로 돌아보는 일에 주안점을 두고 있다. 드 만에게 있어 문학 텍스트에 대한 질문에 권한을 갖는 것은 더 이상 철학적 미학이 아니라 수사학이다. 따라서 드 만이 수사학을 평가절상하고 있는 것은 바움가르텐과 칸트 이래로 철학적 미학의 출범이 시학에 초래한 단절에 대한 저항으로 볼 수 있다. 드 만은 문학과 수사학의 긴밀한 관계를 주장하는 것이 아니라, 오히려 이 둘을 완전히 동일시함으로써, 18세기와 19세기가 수사학을 시학에서 몰아낸 것을 원상회복하려 한다.

수사학, 논리학, 문법학

드 만은 고전학문의 삼과에 대한 독자적인 독해를 통해 수사학이 지니는 특별한 의미를 추적한다. 그는 수사학, 논리학, 문법학 간의 관계를 정합적인 체계가 아니라, 해소될 수 없는 긴장관계로 본다(de Man 1987, 95 참조). 위르겐 포르만에 따르면, "수사학, 보다 정확히 말해 언어의 수사적 차원은 문법적이고 논리적인 진리질서에 대한 전복으로 파악된다."(Fohrmann 1993, 81) 드 만은 삼과 내에서의 수사학의 전복적인 기능에 의거하여, 스스로를 이론에 대한 저항으로 여기고 있는 문학이론의 편에 서서 문법학과 논리학에 작별을 고하는 이론적 근본성찰을 전개한다.

> 수사학은 문법학 및 논리학에 대한 능동적인 부정의 관계를 통해 인식론적으로 유효한 구조물이고자 하는 삼과의(궁극적으로는 언어의) 요청을 지양한다. 이론에 대한 저항은 언어의 수사학적 혹은 비유적 차원에 대한 저항으로서, 이러한 차원은 다른 구어적 표명들에서보다 (넓은 의미에서의) 문학에서 확연히 더 전면에 드러난다(de Man 1987, 101쪽 이하).

논리학의 중단

"수사학은 항상 그것과 인접한 것들(문법학, 논리학, 시학, 철학)과의 구조적인 상호작용 속에서 해독된다. 역사적으로 중요한 것은 이 각각의 분과들이 아니라 체계의 연관관계이다"라고 바르트는 주장한 바 있다(Barthes 1988, 48). 드 만에게 있어 수사학은 언어의 문법적·논리적 기능에 대한 저항으로 나타나는데, 바로 이것이 이론은 이론에 대한 저항이라는 드 만의 역설적 정의의 의미이다. 이러한 맥락에서 그렇다면 드 만이 수사학을 논리학과 문법학에 대한 저항으로 정의하면서 그 전제로 삼고 있는 수사적인 것의 개념은 과연 무엇인가라는 질문이 제기된다. 수사학과 문법학의 관계에 대한 해명, 바로 이것이 강령적 논문 「기호학과 수사학(Semiologie und Rhetorik)」에서 드 만이 기도했던 일이다. 드 만은 수사적인 것의 개념을 이 논문의 중심에 놓고 있는데, 전통적인 규정들에 비교할 때 그의 개념은 매우 자의적인 느낌을 준다. 드 만은 언어의 수사성을 비유적 의미에 대한 이론이 아니라, 언어의 수사적-비유적 기능과 문법적-논리적 기능 사이의 모순적인 관계로부터 도출해낸다. 수사학과 문법학 사이의 근본적인 차이를 그는 수사적 질문의 예에서 해명한다. "우리가 한편으로는 문자적 의미를, 다른 한편으로는 비유적인 의미를 인식하는 경우가 아니라, (호환될 수 없는) 이 두 가지 의미 중 어떤 것이 우위에 있는가를 문법 및 다른 언어적 언급을 통해 결정하는 것이 불가능한 경우에 비로소 문법학의 질문 모델은 수사적이 된다. 수사학은 논리학의 근본적인 중단으로서, 지시관계가 혼란에 빠지는 교란의 가능성을 열어놓는다."(de Man 1988, 40)

언어의 비유성

수사학의 질문 모델은 드 만에게 있어 언어의 문자적 의미와 비유적 의미를 구분하는 근본 토대가 된다. 하지만 그가 수사학을 언어의 수사적 차원과 동일시하는 것은 아니다. 오히려 수사학이 논리학이나 문법학과 어떤 관계를 맺기 시작할 때, 그 관계가 비로소 수사적인 것이 된다고 그는 설명한다. 언뜻 보기에 그런 것과는 달리 이를 통해 드 만이 언어의 비유적 의미를 논리적 의미에 단순히 대립시키려는 것은 아니다. 드 만에 따르면 언어의 수사학적 모델이 문제로 등장하게 되는 것은 문제의 중점이 문자적-논리적 의미에 있는지 아니면 비유적-수사적 의미에 있는지를 더 이상 결정할 수 없을 때이다. 이러한 이유로 베르너 하마허는 다음과 같이 단언한다. 드 만에게 있어 수사학과 문법학의 관계는 "다의(多義)성의 관계가 아니라 근본적인 의미론적 아포리아의 관계이다. 만약 문법적으로 명료하게 구성된 하나의 문장에서 양립 불가능하면서도 서로 얽혀 있는 두 개의 의미가 생겨난다면, 그 각각의 의미는 다른 의미를 중단시키고, 전체로서의 그 문장은 그것이 두 가지 개별적 의미 안에서 부단히 주장하는 지시능력을 스스로 철회한다. 서로를 중단시키는 이러한 구조, 언어적 진술에 들어있는 개별적 의미요소들이 지시를 벗어나는 것, 바로 이것을 드 만은—수사학이라는 개념에서 언어의 비유적이고 장식적인 계기만을 파악했던 용어사적 전통과 구분하여—수사학이라고 부른다."(Hamacher 1988, 15쪽 이하)

의미의 교란

드 만에 따르면 이런 식으로 생겨나는 불확정성이 의미의 교란(Schwindel)을 발생시킨다. 의미의 교란은 명백한 지시관계를 수행하는 언어의 수사적 기능이 불가능하다는 것을 보여준다. 드 만의 저술들을 관통하고 있는 언어의 궁극적인 수사적 기능에 대한 통찰은 그 본래의 문제 지평이 불확정적인 이론을 표명하는 것으로 끝을 맺는다. "우리는 수행적(illokutiv) 문장의 문법적 수사화의 경우와 마찬가지로 기호학의 수사적 문법화의 경우에도 여전히 무지의 상태로 종지부를 찍게 된다. 문학 텍스트의 수사적 형식에 대한 모든 질문은 필연적으로 수사학적 질문인데, 이것은 자신이 과연 실제로 질문을 제기하고 있는지 결코 알지 못한다."(de Man 1988, 50) 수사적인 것을 언어의 문법적이고 논리적인 의미에 대한 전복으로 정의하는 드 만은 이를 수사학 자체로 확장시키는 마지막 일보를 내딛는다. "이로써 드 만은 **기만의 기술**로서의 수사학을 언어의 궁극적인 비유적 구조에 관한 학으로 옮겨놓는다."(Ellrich/Wegmann 1995, 488쪽 이하) 「기호학과 수사학」에서 드 만은 수사학과 문법학의 관계를 의식적이고 역설적으로 작동하는 관계로 설정했는데, 이는 다음과 같은 통찰로 귀결된다. 언어의 수사적 성질로 인해 어떤 이론의 진리내용에 대한 통찰은 물론이거니와, 자신의 이론 자체의 진리내용에 대한 통찰도 결코 가능하지 않다는 것이다. 의미의 수사적 교란에 직면한 문학이론에 남게 되는 것은 단지 본래적 진리내용은 결코 표명될 수 없다는 우울한 인식뿐이며, 이러한 인식은 모든 독서에서 문학이론에 항상 새롭게 제기된다.

철학과 문학 간 영역차이의 철폐?

이로써 드 만의 이론은 결국 자기 자신을 폐기하려 하는 것처럼 보인다. 이로 인해 위르겐 하버마스는 이 이론의 이러한 역설적 모습에서 "문학비평이라는 과업의 학문성에 대한 자학적 물음"(Habermas 1988, 225)만을 인식한다. 하버마스는 해체주의가 "철학과 문학 간 영역차이의 철폐"(Habermas 1988, 219)를 기도한다고 비난한 바 있는데, 드 만이 결정적인 언급을 통해 자신의 수사학이론을 보완하지 않는다면, 그러한 영역차이의 철폐가 문학을 그야말로 완전한 무대상성

(Gegenstandslosigkeit) 속으로 사라지게 만들 것이다. 왜냐하면 드 만에게 있어 언어의 수사성은 문학과 동일한 것이고, 따라서 문학이야말로 그의 이론이 다루는 원래의 대상이기 때문이다. "비록 일반적인 용법과는 거리가 멀겠지만, 나는 아무런 주저 없이 언어의 수사적이고 비유적인 힘을 문학 자체와 동일시할 것이다."(de Man 1988, 40) 수사학은 문학이다—"전의의 수사적 모델, 혹은, 그것을 다음과 같은 이름으로 부르기를 더 좋아하는 사람들에 따르자면, 문학"(de Man 1988, 46). 이 간결한 등식을 통해 드 만은 문학을 자신의 수사학이론의 본래적인 대상영역으로 규정한다. 수사학과 문학을 동일시함으로써 드 만은 언어의 시적 성질에 관한 야콥슨의 이론으로 돌아가는 동시에 그것을 넘어선다. 야콥슨에게서는 시적인 것이 은유와 환유라는 수사학적 비유법의 중첩 속에 존재하는 반면에, 드 만에게서는 언어의 문학적 기능이 수사적인 기능과 완전히 동일시된다.

언어의 전의(轉義)

그러므로 문학은 수사학을 논리학 및 문법학과의 관계를 통해 정의하는 드 만의 규정에 정확히 부합하는 기능을 넘겨받게 된다. 문학은 한편으로 철학적 진리탐구의 모범이면서—"문학은 철학의 중심 대상이자 철학이 얻고자 애쓰는 진리의 모델이다"(de Man 1988, 158)—동시에 철학적 진리의 이상이 파괴되는 장소이기도 하다. "철학은 문학의 수중에서 스스로의 해체를 끊임없이 성찰하는 것으로 나타난다."(de Man 1988, 158쪽 이하)

알레고리와 상징

드 만의 수사학이론의 중심에 은유와 환유의 대립만이 놓여 있는 것은 아니다. 드 만은 오히려 발터 벤야민처럼 상징적인 것과 알레고리적인 것의 대립에 더 초점을 두고 있다. 그는 18세기에 알레고리가 상징으로 대체된 것이야말로 역사적 방법을 지향하는 수사학의 출발점이 될 수 있다고 평가한다. "이러한 목적을 위해 우리는 유럽문학의 역사에서 특히 이 시대에 주목해야 한다. 수사학의 핵심 개념들은 이 시기에 결정적인 변화를 겪었으며 의미심장한 긴장관계의 중심에 놓이게 되었다. 이러한 관점에서 18세기 후반에 '상징'이라는 단어가 어떻게 비유적인 표현방식을 일컫는 다른 명칭들을 내몰기 시작했는지, 그리고 '알레고리' 개념이 어떻게 이 물결에 휩쓸리게 되었는지에 대한 고찰은 많은 것을 해명해줄 것이다."(de Man 1993, 83) 드 만은 18세기에 알레고리와 상징이라는 대립쌍이 형성된 것에 특별한 의미를 부여한다. 그는 이 예를 통해 미학에 의하여 수사학이 내몰리는 과정을 명료하게 보여주고, 이를 되돌리려 한다.

상징 비판

드 만이 보기에 18세기에 상징이 알레고리보다 우월한 위치를 차지하게 된 것은 일치를 이루어내는 상징의 기능 때문이다. "언어의 재현 기능과 의미 기능의 일치로 이해될 수 있는 상징이 우월한 위치를 장악하게 된 것은 문학적 취향, 문학비평, 문학사의 공유지점이자 토대가 되었다."(de Man 1993, 85) 드 만은 18세기에 상징이 역사적으로 성공을 거둔 이유를 재현과 의미의 근본적인 일치에서 찾는 한편, 지향적 수사학의 과제가 기호와 의미의 차이에 대한 알레고리적 경험을 통해 상징의 일치관계를 철회하는 일에 있다고 규정한다.

상징의 우위를 무효화하기 위해 드 만은 그의 논문에서 두 단계에 걸쳐 논증을 제시한다. 먼저 그는 18세기 문학을 대표하는 작가들이 그가 진단한 "상징의 이데올로기"에 매몰되지 않았음을 보여준다. 그는 상징에 편향된 문학관에 반대되는 사례로서 횔덜린의 후기 찬가나 괴테 노년의 작품, 그리고 특히 낭만주의이론과 문학을 제시한다. 두 번째 단계로 드 만은 상징에 대한 체계적 비판에 착수하는데, 그의 비판은 일치를 이루어내는 상징의 기능을 겨냥하고 있다.

상징과 대유

상징이 경험의 일치를 어떻게 보장하는가라는 물음에 대하여 드 만은 놀라운 대답을 내놓는다. 대유의 구조가 상징의 토대가 되는 한 상징은 동일성을 보장한다는 것이다. "상징은 대유와 유사한 구조를 갖고 있다. 상징은 언제나 그것이 표현하는 전체의 일부이기 때문이다."(de Man 1993, 87) 상징이 분산된 개별성을 일치의 형식으로 통합시킬 수 있는 것은, 이 일치의 형식이 공간적 동시성의 원리에 의거하여 전체의 일부가 되기 때문이다. 이에 반해 알레고리는 시간성의 비유법이다. "반면에 알레고리의 세계에서는 시간이 근원적으로 본질적인 범주이다."(de Man 1993, 103) 알레고리의 근원에 자리 잡고 있는 시간성의 구조를 드 만은 순수한 진행성의 표현으로서의 언어기호라는 정의에 의거하여 설명한다. 이러한 순수한 진행성은 현전이나 동일성의 어떤 형식으로도 전환될 수 없다.

알레고리적 기호와 그 의미(시니피에)의 관계는 결코 교조적으로 확

> 정될 수 없다(…). 여기에서 중요한 것은 오히려 기호들 사이의 관계이고, 기호와 그때그때의 의미들 사이의 연관성은 부차적인 것이 된다. 하지만 기호들 사이의 이러한 관계는 필연적으로 그것을 본질적으로 구성하는 시간적인 요소를 지니고 있다. 즉, 알레고리가 성립되려면 알레고리적 기호가 그에 앞서 있는 다른 기호와 관계를 맺는 일이 불가피하게 요구된다. 이러한 이유로 알레고리적 기호에 의해 구성된 의미는 오로지 선행한 기호의 **반복**(키르케고르의 의미에서) 속에서만 존속될 수 있다. 알레고리적 기호는 그에 선행하는 기호와 결코 동일한 것이 될 수 없는데, 왜냐하면 이 선행하는 기호의 본질은 바로 그것의 순수한 진행성에 있기 때문이다(de Man 1993, 103쪽 이하).

알레고리의 시간성

드 만에 따르면 총체적 보편성의 상징적 재현이 기표와 기의의 이념적인 일치를 목표로 삼는 반면에, 알레고리는 오로지 기표의 질서와 관련된다(Kahl 1992, 302 참조). 이로써 드 만은 알레고리의 시간성에 관한 자신의 이론을 기표와 기의의 이분법적 분류에서 순수한 기표의 연쇄라는 영역으로 이동시키는데, 라캉은 이미 이러한 방식으로 자신의 이론을 전개한 바 있다(Müller 1988, 87 참조). 드 만은 알레고리의 시간성을 입증하기 위해 다시 이중의 논증단계를 거친다. 우선 그는 알레고리가 기의의 차원에 우선적으로 연관된 기호가 아님을 보여준다. 기표와 기의의 결합이라는 기호의 고전적 정의 대신에 드 만은 알레고리를 통해 기표와 다른 기표의 관계를 내세운다. 두 번째 단계로 그는 알레고리적 기표의 연쇄 안에서 표현되는 언어의 질서를 "순수한 진행성"의 형식이라고 정의한다. 따라서 그는 알레고리의 시간성을 기표의 연쇄의 선형적 질서로부터 이끌어낸다. 즉, 기의가 아니라 시간적으로 앞서 있는 다른 기표와 연관된 기호인 알레고리의 의미는 선행하는 기표를 지시함으로써, 그리고 더 나아가 순수한 진행성과의 관계를 통해 구성된다는 것이다. 이 순수한 진행성이 기표의 연쇄가 기호로서 기능하는 것을 비로소 가능하게 만든다.

비유과 의미 사이에 놓인 심연으로서의 알레고리

드 만은 비유와 의미 사이의 균열이 알레고리적 기호를 그것의 의미와 필연적으로 분리시키는 심연의 표현이라고 해석한다. 이에 관해 베르너 하마허는 다음과 같이 설명한다. "알레고리적 기호는 항상—그 사물이나 표상이 아닌—다른 기호를 지시한다. 이 다른 기호는 첫 번째 기호에 시간적으로 앞설 뿐만 아니라, 더 나아가 순수한 진행성의 기호이다. 이 진행성은 결코 언어적이거나 인식론적인 노력을 통해서 추적될 수 없고, 역사의 흐름 속에 있는 하나의 사건으로 고착될 수 없다."(Hamacher 1988, 11) 드 만에 따르면 의미는 오로지 시간적으로 선행하는 것의 맹목적 반복 안에서만 구성된다.

따라서 한편으로 드 만에게서 알레고리는 언어적 차이에 관한 수사학이론의 패러다임을 가리키고, 다른 한편으로는 『시간성의 수사학(*The Rhetoric of Temporality*)』에서 시도하였듯이 알레고리는 상징의 일치에 대한 근본적인 비판의 출발점으로 나타난다. 그는 18세기에 등장한 상징의 이데올로기가 알레고리적 차이를 은폐하고 있다고 해석한다.

> 이제 더 이상 낭만주의적 사유의 핵심 사상을 주체와 객체 사이의 변증법적 관계로 보아서는 안 될 것이다. 변증법이야말로 오히려 끊임없이 시간적 관계의 계기로 만들어졌던 것인데, 이러한 시간적 관계는 알레고리적 기호의 체계 안에 있다. (…) 언어의 차원에서 보면 19세기에 거듭 주장되었던 알레고리에 대한 상징의 우위는 단지 이러한 끈질긴 자기기만 현상의 한 형태일 뿐이다(de Man 1993, 104쪽 이하).

상징적인 것은 알레고리적인 것이다

낭만주의에 대한 드 만의 지적은 언어에서 상징의 총체성을 만들어내는 것이 단지 알레고리의 시간적 차이가 불가피하다는 사실을 은폐하려는 방어적 전략에 불과하다는 명제의 출발점이 된다. 드 만이 볼 때 알레고리는 상징과 대립하는 독자적인 비유법에 그치는 것이 아니라, 오히려 모든 상징이 궁극적으로 알레고리에 소급된다. 『시간성의 수사학』의 결론은 대략 다음과 같이 요약될 수 있을 것이다. 즉, 해체는 그 바탕에 숨겨져 있는 알레고리적 차이를 드러내 보여줌으로써 상징의 동일성을 체계적으로 탈신비화하는 작업에 다름 아니라는 것이다. "문학의 언어는 자신에 고유한 오해 자체를 형상화하고 있다는 드 만의 말은 텍스트가 알레고리적인 방식으로 모든 해석의 부적합성을 현시한다는 것을 의미한다."(Culler 1999, 239) 이로써 드 만이 기도하고자 하는 일이 고전 미학에 대한 비판적 교정을 통해 『판단력 비판』에서 칸트가 단절해버린 화술과 문학 사이의 끈을 다시 이어놓는 것임이 드러난다. 드 만은 철학적 미학의 역사적 요구들에 대항하여 수사학과 문학의 계기들을 다시 결합시킴으로써 상징에 입각한 18세기의 문학이론들을 단호히 거부하는 시학의 초석을 놓는다.

알레고리의 알레고리

하지만 드 만이 상징과 알레고리의 대립을 사례로 하여 미학과 수사학의 관계를 사변적으로 전복한 것은 그의 이론이 지니는 한계를 보여주는 것이기도 하다(Müller 1988, 238 참조). 이렇게 설정된 틀 안에서 드 만의 문학이론은 18세기의 철학적 미학에 대한 일관된 교정인 동시에, 주객만 바뀐 철학적 미학의 연장이라고도 볼 수 있다. 언어의 수사적 성질을 비판적으로 증명하는 일이 전적으로 알레고리라는 기호에 맡겨짐으로써 이러한 작업은 모든 역사적 분기점의 명료한 구분을 상실하고 만다. 뿐만 아니라 알레고리 자체의 맹목적 반복이라는 알레고리에 대한 정의는 의미의 알레고리적 심연으로 내려가라는 항상 동일한 과제만을 문학이론에 부과한다. 이러한 맥락에서 자크 데리다는 드 만의 알레고리 이론을 "알레고리의 알레고리"(Derrida 1988b, 106)라고 규정하였고, 베티네 멩케는 "공허한 알레고리의 알레고리"(Menke 1993, 43)라고 표현하였다. 알레고리의 기치하에 언어의 자기지시성이 이론 자체에까지 확장됨으로써, 철학적 미학을 비판적으로 교정하려 한 드 만의 시도는 18세기의 미학적 편견을 주객만 바꾼 채 그대로 반복하는 한계에 봉착하고 만다.

8. 페미니즘 해체주의와 젠더 연구

해체주의와 페미니즘

해체주의의 기본 관심사는 무엇보다도 서구 형이상학의 전통적 대립 개념을 동요시키는 데 있다. 음성과 문자, 현상계의 현상성과 물질성, 부재와 현전처럼 한때 수립되어 형이상학의 역사에서 영향력을 발휘해온 대립항들이 해체주의가 비판하는 예들이다. 그러므로 해체주의의 형이상학 비판에서 페미니즘 문예학의 성이론까지의 거리는 단 한 걸음에 불과하다(Vinken 1992 참조). 왜냐하면 데리다가 형이상학의 역사를 로고스 중심적 사유로 파악한 것처럼, 페미니즘 문학이론은 철학사와 문학사에서 남근중심주의, 다시 말해 남성상에 의해 규정된 담론을 인식하기 때문이다. 그 안에서 여성성은 전적으로 타자로서만 나타난다. 이에 따라 페미니즘 문학이론의 주된 관심사는 한편으로 글쓰기의 특별히 여성적인 특징에 주목하고, 다른 한편으로는 남성적 담론의 사회적·제도적·정치적 지배 메커니즘을 입증함으로써, 철학과 문학의 남근중심주의에 대해 오래 전부터 잠재적 교정자로서 기능해온 여성이라는 타자를 활성화시키는 데 있다. 80-90년대 페미니즘 문학이론에서는 특히 성대립에 대한 해체주의적 비판과 사회의 억압 메커니즘에 대한 담론분석적 비판이라는 두 개의 상이한 전통노선이 결합하여 문예학의 전통적 범주를 넘어서는 종합명제에 이른다.

남근중심주의 비판

비판이론은 이미 페미니즘 문예학에 중요한 사유계기들을 제공한 바 있다. 실비아 보벤쉔은 『상상된 여성성(*Die imaginierte Weiblichkeit*)』에서 "여성적인 것의 문화사적 현전과 나타남"(Bovenschen 1979, 9)의 문제를 "여성적 시각이 없는 역사"(Bovenschen 1979, 10)의 문제로 제기하였다. 보벤쉔이 18세기 문학, 특히 감상주의의 예에서 보여준 것처럼, 이 역사는 실재하는 여성의 부재의 역사이자, 남성적으로 상상된 여성상의 역사라는 것이 드러난다. 보벤쉔의 연구는 실재하는 여성 작가와 상상된 여성성 사이의 긴장으로부터 출발하여 문학사에 전적으로 새로운 통로를 열어주었다고 자부할만한 해석의 능력을 제시한다.

상상된 여성성: 보벤쉔

해체주의와 담론분석이 비판이론을 넘어서듯이 해체주의의 주변에서 생겨난 페미니즘 사상의 사유계기들 또한 보벤쉔을 이끈 질문의 지평을 넘어선다. 따라서 페미니즘 문학이론의 가장 유명한 대표자들인 엘렌 식수, 뤼스 이리가레, 주디스 버틀러는 보벤쉔처럼 아도르노가 아니라 라캉, 데리다, 푸코를 출발점으로 삼는다.

또 다른 섹슈얼리티: 이리가레

뤼스 이리가레의 가장 중요한 대화상대자는 프로이트다. 그녀는 자신의 연구서 『검시경. 타자의 성의 거울(*Speculum. Spiegel des anderen Geschlechts*)』(1980)에서 특히 프로이트의 주제인 섹슈얼리티를 날카롭게 비판한다. 비판의 출발점은 프로이트의 남근중심주의, 다시 말해 논란거리가 되어온 남근선망이론의 틀 안에서 남성적 섹슈얼리티를 전형으로 삼는 성에 대한 그의 편협한 기준이다. 이리가레는 이에 대항하여 여성적 섹슈얼리티의 독립성을 주장하는 이론을 정립한다.

이리가레는 프로이트의 남근선망이론에 반대하여, 남근이 없는 여성적인 섹슈얼리티의 근거로서 여성의 음순을 전형으로 설정한다. 동시에 그녀는 전이된 의미에서의 여성성을 남성적 재현의 논리를 해체하는 것으로서 파악한다.

> 이제 중요한 일은 모든 의미를 위에서 아래로, 뒤에서 앞으로 방향 전환하는 것이다. 이어서 중요한 일은 그 의미를 **근본적으로 동요시키고**, 자신을 뒤흔들고 있는 것이 무엇인지 말하지 못하는 무능력 속에 빠져 있는 '몸'이 돌파해야만 하는 위기를 그 의미 속에 전이하여 다시 받아들이는 일이다. 또한 배제의 장소를 상기시키는 담론 안의 저 **여백의 자리**를 의식적으로 고수하는 일이다. 이 배제의 장소가 **침묵하는 구체성** 속에서 기존에 수립된 담론 형식의 연관, 연결, 정합적 확장을 가능케 한다(Irigaray 1980, 181).

여성성과 담론

이리가레에게서 여성성은 "담론 안의 저 **여백의 자리**"에 위치하는데, 이 여백의 자리는 남성적 화면의 지배 덕분에 생겨나는 것으로서, 이 화면은 어떤 조건하에서도 결국 무력화되어, 여성적인 것이 자신의 독자성에 이르도록 해준다. 이렇게 하여 이리가레는 문학에서 여성성이 차지하는 위치에 대해 질문을 던지는 비판적 분석의 길을 열었다.

글쓰기의 여성성: 식수

엘렌 식수는 이리가레와 유사한 방식으로 프로이트와 정신분석의 전통을 비판한다. 프랑스의 문예학자이자 작가인 식수는 "여성적 글쓰기"(écriture féminine)라는 개념에 의거하여 남/녀의 대립을 해체하려 한다. 몇 가지 점에서 데리다와 유사한 입장을 보여주는 식수는 특히 그녀의 저서 『여성적인 것의 영원한 순환(*Die ewige Zirkulation des Weiblichen*)』(1977)과 『글쓰기에서의 여성성(*Weiblichkeit in der Schrift*)』(1980)에서 소유권력의 경제학으로서의 남성 담론의 경제학을 비판적으로 고찰하고, 이에 대비되는 것으로서 다가감이라는 여성적 원리를 제시한다. 여성적 글쓰기는 성적 차이의 근거를 표현해주는 두 가지 경제학의 결합 속에 존재한다. 여성의 특수한 육체성의 이념과 밀접하게 연관된 여성적 글쓰기라는 개념을 통해 식수는 페미니즘의 입장에서 쉽게 정체성 확인의 근거가 될 수 있는 개념을 토론의 장에 끌어들였다. 하지만 그것이 지닌 커다란 설득력에도 불구하고 남성의 경직성에 대비되는 개방성과 다원성, 유동성과 생명성의 원리로서의 여성성이라는 도식적인 대립구도는(Bossinade 2000, 76 참조) 정신분석학을 설득력 있게 비판하고 있는 그녀의 사상적 출발점이 지닌 혁신적인 토대에 그리 이롭지 않은 영향을 미치고 있다.

여성성의 신화화?

식수가 정립한 여성적 글쓰기의 개념은 이론의 여지없이 문학이론에 새로운 시각을 열어주었지만, 동시에 신비화의 위험성 또한 지니고 있다. 이것은 비록 프로이트의 남근중심주의를 무효화하고 있기는 하지만, 이와 동시에 여성성을 남성적 담론의 완전한 타자로서 규정하는 것으로 과연 충분한가라는 비판적 의문을 제기하게 한다(Lindhoff 1995, 122-128 참조).

성과 담론: 버틀러

이런 맥락에서 주디스 버틀러의 공적은 성적 차이의 본래적 근원에 대해 물음을 제기한 것에 있다. 그녀가 출발점으로 삼고 있는 물음은 다음과 같다. "'여성적 존재'는 '자연적 사실'인가 아니면 문화적 수행의 결과인가?"(Butler 1991, 9) 그녀의 연구서 『젠더 트러블(*Das Unbehagen der Geschlechter*)』의 목표는 니체와 푸코의 계보학적 사유의 연장선상에서 성 개념의 역사를 재구성하는 것이다. 그녀는 특히 후기 푸코의 문화적 담론과 권력 메커니즘의 상관관계에 대한 통찰을 고찰의 출발점으로 삼는다. "나의 테제는 페미니즘적 주체의 보편성과 순결성이라는 가정이 이러한 주체의 기능이 근거로 삼고 있는 재현 담론의 한계를 통해서 붕괴된다는 것이다."(Butler 1991, 20) 이를 통해 버틀러는 지금까지의 페미니즘 이론에 비판을 가한다. 문제의 쟁점은 여성 주체의 위상에 대한 물음이다. 이런 맥락에서 버틀러는 "페미니즘적 주체를 구성하도록 강요하는 것에 대해 페미니즘의 관점에서 숙고할 수 있는 가능성"(Butler 1991, 21)을 제시한다.

성과 젠더

여기에서 특히 중요한 것은 생물학적 범주의 성과 문화적 범주의 젠더를 구분하는 것인데, 이 구분이 여성 주체 안에 분열을 일으켜 전통적인 방식으로 여성성의 "주체"에 대해 말하는 것을 금지시킨다. 성적으로 결정된 육체와 문화적으로 규정된 성의 불연속성이 나타내는 것은 오히려 "성적 정체성(젠더)이란 성(섹스)에 대한 문화적 해석이거나 하나의 문화적 구성물"(Butler 1991, 25)이라는 것이다. 버틀러의 이론이 어느 정도로 후기 푸코와 연결되어 있는지는 그녀의 이론이 성을 결국 담론 실행의 효과로서 파악하고 있다는 것에서 잘 드러난다. 담론 실행이 비로소 여성의 정체성에 대한 발언 자체를 가능하게 한다는 것이다. 따라서 버틀러에게 "여성은 주체도 주체의 타자도 아니고, 이원적 대립의 경제학의 차이다. 이 경제학이 남성적인 것의 독백적 발언을 은폐하고 있다."(Butler 1991, 40) 버틀러의 관심은 "여성의 정체성"이나 "여성적 차이"를 증명하는 데 있는 것이 아니라, 문화사적 토대로서의 남/녀라는 이원적 범주를 문제 삼는 일이다. 이로써 그녀는 문학이론과 문화이론에 새로운 장을 열어주는 결정적인 일보를 내디뎠다.

버틀러: 안티고네에 대하여

하지만 버틀러의 혁신적인 사상이 지니는 한계는 바로 문학 텍스트에 대한 논의에서 드러난다. 버틀러는 저 유명한 『안티고네』의 예를 통해 남/녀라는 성의 범주에 대한 비판적 물음을 제기한다. 고찰의 출발점은 안티고네가 크레온과의 충돌을 통해 체현하고 있는 페미니즘의 위치, 그리고 남성이 지배하는 국가에 대항하는 페미니즘의 위치에 대한 물음이다. 이러한 출발점은 버틀러가 헤겔에게 의존하고 있다는 것을 보여주는데, 헤겔은 『안티고네』에 나타난 분쟁을 가족과 국가의 대립으로 해석한 바 있다. 하지만 동시에 고찰의 과정을 통해 확인되는 것은 버틀러가 안티고네라는 대상을 두고 헤겔, 라캉, 이리가레를 비판함으로써 결국 자신의 고유한 위치를 드러내려 한다는 것이다. "나의 독자적인 『안티고네』 독해에서 내가 시도한 것은 한마디로 이러한 분열에서 생산적 위기를 끌어내려는 것이다."(Butler 2001, 54) 버틀러가 말하고 있는 생산적 위기는 안티고네라는 인물에서 분명히 나타나는 이성애에 대한 비판으로 귀결된다. "안티고네는 원래 동성애적 주인공은 아니다. 하지만 그녀에게는 확실히 새로이 읽혀져야 할 이성애적 불행의 숙명이 상징적으로 나타난다."(Butler 2001, 116) 라캉이 그랬던 것처럼 버틀러는 이 비극의 여주인공에게서 에로티시즘의 경향을 발견한다. 버틀러는 안티고네의 무의식적 욕망을 동성애적인 것으로 제시한다는 점에서 라캉을 넘어선다. 하지만 안티고네의 행동의 동기가 실제로 에로스(*eros*)에서 비롯된 것인지, 혹시 가족과 연관된 필리아(*philia*)에 기인하는 것은 아닌지에 대한 문헌학적 질문은 거의 다루어지지 않고 있다. 이에 따라 버틀러가 성의 문화사로서의 페미니즘 문예학을 설득력 있게 정초하고 있는 것은 사실이지만, 그 안에는 이론의 요구와 문학의 요구 사이에 가로놓인 깊은 균열이 여전히 남아있는데, 이는 버틀러와 담론분석이 공유하는 점이기도 하다.

9. 메타포의 해체: 해체의 메타포

텍스트와 해체

데리다가 그에 부여한 형식 안에서 해체주의란 텍스트가 아닌 그 어떤 심급도 인정하지 않는 텍스트이론이다. 따라서 전의적 비유(Tropen)나 형용적 비유(Figuren)와 같은 수사학의 개념들은 해체주의의 텍스트 개념을 위해 특별한 역할을 한다. 이러한 사실은 해체주의가 포스트구조주의 전체의 두드러진 특징이었던 구조주의식의 은유와 환유의 교차를 계승하고 있다는 점에서도 확인되지만, 드 만이 자신의 문학이론에서 핵심으로 삼았던 알레고리와 상징의 대립 속에서 더욱 명확히 드러난다.

메타포 이론

데리다와 마찬가지로 드 만에게서도 수사학은 논리학과 문법학을 탈중심화하는 역할을 넘겨받는데, 그만큼 메타포 이론은 해체주의에서 커다란 중요성을 지닌다. 전통적으로 전이의 형식으로 정의되어온 메타포의 형식은(Aristoteles 1982, 67, Quintilian 1972, 219 참조) 데리다와 드 만에 의해 탈중심의 패러다임으로 해석되는데, 이러한 탈중심적 사유에서 언어는 차이의 묶음 전체로 정의된다.

메타포론과 개념사

안젤름 하버캄프에 따르면 한스 블루멘베르크가 구상한 "메타포론"(Blumenberg 1998)은 해체주의의 선구자 역할을 자임할 자격을 지니고 있다. "그의 '인류학적 접근'이 지향하고 있는 메타 수사학은 로고스 중심주의적 역사관에 대한 데리다의 비판을 선취하고 있다."(Haverkamp 1998, 278쪽 이하) 하버캄프가 블루멘베르크를 해체주의의 역사에 끌어들인 것은 블루멘베르크가 철학사에 제기한 지적, 즉 그것의 개념적 편향성에 대한 지적에 의거한 것인데, 여기에는 다분히 문제의 소지가 있다. 블루멘베르크에 따르면 이와 반대로 메타포론은 비코에게서 차용된 상상력의 논리학의 맥락에서 "철학의 언어에서 메타포가 정당성을 갖기 위해서는 어떤 전제조건이 요구되는가"(Blumenberg 1998, 10)라는 질문을 제기함으로써, 철학의 논리적 곤경에 균형추 역할을 할 수 있다. 블루멘베르크는 특히 "이성의 빛"이라는 표현을 사례로 하여 "절대적 메타포" 이론을 구상하는데, 이것은 결국 전통적인 개념사를 보완하려는 것으로 이해될 수 있다. "이러한 맥락에서 개념사에 대한 메타포 이론의 관계는 (좁은 의미에서) 일종의 복무관계로 규정되어야 한다. 다시 말해 메타포론은 사유의 하부구조에, 그 지층에, 체계적인 결정화작용의 배양액에 다가가고자 한다."(Blumenberg 1998, 13)

블루멘베르크와 데리다

하버캄프가 시사했듯이 데리다도 철학에서 메타포가 지니는 기능에 대해 물음을 던지고 있다는 점에서 블루멘베르크의 구상과 연결될 수 있지만, 블루멘베르크와 달리 데리다는 개념사에 예속된 복무관계로부터 메타포론을 해방시킴으로써 메타포론의 경계를 지우려 한다. 즉, 니체와 더불어 데리다는 메타포를 철학의 개념성에 대한 교정에 불과한 것이 아니라, 이에서 더 나아가 그에 대한 전복으로 이해한다. 이러한 입장을 피력하고 있는 1971년의 논문 「백색 신화(Die weiße Mythologie)」에서 데리다는 아리스토텔레스와 니체의 메타포 이론을 끌어들여 철학과 언어의 관계를 근본적으로 새롭게 규정하려 한다. 그는 철학 텍스트에서 메타포의 기능을 태양의 예를 통해 설명한다. 블루멘베르크에게서처럼 데리다에게도 태양은 "절대적 메타포"(Blumenberg 1998, 10), "메타포의 메타포"(Derrida 1998a, 214)인 이성의 빛이다. 태양이 메타포의 메타포인 것은 한편으로 태양은 본래의 의미에서 전이되어 이성의 빛을 지시하지만, 다른 한편으로는 철학 텍스트에서 언어의 산종(disseminative) 작업을 상징하기 때문이다. 이런 맥락에서 데리다는 철학 텍스트를 "태양중심주의

(Heliotrop)"(Derrida 1988a, 258), 태양을 닮은 원운동으로 파악한다. 이 원운동은 텅 빈 중심의 주변을 끊임없이 맴도는데, 여기서 텅 빈 중심은 한편으로 이성의 빛이기도 하지만, 다른 한편으로는 언어를 통한 의미의 암흑화이기도 하다.

메타포와 개념

데리다가 보기에 철학 텍스트는 메타포에 의해 완전히 지배되고 있는데, 그렇다고 해서 이것이 하이데거적인 의미에서 진리 계시의 과정이나 존재의 비춤을 의미하는 것은 결코 아니다. 데리다의 규정에서 중요한 것은 오히려 메타포로 구조화된 언어 속에서 의미가 스스로 상실된다는 사상이다. 철학은 논리를 통해 이 의미를 되찾으려 애쓰는 헛된 노력이다.

> 철학적 담론 그 자체는 두 개의 태양 사이에서 동요되고 흡수되는 메타포를 기술하고 있다. 메타포의 이러한 **종말**은 죽음이나 분열이 아니라 내면화된 상기(Anamnese)이자 기억이며, 생생한 고유성 안에 살아있는 메타포성의 의미회귀이자 지양이다. 철학적인 것은 근원과 동양적인 차이 사이에 위치하는 메타포의 활동공간 자체를 결합하고, 내면화하고, 지배하고, 지양하고, 변증하는 것에 있는 것이지, 억압적인 욕망에 있는 것이 아니다(Derrida 1988a, 256쪽 이하).

메타포를 통한 철학의 전복

많은 전제를 함축하고 있는 데리다의 이론은 철학적 담론을 메타포의 질서에 귀속시키는데, 그것은 무엇보다도 철학적 담론이 의미에 대한 상기적 지양을 통해 궁극적으로 도달될 수 없는 근원에 이르는 통로를 찾는다는 점에서 그러하다. 따라서 데리다에게 있어 메타포는 단지 철학이론의 한 구성요소가 아니며, 오히려 철학이 메타포의 탈중심화 작업에 완전히 종속된다. "메타포가 철학 텍스트의(그리고 그에 맞춰진 수사학 텍스트의) 수중에 들어있는 것이 아니라, 오히려 철학이 메타포의 수중에 들어있다."(Derrida 1988a, 248) 이로써 데리다는 메타포 개념에 대한 철학의 우위라는 전통을 전복시킨다. 이러한 전복은 이미 블루멘베르크에게서도 암시되었던 것이지만, 그에게서는 메타포의 수사학이 개념의 논리학과 대립하는 것은 아니었다.

드 만의 메타포의 인식론

폴 드 만은 그의 논문 「메타포의 인식론(Die Epistemologie der Metapher)」에서 데리다와 동일한 전제를 따른다. 그 역시 메타포의 이름하에 철학의 수사학화를 완수하는데, 여기에서 언어의 수사학은 논리적 개념성에 대해 우월한 위치를 차지하고 있다.

> 메타포, 전의적 비유, 그리고 형용적 비유의 언어는 지속적인 문제로서, 이는 철학적 담론, 그리고 더 나아가 역사서술 및 문학분석을 포함한 모든 담론적 언어 사용에서 발생하는 혼란의 원천이 되어왔다. 이제 철학은 그것의 언어가 지닌 비유성에 보조를 맞추기 위해 철학에 본질적으로 요구되는 엄밀성을 포기하거나, 아니면 모든 비유적 언어사용으로부터 해방되어야 하는 양자택일에 직면한 것으로 보인다(de Man 1996, 414).

비유와 개념

데리다와 마찬가지로 드 만에게서도 궁극적인 문제는 메타포를 통한 철학의 자기지양이다. 데리다의 메타포 이론에서는 아리스토텔레스와 니체가 결정적으로 중요한 보증인이었다면, 드 만은 철학적 진리론을 전복시키는 메타포의 문학적 역능을 제시하기 위해 루소, 로크, 콩디야크, 칸트를 역사적인 사례로 다룬다. 드 만은 메타포를 "자기 정립의 동어반복"(de Man 1996, 419)으로 간주하는데, 위의 사례들을 통해 그는 "개념은 비유이고, 비유는 개념"(de Man 1996, 427)이라는 사실을 분명히 하고자 한다. 메타포의 수사학적 인식론이라는 드 만의 틀 안에서 "정신 혹은 주체"는 "핵심적 메타포, 메타포의 메타포"(de Man 1996, 430)로 나타나고, 철학과 문학의 경계선상에 있는 로크나 콩디야크의 텍스트들은 언어 전체를 규정하는 "동일한 비유론적 측면을 지닌 알레고리"(430)로 나타난다. 메타포의 메타포라는 형식 안에서 수사학과 철학의 분쟁 속에 놓여있는 언어의 형용적 비유의 힘은 데리다가 아나톨 프랑스에게서 차용한 구호 "백색 신화"에 의해 이미 요청된 바 있는 알레고리로 귀착한다.

메타포의 의미: 데이비슨

"메타포는 언어의 꿈작업이며, 이에 대한 해석은 모든 꿈작업에서와 마찬가지로 원래의 것(Urheber)만큼이나 지시하는 것(Deutenden)에 대해서도 거울의 반영을 통해 말해준다."(Davidson 1998, 49) 놀라운 방식으로 정신분석학을 끌어들이는 도널드 데이비슨의 이 명제는 해체주의 메타포 이론의 핵심으로 나아간다. 미국의 철학자 데이비슨이 언어분석의 입장에서 해석한 메타포에 대한 정의는 메타포에 대한 해체주의의 정의와 여러 가지 점에서 대립한다. 드 만과 데리다에 따르면 메타포는 불연속적인 의미전이의 형식으로 차이를 발생시킨다. 이러한 차이 대신 데이비슨은 메타포가 단지 그것이 의미하는 것을 의미할 뿐이라는 논리적 판단을 제기한다. "이 글에서 다루어지는 것은 메타포가 무엇을 의미하는가라는 문제이다. 그리고 이 명제에 따르면, 메타포는 해당 단어들을 철저히 글자 그대로 해석했을 때 의미하는 바로 그것을 의미하며, 그 외에는 아무것도 의미하지 않는다."(Davidson 1998, 49) 메타포의 철자성에 대한 데이비슨의 신선한 판단은 언어의 문자 그대로의 의미와 비유적인 의미를 구분하는 전통에 설득력 있는 방식으로 이의를 제기한다. 이에서 더 나아가 그는 메타포에서 핵심적인 역할을 하는 것은 의미의 차원이 아니라 사용의 차원이라고 주장한다. "메타포의 중요한 특성은 의미가 아니라 사용에 있다."(Davidson 1998, 68) 이로부터 데이비슨은 다음과 같은 결론을 이끌어낸다. "메타포의 의미 혹은 메타포의 진리에 대한 이론은 메타포의 기능방식을 설명하는 데 아무런 도움도 주지 못한다."(Davidson 1998, 68)

해체와 메타포

이로써 드 만과 데리다에게서 나타나는 메타포의 사용은 해체이론 일반의 몇 가지 면모를 드러낸다. 메타포에 대한 데이비슨의 화용론적 정의는 언어의 의미에 대한 전통적인 질문에서 벗어나 언어의 사용에 대한 질문으로 나아간다는 점에서 혁신적이라 할 수 있다. 반면에 드 만과 데리다의 규정들은 결국 역설적인 방식의 의미귀속으로 되돌아가는데, 드 만과 데리다 이론의 특징은 메타포를 알레고리화하는 경향에 있다는 점에서 이러한 의미귀속이 메타포의 질서에 편입되는 방식은 결코 자명한 것이 못된다. 데리다와 드 만은 아리스토텔레스의 연장선상에서 의미의 전이라는 언어적 형식을 메타포의 기반으로 삼았는데, 이것은 언어 자체의 메타포적 전이에 다시 연관된다. 다시 말해 전이라는 형식 속에서 메타포는 이미 항상 의미를 기형화시키는 기능을 하고 있는데, 왜냐하면 전이는 원래의 의미 영역으로 결코 소급하지 않고, 오히려 의미가 메타포의 비유적인 체계 속에서 유예되기 때문이다.

의미의 기형화

데리다는 태양이라는 "절대적 메타포"를 자신의 본래적 요구 앞에서 좌절하고 마는 철학의 실패에 대한 알레고리로 해석한다. 왜냐하면 절대적 메타포는 차이들로 이루어진 언어체계 내에서는 결코 정립될 수 없는 궁극적 정초(Letztbegründung)라는 형식에 도달하려 하기 때문이다. 태양의 빛을 인간의 이성으로 옮겨놓는 메타포적 전이를 데리다는 언어에 대한 철학의 종속으로 다시 옮겨놓는데, 이를 통해 그는 니체처럼 언어의 수사학적 차원을 사유계기로 삼아 형이상학의 해체를 수행하려 한다. 데리다의 주장의 바탕에 놓여있는 그 모든 명료함에도 불구하고 한 가지 문제가 명백히 드러나는데, 이는 드 만에게도 그대로 해당된다. 비록 데리다는 그의 논문에서 자신의 관심이 결코 "철학의 수사학"(Derrida 1988a, 222)에 있지 않다고 강조하지만, 그는 메타포의 전이작업을 언어에 있어 의미의 알레고리적 상실로서, 근원적 의미의 궁극적으로 종결되지 않는 환유적 유예로서 기술함으로써, 특유한 수사학적 방식으로 철학과 메타포의 관계를 규정한다. 철학의 의미상실은 전이된 의미 이외에 다른 의미를 내놓지 못하는 언어의 실패의 결과로 나타나는데, 여기에서 문제는 전이의 배후에 어떤 본래적 의미도 숨어 있지 않다는 데 있다.

데이비슨과 해체

데리다와 드 만의 해체주의적 메타포 이론과 데이비슨의 화용론적 메타포 이론은 글자 그대로의 의미와 구별되는 본래적 의미라는 것이 존재하지 않는다고 주장한다는 점에서 전이에 대하여 유사한 평가를 내리고 있으면서도, 결과적으로는 서로 완전히 상이한 결론에 이르게 된다(Haverkamp 1998, 123-160). 데이비슨은 발언에서 메타포가 어떻게 사용되는가라는 화용론적 질문에 주목하고 있는 반면에, 드 만과 데리다는 메타포의 언어적 기능에서 모든 형식의 근원이나 의미에 대해 좌절하고 마는 의미의 실패라는 알레고리를 인식한다. 이로써 해체주의는 철학 내부의 아포리아를 드러낸다. 다만 이 아포리아는 언어의 단어적 의미와 비유적 의미 사이의 간극이 유지되는 한에서만 성립하는데, 데이비슨이 이에 대해 설득력있는 방식으로 이의를 제기했던 것이다. 해체주의의 메타포 이론이 원래 확인하고자 하였던 것은 형이상학의 탈중심화라는 그 본래적 과제를 언어를 통해 수행하는 것이었다. 따라서 해체주의는 그 자신이 이미 메타포를 기반으로 삼고 있는 모험적 시도로서 이해될 수 있다. 여기에서 메타포의 궁극적 비본래성을 지적함으로써 언어적 의미를 해체하는 일은 하나의 이론으로 귀결되는데, 이 이론은 언어 속에서 철학적 진리가 항상 새로이 반복적으로 알레고리적 상실을 겪게 된다는 것을 사유의 중심에 두고 있다. 이에 대해 하버캄프는 전적으로 데리다와 드 만의 정신에 입각하여 다음과 같이 말한 바 있다. "이제 텍스트에 대한 메타포 이론은 의미와 이것의 알레고리적 정합성을 지향하는 모든 독서의 실패를 유발할 뿐이다."(Haverkamp 1996, 26)

메타포와 알레고리

언어의 의미론적·지시적 기능의 실패에 대한 알레고리로서의 해체주의, 그 안에서도 특히 언어기호의 자기지시성이라는 지극히 명료한 이론은 실패의 증거를 궁극적 근거 자체에 내재된 양태로서 확인한다. 즉, 메타포의 비본래성은 언어에 있어서의 의미상실에 대한 알레고리인 것이다. 메타포를 통해 언어의 의미기능을 전복시키는 해체주의가 결국 유비(Analogie)의 토대 위에서만 작동한다는 사실은 해체주의의 한계를 보여주는데, 이러한 한계는 언제고 다시금 되살아날 수 있는 여지를 지니고 있다. 따라서 해체주의가 이루어낸 성과 이전으로 되돌아가지 않으면서도 언어적 의미의 문제를 추적하는 일이야말로 문학이론의 가장 시급한 문제라고 할 수 있다.

10. 해체주의 대 분석철학

해체주의와 분석철학

데리다, 드 만, 데이비슨이 제시한 메타포에 대한 다양한 이론들은 언어와 문학에 대한 근본적으로 상이하게 구조화된 이해방식을 보여준다. 드 만이 문학을 문학에 대한 진리요구의 전복으로 이해한다면, 분석철학을 대표하는 중요한 인물 중 하나인 데이비슨은 문학 개념을 일반적인 진리이론과 조화시키려 한다. 분석철학이 언어적 표현의 분석을 통해 진리와 의미에 대한 학문적으로 정초된 진술에 도달하는 것을 목표로 삼고 있음에 따라(Tugendhat 1976, Newen 2005 참조), 문학 또한 해체주의에서와는 전혀 다르게 진리성을 지닌 담론이 된다. 그 이유는 문학이 일상어에서 쓰이는 것과 동일한 언어적 표현들을 사용한다는 데 있다. 루트비히 비트겐슈타인이 수행한 연구의 연장선상에서 분석철학은 "언어가 일상적 용법과는 다르게 기능하는 일종의 비정상적인 특수한 경우로 문학 텍스트를 간주하지 않도록" 해준다(Huemer 2006, 14). 이렇게 하여 분석철학은 해체주의의 반대자가 되는데, 그럼에도 불구하고 분석철학은 의미론적 총체론(Holismus)의 기치 아래 언어의 일반적 성격에 대한 몇 가지 신념들을 해체주의와 공유한다(Bertram/Lauer/Liptow/Seel 2008 참조).

데이비슨과 문학

이러한 배경하에서 데이비슨은 메타포뿐만 아니라 더 나아가 문학언어 일반에 대한 자신의 입장을 표명한 바 있다. 그는 문학을 언어의 한 특수한 경우가 아니라 "언어의 본질에 대한 모든 견해들의 타당성에 대한 시험대"(Davidson 2008, 262)로 파악하고자 한다. 그는 일상어에서의 화자(話者), 청자, 세계라는 모델을 저자, 독자, 전통이라는 모델로 대체하는 것에 대해 집중적으로 고찰한다. 드 만과는 달리 그가 관심을 갖는 문제는 어떻게 문학언어에서도 세계와의 관계가, 보다 구체적으로 철학의 진리요구가 갖는 일반적 전제들과 일치하는 방식으로 세계와의 관계가 형성되는가이다. 이와 동시에 그는 18세기의 미학이 그러했고 또한 여러 가지 점에서 야콥슨의 구조주의적 사유계기가 여전히 옹호했던 언어의 시적 기능의 자율성이라는 전제들로부터 거리를 둔다. “언어의 사용은 유희가 아니다. 그것은 결코 자기목적이 아니다.”(Davidson 2008, 268) 데이비슨은 문학이 그 자체로 목적이라는 견해에 반대한다. 즉 다른 언어적 표현들에서처럼 문학의 언어에서도 관건은 커뮤니케이션의 가능성에 있다는 것이다. 따라서 문학언어를 일상언어와 분리할 아무런 이유가 없다. 일상언어와 문학언어 사이에 차이가 있다면 그것은 결국 문학의 경우에는 일상언어의 지시연관성이 문학작품의 전통에 대한 관계로까지 확대된다는 점에서 찾을 수 있다.

저자의 의도

그러나 데이비슨의 경우처럼 일상언어를 기준으로 삼는 방식은 문제의 소지가 적지 않은 결과에 이르는데, 특히 그의 해석 개념이 그렇다. 일상언어의 관건이 화자를 가능한 한 정확히 이해하는 데 있는 것처럼, 문학에서도 중요한 것은 저자를 가능한 한 잘 이해하는 것이기 때문이다. 그리하여 이해한다는 것은 결국 “저자의 의도에, 그리고 텍스트의 올바른 해석에 대하여 이 의도가 지니는 연관성에”(Davidson 2008, 281) 의존하게 된다. 이렇게 하여 데이비슨은 자신이 이해와 해석에 대한 보편적 해석학의 대변자라고 자처한다. 이에서 더 나아가 데이비슨은 가다머와 달리 이해를 저자의 의도에 결합시키는데, 이는 문예학의 관점에서 볼 때 전혀 자명하지 않은 하나의 전제일 뿐이다.

문학이론과 서사학

데이비슨의 이해 개념이 직면하게 되는 문제는 문학 텍스트의 구체적인 해석에서도 나타나게 된다. 많은 현대 문학이론들처럼 데이비슨 역시 산문 장르에, 그리고 이와 함께 나타나는—본래 서사학(Narratologie)의 영역에 속하는—문학 텍스트의 허구성이라는 문제에 관심을 갖는다. 문학 텍스트와 관련하여 그에게 중요한 것은 화자와 청자가 전통과의 관계에서 합리성이라는 공통의 배경을 지닌다는 것을 제시하는 일인데, 이때 이 배경이 그때그때의 의미연관성을 규정한다.

데이비슨과 조이스

그는 조이스의 소설 『율리시스』의 제9장에 의거하여 자신의 테제를 설명한다. 여기에서 주된 문제는 무엇보다도 셰익스피어의 실존에 관한 것이다. 『햄릿』을 상호 텍스트적으로 거듭 가리키면서 셰익스피어의 인생에 대해 터무니없는 이론을 제기하는 스티븐이라는 인물을 데이비슨은 간단히 조이스 자신과 동일시한다. "도대체 스티븐은 누구인가? 다음과 같은 사실을 누구도 의심할 수 없을 것이며, 또한 누구도 의심해서는 **안 된다**. 스티븐이 바로 조이스 자신이라는 사실을"(Davidson 2006, 373). 『율리시스』에서 햄릿에 대한 수많은 암시를 통해 은연중에 드러나는 문학적 부자관계에 대한 조이스의 반어적인 유희를 데이비슨은 진지하게 받아들인다. 그는 문예학에서 통용되는 작가, 화자, 등장인물 사이의 구별을 무시하고 스티븐에게서 작가 조이스를 재인식하려 한다. 그러나 화자, 청자, 세계의 삼각형을 저자, 독자, 전통의 삼각형으로 대체하는 것은 문제의 소지가 있는 시도라는 것이 드러난다. 왜냐하면 그것은 문학을 허구적 질서로 축소할 뿐만 아니라, 더 나아가 허구성의 특수한 조건들 및 저자와 화자의 분리를 고려하지 않고 있기 때문이다. 문학을 더 이상 언어의 특수한 경우로 이해하지 않아야 한다는 요구는 전적인 일상언어가 아닌 문학의 복잡성 앞에서 좌초하게 된다.

로티에게 있어서의 진리와 정당화

데이비슨이 문학을 일반적인 진리 개념과 조화시키려고 시도한 분석철학의 유일한 인물은 아니다. 리처드 로티 역시 실용주의의 입장에서 문학의 기능에 대해 언급한 바 있다. 하지만 데이비슨과 달리 로티는 진리 자체가 아니라 정당화를 그가 수행하는 고찰의 중심문제로 삼는다. 이에 따라 그는 해체주의와 유사하게 철학적 의미에서의 엄격한 진리 개념을 유보한다. "연구와 진리는 수많은 개별적 목표들을 갖지만, 이 모든 것을 아우르는 진리라는 이름의 목표를 갖는 것은 아니다."(Rorty 1994, 30) 포괄적 진리 개념의 요구에 대해 이런 식으로 회의를 표명하는 로티는 자신의 학문적 이력을 쌓아가는 과정에서 점점 더 해체주의에 접근해갔다.

로티와 해체주의

데리다와 마찬가지로 로티 또한 철학과 문학의 엄격한 분리에 반대한다. 그는 "문학과 철학의 구분이 점점 더 희미해지도록 성실히 주의를 기울일"(Rorty 1993, 107) 것이라고 말한다. 하지만 그의 강조점은 데리다와 다르다. 그에게 중요한 것은 문학을 도덕적이고 정치적인 정당화의 문제와 연관시키는 일이다. 그는 "도덕철학의 논문이 아니라 소설이야말로 정치적 교양의 가장 유용한 수단일 것"(Rorty

2003, 23)이라고 말하는데, 그 이유는 소설이 모든 엄밀한 학문들보다 인간을 낯설게 묘사하는 것을 더 잘 해낼 수 있다는 데 있다. 데이비슨과 달리 로티는 문학을 언어 사용의 통상적인 경우로 여기지 않는다. 오히려 그는 문학언어를 자유주의 문화의 최고의 표현으로 간주하고, 문학이야말로 문학언어에 내포된 자유의 유토피아를 통해 "이론을 거부하고 이야기로 나아가는 전향"(Rorty 1992, 16)을 성취해낸다고 찬양한다.

자유주의자의 유토피아로서의 문학

이로써 로티는 도덕철학에 기초한 문학관을 피력한다. 로티는 "우리에게 있어 문학비평은 형이상학자가 보편적 도덕의 원칙을 추구함으로써 이루어내는 것과 같은 역할을 한다"고 주장함으로써, 문학비평가를 인생의 보편적 입법자로 규정한다. 이에 따라 로티는 분석철학 내에서 예외적인 경우로 나타난다. 다른 모든 분석철학자들과 달리 로티는 해체주의에 대해 개방적이다. 이에 따라 그는 데이비슨과 달리 문학에서 엄격한 진리 개념을 포기한다. 하지만 그는 동시에 데리다나 드 만과도 달리 문학에 도덕적 정언명법을 부과하는데, 그 방식은 전혀 자명하지 않다.

해체주의와 분석철학 사이에서: 카벨

로티처럼 데이비슨은 공통된 진리 개념의 기치하에 문학과 철학의 결합에 대해 근본적인 질문을 제기한다. 이러한 질문은 비트겐슈타인과 설의 전통 위에 서 있는 스탠리 카벨에게서 명시적인 모습으로 나타난다(Bronfen 2009 참조). 분석철학 전통과 연결되어 있음에도 불구하고 카벨은 엄격한 학문 개념을 고수하는 철학이나, 진리 개념을 유예하려 하는 해체주의로부터 모두 벗어나려 하는데, 그 이유는 그가 "철학이 학문이라는 생각(몇몇 초기 실증주의자들이 주장하거나 추정했듯이), 혹은 철학이 학문이 아니라는 생각(근래 프랑스 철학이 받아들이려 하고 있듯이)"(Cavell 2002a, 26)에 모두 반대하는 입장에 서 있기 때문이다. 이러한 배경하에 카벨은 자신의 글에서 거듭 영화와 문학에 대해 고찰함으로써, 철학의 좁은 범위를 넘어서는 복합적 문제를 제시하려 한다.

카벨과 비극

이러한 맥락에서 비극에 대한 그의 연구는 특별한 중요성을 지닌다. 비극에 주목함으로써 카벨은 아리스토텔레스와 독일 관념론의 전통에 선다. 이에서 더 나아가 카벨에게서 중요한 것은 문학에 대한 지식과 회의주의라는 철학의 보편적인 문제와 정면으로 대결하는 것이다. "나의 출발점은 철학을 회의주의로 서술하는 것이(예를 들어 데카르트, 흄, 칸트의 경우처럼) 세계와 타자와 나 자신과 언어에 대한 하나의 관계라는 것이다. 이러한 관계는 그 모든 변장술에도 불구하고 우리가 문학이라고 지칭할 수 있는 것에 매우 친숙하다."(Cavell 2002b, 78) 카벨에게 있어 문학은 회의주의 철학 전통에서 분명히 나타나는 지식의 가능성에 대한 회의를 철저하게 고찰하기 위한 모델이 된다.

셰익스피어의 회의주의

비극에 대한 카벨의 고찰에서 출발점이 되고 있는 것은 셰익스피어, 특히 그의 『오셀로』이다. 카벨은 오셀로의 질투가 그의 부인의 실존적 진실에 대한 앎이 근본적으로 불확실하다는 것을 보여주는 지표라고 해석한다. 오셀로가 그의 부인을 살해한 것은 그가 자신의 회의를 극복하지 못하고 결국 회의주의에 투신했다는 것을 보여주는 지표라는 것이다. 철학적으로 지식에 대한 회의라고 이해되는 바로 그것을 셰익스피어는 그의 드라마에서 보여주고 있다는 것이다. 하지만 회의주의에 있어 철학의 지식은 그 자체로서 불확실한 것이지만, 셰익스피어의 예에서 보듯이 문학은 철학적 회의를 재현함으로써 그 회의를 극복하지 않으면서도 진리에 기여하고 있는 것은 아닌가라는 질문이 제기될 수 있다. 카벨은 철학의 진리에 대해 다음과 같이 말한다. "하지만 철학이 진리를 문학의 손에서 다시 돌려받기를 바랄 수는 없는 것일까? 철학이 예전처럼 계속해서 문학을 폴리스에서 추방할 것을 요구하는 한, 물론 그것은 불가능할 것이다. 혹시 철학 자신이 문학이 될 수 있다면, 그것은 가능할지도 모른다. 하지만 과연 철학이 문학이 되고, 동시에 지식으로서 자기 자신에 머물 수 있을 것인가?"(Cavell 2006, 786)

철학과 문학의 진리요구

카벨은 플라톤처럼 철학과 문학을 분리하는 것이나, 이를 해체주의적으로 지양하는 것에 모두 반대 입장을 표명한다. 이로써 그는 철학의 진리요구를 문학에 확장하려는 오랜 전통의 마지막에 서게 된다. 해체주의에서 그랬듯이 문학은 철학에 대립적 입장을 취하는 그의 파트너임이 드러난다. 따라서 지식과 진리의 복합적 문제에 대한 상이한 입장에도 불구하고, 데리다와 카벨은 회의(懷疑)를 통해 문학에 찬의를 표명하고 있다.

VI. 담론분석

1. 텍스트에서 담론으로

해체주의와 담론분석

담론분석은 해체주의와 함께 포스트구조주의에서 가장 중요한 문학이론의 위치를 차지하고 있다. 이 둘은 본질적으로 일치하나, 공통점 속에도 차이는 존재한다. 해체주의와 담론분석은 둘 다 차이의 철학을 실마리로 삼아 해석학을 비판하고, 구조주의의 기호 모델을 극복하려 한다. 하지만 해체주의와 달리 담론분석은 더 이상 텍스트나 문자에 관한 학문이 아니라, 오히려 담론을 주도적 개념으로 삼아 '문학'이라는 역사적 현상 일반을 만들어내는 규칙에 대한 물음에 중점을 둔다. 따라서 담론분석은 더 이상 야콥슨의 전통에 따라 언어의 시적 기능과 관련된 문제를 다루는 것이 아니라, 규범화된 질서체계로서의 언어적 진술들의 실제라는 보편적인 문제를 다룬다. 이와 더불어 담론 개념은 해체주의의 확장된 텍스트 개념을 넘어선다. 왜냐하면 담론 개념은 텍스트 외부에 놓여 있는 문학의 역사적 조건들을 함께 고려하고, 그것을 담론적 실천이라는 보편적인 이론으로 정착시키려 하기 때문이다. 이러한 맥락에서 이중의 질문이 담론분석에 제기되는데, 그 하나는 담론이론의 근거에 관한 것이고, 다른 하나는 담론분석에 있어 문학의 기능에 관한 것이다. 이 두 질문은 담론분석의 가장 중요한 이론가인 프랑스의 철학자 미셸 푸코에게로 소급된다.

담론분석과 문예학

문학이론에 있어 담론분석이 지니는 의미에는 처음부터 한계가 주어져 있었다. 푸코의 담론이론은 그것이 텍스트의 의미구조를 묻는 해석학이나 해체주의의 질문에서 해방된 만큼, 문학 텍스트에 관한 이론으로부터도 동떨어질 수밖에 없었다. 푸코는 담론분석의 사유계기를 이용해 문학을 시학적으로 규정할 수 있는 가능성을 열어놓기는 했지만, 그 자신은 그러한 가능성을 이용하지 않았는데(Geisenhanslüke 1997, 216쪽 이하), 이로 인해 문예학 내에서 푸코의 개념에 비판적 수정을 가하는 작업들이 생겨났다. 그리하여 위르겐 링크와 우르줄라 링크-헤어는 상호담론이라는 개념을 내세워 담론분석의 특수한 문학적 의미에 대해 질문을 던진 반면, 클라우스-미하엘 복달은 담론분석이 문예학에 제공하는 기회가 무엇보다도 그것의 역사적 정향 속에 있다고 보았다.

담론분석에서 문화학으로

또한 이러한 변화된 토대 위에서 특히 사회학으로부터 영향을 받은 새로운 사유들이 푸코의 담론이론과 연결되었다. 피에르 부르디외가 전개한 문학장이론과 니클라스 루만이 확립한 체계이론이 여기에 속한다. 이 둘은 엄격한 의미에서 푸코로 소급하지는 않지만, 문학이 오로지 그것을 둘러싼 역사적이고 사회적인 조건들 속에서만 규정될 수 있다는 견해를 공유하고 있다. 미국의 문예학자 스티븐 그린블랫이 창시한 신역사주의도 이러한 통찰을 따르고 있다. 문학에서 문화학으로 영역확장을 기도한 그린블랫과 병행하여 또 하나의 운동이 등장하는데, 새로운 매체이론이 바로 그것이다. 매체이론은 역사적 경험의 담론적 규칙들에 관한 물음을 제기하는 데 그치지 않고, 이에서 더 나아가 이러한 담론의 규칙들을 매체의 회로로 환원시킨다.

담론분석의 시의성

따라서 중요한 것은 담론분석을 최근 수십 년 동안 가장 중요한 문학 이론 중 하나로 만든 그것의 이론적인 엄밀성이 아니라, 담론분석이 모든 역사적 학문분야에 끼친 영향력과 그것이 불러일으킨 영감이라 할 수 있다. 담론 개념이 문예학과 정신과학 내에서 일종의 현금처럼 유통되어 대중적으로 사용됨으로써 더 이상 특별한 어떤 것을 의미하지 못하게 되었다는 사실(Frank 1988 참조)과는 별도로, 담론분석은 이제 하나의 패러다임이 되었으며, 그것의 문예학적인 가능성들도 여전히 고갈되지 않은 듯 보인다.

2. 담론분석과 문학: 미셸 푸코

푸코와 데리다

1967에서 1972년 사이에 벌어졌던 푸코와 데리다의 논쟁은 담론분석과 해체주의 사이에 공통점도 있지만 중대한 차이 역시 존재한다는 사실을 잘 보여준다. 1961년에 출간된 학위논문 『광기의 역사』에서 푸코는 데카르트의 코기토 철학에 날카로운 비판을 가한 바 있다. 푸코에 따르면 서구의 이성 개념은 오로지 광기를 배제함으로써만 확립될 수 있었다. 데리다는 『광기의 역사』에서 전개된 데카르트 비판을 꼼꼼하게 재구성함으로써 광기에 대한 푸코의 해석이 형이상학적인 이성 개념을 계보학적으로 파괴함으로써 니체로 소급하려던 본래의 의도와는 달리 이성과 광기라는 변증법적 구상에 의존함으로써 결국 헤겔 철학의 전통에 놓이게 되었다는 것을 증명하려 했다(Derrida 1972, 53-101 참조). 푸코는 5년이 지난 후에야 이러한 비판에 응답하였다. 그만큼 그의 반론도 매우 날카로웠다. 푸코에 따르면 데리다는 "담론적 실천을 텍스트의 흔적으로 축소"함으로써 결국 철학적 교육학으로 나아갔다. "이러한 철학적 교육학은 학생들에게 텍스트 외에는 아무것도 없다고 하면서도, 그 텍스트 사이의 공간들, 즉 텍스트의 여백과 텍스트에서 말해지지 않은 것들을 근원의 유보가 지배하고 있다고 가르친다."(Foucault 2002, 330) 이 논쟁에서 궁극적으로 누가 옳은가라는 문제와는 별도로, 최소한 분명해진 것은 푸코의 담론분석이 지향하는 바가 결코 해석학적 의미나 혹은 차연의 언어적 흔적으로서 텍스트에서 말해지지 않은 것을 복원하려는 텍스트의 교육학이 아니라는 사실이다. 푸코에게 중요한 것은 해석학이나 해체주의에 있어 핵심 심급인 텍스트가 사실은 담론적 실천의 결과물일 뿐이라는 것을 증명하는 일이다. 담론적 실천은 텍스트에 앞서 있으며, 무엇이 언어 속에서 모습을 드러낼지, 그리고 말해지지 않은 무엇이 언어 밖에 남겨질지를 결정한다.

주석에 대한 비판

'말해지지 않은 것'이라는 핵심어를 통해 푸코의 데리다 비판은 해석학에 대한 비판으로 연결된다. 푸코가 보기에 해석학의 노력은 특히 르네상스 시대의 특징이었던 주석 작업에 집약되어 있다. 하지만 주석은 근본적인 아포리아에 직면할 수밖에 없는데, 왜냐하면 주석은 문자로 기록되어 있는 텍스트를 이중화하면서, 동시에 사물들 밑에 숨겨져 있는 근원적인 진리 형식에 도달하는 것을 과업으로 삼기 때문이다.

> 본디 주석 작업은 결코 완결될 수 없다. 그렇지만 주석은 주해되는 언어에 감춰져 있는 중얼거리는 듯하고 수수께끼 같은 부분을 전적으로 지향한다. 주석은 기존의 담론 위로 더 기본적이고 마치 '더 근본적인' 듯한 또 다른 담론을 출현하게 하는데, 주석의 임무는 이 담론을 복원하는 것이다. 주석은 지고한 원전이 읽히고 해독되는 언어 위에 군림할 때에만 존재할 뿐이다. 그리고 원전은 주석의 근거가 되면서, 자신으로부터 최종적인 발견을 이끌어낼 수 있을 것임을 주석에 대해 보상으로 약속한다(Foucault 1974, 73).

주석과 근원

푸코의 유려한 주석 비판에는 오해의 소지가 있다. 겉보기와는 달리 이 비판은 주석을 향한 것이 아니다. 왜냐하면 주석은 그것이 그토록 다가가려 애쓰는 근원 텍스트에 결코 도달할 수 없기 때문이다. 푸코의 주석 비판이 근대 해석학에 시선을 던짐으로써 열어주려 하는 시각은 심층과 표층이라는 대립적 의미에서 텍스트의 의미층위를 둘로 구분하는 분리의 원칙에 관한 것이다. 해석학적 주석의 본래의 문제는 매 단계마다 점점 더 멀어져가는 근원에 다가가려는 헛된 노력이 아니라, 오히려 해석학적 지식이 이로써 소위 근원적인 첫 번째 텍스트와 그로부터 파생된 두 번째 텍스트라는 두 개의 분리된 영역으로 분열된다는 단순한 사실이다. 푸코에 따르면 주석 작업이 무한히 이어지는 것은 순전히 이중화 작업의 결과로서, 이 작업은 모든 것이 해석의 가능한 대상이라는 전제하에서만 지배권을 수립할 수 있다. "따라서 해석은 결코 종결될 수 없다. 왜냐하면 해석될 것이 전혀 없기 때문이다. 해석되어야 할 절대적인 첫 번째의 것이란 존재하지 않는다. 왜냐하면 근본적으로 모든 것은 이미 항상 해석이기 때문이다. 모든 기호 그 자체는 해석에 제공되는 사실이 아니라, 다른 기호의 해석이다."(Foucault 2001, 734) 바로 이것이 푸코가 니체의 철학에서 읽어낸 반(反)해석학적 교리이다. 결국 근원 텍스트라는 이념은 자신의 활동을 의미 있게 펼쳐나가기 위하여 근원을 실체화해야만 했던 주석의 이중적 실천에서 파생된 결과물이다.

푸코의 반해석학

위르겐 포르만은 푸코의 주석 비판에 대해 다음과 같이 설명한다. "미셸 푸코 자신은 주석의 소멸을 꿈꾸었다. 그러한 이유로 그는 전적으로 '표면'에 집중하였으며, 이로써 수직축에서 수평축으로 시선을 옮겼다."(Fohrmann 1988, 246) 푸코의 주석 비판은 더 이상 근원과 진리의 차원에 도달하는 것을 추구하지 않고, 오히려 근원과 주석이라는 두 질서를 구조화된 담론의 질서를 통해 지양하는 것을 목표로 한다. 푸코에게서 주석의 실천은 텍스트가 요구하지 않는 근원적 의미를 텍스트에 복원해주려 하는 무한한 이중화의 헛된 유희에 불과한 것으로 거부된다.

해석학과 해체주의

푸코의 주석 비판은 동시에 해체주의도 수신자로 삼고 있다. 왜냐하면 푸코의 시각에서 볼 때 결코 현전하지 않는 근원적 원칙으로서의 **차연**을 토대로 하는 데리다의 해체 개념 역시도 결국은 해석학의 바탕 위에서 전개되기 때문이다. 즉, 만약 텍스트의 두 층위가 존재하는 것이 아니라 오로지 담론이라는 순수한 물질성만이 존재한다는 것을 출발점으로 삼는다면, 차연이 결코 그 자체로서는 텍스트에 관여하지 않고 시공간적 치환 운동을 통해 비로소 텍스트를 가능하게 한다는 사실은 의미가 없어진다. 따라서 담론분석이라는 빛에 비춰 본다면 해석학과 해체주의는 공통의 토대에서 출발하여 결국 서로 다른 방향으로 나아간 적대적인 형제로 나타난다.

담론이란 무엇인가?

그러나 해석학과 해체주의에 대한 비판이 담론이라는 개념하에 푸코 자신이 정확히 무엇을 이해하고 있는가를 설명해주지는 않는다. 푸코 자신의 담론이론이 과연 무엇인가라는 질문 역시도 심각한 문제에 봉착하고 만다. 이는 무엇보다도 푸코의 담론 개념이 역사적으로 일관성을 결여하고 있다는 사실(Frank 1988, 25 참조)에 기인한다. '담론분석'의 방법론을 중심으로 하여 푸코의 이론을 일별하는 일의 어려움은 푸코의 저작들에서 담론 개념이 얼마나 상이하게 쓰이는가를 살펴보면 잘 드러난다. 1954년 발표된 루트비히 빈스방어의 『꿈과 실존(*Traum und Existenz*)』에 대한 서문에서부터 1961년의 박사학위 논문 『광기의 역사』에 이르기까지 초기 저작들 속에서 담론 개념은 아무런 역할도 하지 않는다. 심지어 1963년 출간된 『임상의학의 탄생(*Die Geburt der Klinik*)』에서도 담론 개념은 등장하지 않으며, 이 책의 2판 서문에서 비로소 푸코는 원래 사용했던 구조 개념 대신에 담론 개념을 사용한다. '담론' 개념이 의미 있게 사용되는 것은 1966년에 출간된 『말과 사물』에 이르러서이다. 그러나 『말과 사물』에서도 담론 개념이 보편타당성을 갖는다고 볼 수는 없다. 베른하르트 발덴펠스가 강조한 바 있듯이, 푸코는 여기에서 '담론'이라는 표현을 오히려 "여전히 고전주의적 에피스테메(*epistēmē*)의 특징을 지니는 아주 특수한 의미에서"(Waldenfels 1991, 284) 사용한다. 그가 담론이라는 개념을 이론의 전반적 대상으로 확장시킨 것은 1969년 출간된 방법론적 저서 『지식의 고고학(*Archäologie des Wissens*)』과 1971년의 『담론의 질서(*Die Ordnung des Diskurses*)』에서였다. 주목할 만한 것은 그가 여기에서 발전시켰던 보편적 담론이론을 후기의 연구서들에서는 충실히 견지하지 않고 있다는 사실이다. 즉, 1975년의 『감시와 처벌(*Überwachen und Strafen*)』과 최후의 저서 『성의 역사(*Geschichte der Sexualität*)』에서는 권력에 대한 계보학적 물음이 고고학적 저서들의 담론사적 사유계기를 밀어내버린다. 그러므로 담론분석이론의 지침이 될 만한 어떤 정합적인 담론 개념도 푸코의 저서에서는 이야기될 수 없다. 오히려 그의 담론 개념은 많은 변화를 겪고 있으며, 이에 따라 과연 푸코 저작의 이론적 토대를 담론 개념 안에서 찾을 수 있는가라는 물음이 제기된다.

푸코의 담론이론

푸코 저서들의 역사라는 차원에서 나타나는 문제점들 외에도 담론분석을 방법론적으로 정초하려는 푸코의 시도에 담긴 체계상의 난점들이 어려움을 가중시킨다. 『말과 사물』에서 담론은—소쉬르의 언어기호라는 개념에 대한 문제의 소지가 다분한 접근방식 안에서—기표와 기의의 상호 중첩에 의거한 투명성의 형식이 담보해주는 고전적 재현의 질서를 지칭한다. 이에 반해 『지식의 고고학』에서는 담론이 모든 가능한 실제적 언표 전체를 의미하며, 자신의 완전한 자율성을 요구하는데, 여기에서 담론의 자율성은 그것이 현상으로 나타나는 일회적 사건 안에서 표현된다(Dreyfus/Rabinow 1982 참조). 여기에서 푸코는 담론을 더 이상 고전주의의 역사적 언어형식이 아니라, 모든 언표들 전반의 가능조건으로 이해한다. 연구의 중점은 이제 '사물의 말해지지 않은 것'이 아니라, "오히려 역으로 어떤 방식으로 그것들이 실존하는가, 그리고 표명된다는 것, 흔적들을 남긴다는 것, 경우에 따라서는 재사용을 위해 남아 있게 된다는 것이 과연 무엇을 의미하는가"(Foucault 1981, 159)라는 질문에 놓이게 된다. 『지식의 고고학』에서 푸코를 이끌고 있는 것은 바로 이러한 담론의 순수한 물질성에 대한 사상이다.

저자와 담론

이에 있어 푸코는 담론 개념의 강령적 의미를 저자권(Autoschaft)이라는 해석학적 개념 비판의 맥락에서 고유한 개인과 이론에 대해 정보를 제공하는 것을 원칙적으로 거부하는 행위와 연결한다. "한 명 이상의 사람이 나처럼 글을 쓰고 있을 것이고, 궁극적으로는 어떤 얼굴도 갖고 있지 않다. 내가 누구인지 묻지 말고, 내가 지금과 같은 사람으로 머물러 있어야 한다고 말하지 말라."(Foucault 1981, 30) 『지식의 고고학』에서 푸코는 자신의 작업의 방법론적 전제들에 대해 질문을 던지고 있는데, 이것은 저자, 작품, 독자라는 해석학의 3요소에 대한 근본적인 비판으로 이어진다. 여기에서 더 나아가 이제 독자는 자신의 본래적 공허함 외에 그 어떤 규정도 요구하지 않는 소멸 운동에 자신과 자신의 작업 모두를 내맡기는 저자와 대면하게 된다. "이제 해야 할 일은 저자의 소멸을 통해 자유로워진 공간을 찾아내고, 빈틈과 균열의 분배를 추구하며, 이러한 소멸을 볼 수 있게 하는 비워진 자리들과 기능들을 탐색하는 일일 것이다."(Foucault 2001, 1012) 이에 따라 『지식의 고고학』은 "내가 말하는 것의 출발점인 저 백색 공간을 정의"(Foucault 1981, 30)함으로써, "내면성도 약속도 없는 무심한 공간"(Foucault 1981, 60)을 그것의 공허함 속에 내버려 두는 것을 목적으로 한다.

언어의 아토피

따라서 "글쓰기의 주체가 거듭 소멸하는 공간의 개방"(Foucault 2001, 1008)으로 자신의 위치를 규정하는 것은 자신의 작업을 방법론적으로 고정시키려는 의도가 오로지 자신의 소멸이라는 방식을 통해서만 성취될 수 있다는 것을 의미한다. 즉, 푸코에게 있어 저자권과 작품의 통일성은 담론이라는 얼굴 없는 공허성의 뒤로 물러난다. 항상 물러나고 마는 소멸의 장소라는 담론 개념에 대한 역설적인 규정, 여러 면에서 해체주의의 전제들과 일치하는 이러한 규정을 통해 푸코는 근본적인 주체비판이라는 자신의 의도를 성취한다. 이에 대해 페터 뷔르거는 "매우 이상하게 들리겠지만, 푸코적 글쓰기의 지평은 자기표현이 아니라 자기소멸이다"(Bürger 1991, 97)라고 말하며 다음과 같은 비판적인 의견을 덧붙인다. 즉, 푸코는 "그가 내세우는 기반 없는 담론으로부터 또 다른 원칙"(Bürger 1991, 94)을 만들어낸다는 것이다. 그러나 푸코가 "그의 발언의 출발점이 되는 장소에 이름을 붙여줄 수 없다"(Bürger 1991, 93)는 것은 다른 한편으로는 긍정적인 것일 수도 있다. 왜냐하면 담론을 주체와 의미의 소멸로 규정함으로써 푸코 담론이론의 토대인 "언어의 장소상실"(Foucault 1974, 19)의 표현인 문학의 의미에 대한 질문이 함께 제기되기 때문이다. 바로 이 '언어의 아토피(Atopie der Sprache)'라는 형식을 통해 문학은 푸코의 초기 저서들에서 특권적 위치를 차지한다. 이는 푸코의 사상에 시학적 차원이 존재한다는 것을 암시하는데, 이러한 시학적 차원이 그의 담론분석 개념과 모순 없는 조화를 이루게 하기는 어렵다.

문학과 담론

담론이론과 마찬가지로 문학의 기능 역시도 푸코에게 있어 현저한 변화를 겪는다. 초기 저서들에서 푸코는 문학에 중심적인 위치를 부여했지만, 이를 개념으로 고정시켜 제시하는 것은 어려운 일이다. 문학에 대한 푸코의 관심은 말라르메 이후 보편화된 시적 언어의 자율성에 대한 산발적인 암시에 그칠 뿐이며, 이를 넘어서 문학을 그의 사상에서 주변적인 존재 이상으로 보게 할 만한 체계적인 성격은 거의 찾아볼 수 없다. 물론 마르티나 마이스터가 말했듯이 "문학이 그의 철학적 작업에 있어 중심이 된 적은 결코 없"지만, 문학은 "푸코 사상의 중요한 측면"(Meister 1990, 236, Kögler 1994, 68 참조)을 보여주며, 이를 간과해서는 안 될 것이다. 푸코 자신은 그의 작업에서 문학이 어떤 중요성을 갖는지에 대해 거의 설명하지 않았지만, 『말과 사물』에 나오는 문학언어에 대한 규정을 토대로 문학과 담론이론의 관계를 추적해볼 수는 있다.

푸코와 문학

문학에 대한 푸코의 관심은 초기의 출판물들로 거슬러 올라간다. 1954년 루트비히 빈스방어의 『꿈과 실존』에 붙인 서문은 표현에 관한 현상학적 이론을 과제로 삼고 있는데, 이 작업은 후에 결국 완성을 보지 못했다. 이 이론을 푸코는 장르시학적으로 서사시, 서정시, 비극이라는 요소들로 구분할 수 있는 "예술의 인간학"(Foucault 2001, 157)으로 전개하려 했었다. 푸코가 특히 주목한 것은 비극으로서, 하이데거에 의존하여 그는 비극을 "인간학에서 존재론으로의 이행"(Foucault 2001, 162)으로 파악한다. 비극이라는 주도동기는 문학의 존재론을 위한 출발점으로서 이것은 1961년 출간된 푸코의 학위논문 『광기의 역사』와 초기 저서 『심리학과 정신병(*Psychologie und Geisteskrankheit*)』에 큰 영향을 끼치는데, 그는 곳곳에서 횔덜린, 네르발, 루셀, 아르토에 있어서의 "비극적 자기분열"(Foucault 1968, 132)을 근거로 제시한다. 또한 1962년과 1967년 사이에 푸코는 레이몽 루셀에 대한 단독연구서와 『말과 사물』의 구상에 지속적으로 영향을 끼친 모더니즘 문학에 대해 여러 편의 글을 발표한다.

언어의 존재와 모더니즘 문학

푸코의 사상에서 모더니즘 문학이 지니는 특별한 중요성은 무엇보다도 보르헤스의 텍스트를 인용하며 시작하는 『말과 사물』의 도입부에서 잘 드러난다. 푸코는 이 텍스트를 언어의 "아토피"(Foucault 1974, 21)라는 관점에서 거론하고 있는데, 이는 이후 『지식의 고고학』에서 고유한 발화의 위상을 붕괴시키는 담론분석 프로그램을 선취하고 있다(Link-Heer 1998 참조). 이에서 더 나아가 푸코는 근본적인 방식으로 "언어의 존재"를 상기시키는 권능을 모더니즘 문학에 부여한다.

> 어떤 관점에서 보자면, 근대의 문턱에서 성립되고 지칭된 것과 같은 '문학'은 뜻밖에도 언어의 존재가 선명하게 재출현하는 현상을 드러

낸다고 말할 수 있다. 17세기와 18세기에는 언어의 고유한 존재 방식, 즉 세계에 새겨지는 유구하고 견고한 사물로서의 언어가 재현의 기능 속으로 사라졌고, 모든 언어가 담론으로서만 가치를 지니고 있었다. (…) 그런데 19세기에서 오늘날까지, 횔덜린에서 말라르메, 앙토냉 아르토까지 문학은 자율적으로 존재했으며, 일종의 '반담론'을 형성함으로써, 그리고 이러한 방식으로 언어의 재현하는 기능 또는 의미하는 기능에서 16세기 이래로 잊힌 순수한 언어의 존재로 거슬러 올라감으로써만 깊은 균열에 의해 다른 모든 언어와 분리되었다 (Foucault 1974, 76).

반담론

위에 인용한 푸코의 글에는 역사적 계기와 존재론적 계기가 겹쳐져 있다. 푸코는 횔덜린, 말라르메, 아르토를 모범으로 삼아 문학을 역사적으로 언어의 존재가 재출현하는 곳인 동시에 주체와 의미에 관한 근대 해석학이론의 반담론(Gegendiskurs)으로 파악한다. 여기에서 푸코는 놀랍게도 "언어라는 살아있는 존재"라는 표현을 통해 문학을 존재론적으로 규정한다. 이로써 그는 한편으로 미적인 것의 자율성이라는 칸트의 전통을 받아들이면서도, 동시에 칸트가 정초한 주체와 지식의 연관관계에 반대하여 문학을 새로이 성립하려 한다. 즉, 언어의 순수한 존재양태인 문학은 모든 지시관계에서 벗어나 순수하게 자기 자신과의 관계 속에 끝까지 머무는 언어의 자율적 기능을 체현하고 있다는 것이다. "본질적인 것은 문학의 자기관련성이라는 근본원칙의 중요성이다"(Foucault 1990, 231)라고 푸코는 말하고 있는데, 이는 자동사성(Intransivität)과 자기지시성이라는 개념을 통해 문학언어를 근원과 의미라는 해석학적 범주에 대한 그의 비판의 본질적인 근거로 정의하기 위한 것이다. 즉, 자기 자신 외에 다른 어떤 것도 지향하지 않는 글쓰기 행위인 문학은 자기 자신 속으로 사라져감으로써 주체라는 이념에 어떤 자리도 허용하지 않는 (아토피적) 공간의 궤도를 그려낸다(Kittler/Turk 1977 참조). 주체와 의미가 그 뒤로 사라져버리는 초월적인 빈 공간을 근거지우는 권능이 『지식의 고고학』에서는 오로지 담론에게만 부여되는데, 『말과 사물』에서는 바로 문학을 이 심급으로 지칭한다.

문학과 담론분석

이로써 『말과 사물』에서 문학은 단순히 담론분석의 대상 중 하나가 아닌 것으로 나타난다. 오히려 문학은 이후의 담론이론의 근원적 장소라는 위치를 획득한다. 문학의 기능에 대한 근본적으로 상이한 두 가지 사유계기가 푸코의 저서로부터 도출된다. 그 하나는 엄격한 의미에서의 담론분석 방법론 내부에 머물고 있는데, 여기에서 문학은 담론분석의 대상영역 중 하나로 나타난다. 지난 수십 년 사이에 학파를 만들어낸 이러한 입장의 장점은 문학을 더 이상 언어의 특권적 형식으로 보는 것이 아니라, 오히려 포괄적인 담론망 속에서 외부에 의해 조정되는 장치(Dispositiv)로 파악함으로써 문학을 탈신화화한다는 데 있다. 담론분석이 아니라 문학 자체로부터 도출되는 또 하나의 사유계기는 푸코가 초기 저서에서 문학에 부여한 '반담론'의 권능을 출발점으로 삼는다. 문학 자체를 고유한 성찰의 대상으로 받아들여야만 하는 필연적인 이유를 푸코는 『말과 사물』에서 다음과 같이 강조한 바 있다.

그래서 문학은 갈수록 사유되어야 할 것으로 보일 뿐만 아니라, 동일한 이유 때문에 의미 작용의 이론으로는 결코 사유될 수 없는 것으로 보인다. 문학을 기의(문학이 뜻하는 것, 문학에 나타난 '사상'이나 문학이 약속하거나 촉구하는 것)의 측면에서 분석하느냐, (언어학이나 정신분석학에서 차용한 도식의 도움으로) 기표의 측면에서 분석하느냐 하는 문제는 그다지 중요하지 않다. 이 문제는 그저 일화에 지나지 않는다(Foucault 1974, 77).

이론에 대한 저항으로서의 문학

『말과 사물』에서 푸코는 여전히 문학을 그의 이론의 핵심적 원형으로 고수하고 있지만, 『지식의 고고학』에서는 자율적 담론이론을 정초함으로써 문학이 담론분석의 단순한 대상이 되어버린다. 보편적인 담론이론을 체계적으로 활용하고자 하는 시도와 더불어 문학의 장이 푸코의 시야에서 사라진다는 사실은 문학이 보편적 담론이론에 모순 없이 편입될 수 없다는 것을 보여준다. 하지만 푸코의 작업과 깊은 관련을 맺고 있는 "이론에 대한 저항"(de Man 1987)으로서의 문학은 외견상 자율적인 담론의 규칙들에 주목하기보다, 오히려 문학 자체를 연구의 중심으로 삼는 모더니즘에 대한 시학적 규정을 요구한다. 지난 몇 년간 매체사라는 새로운 국면으로 확장된 보편적 담론이론의 활용과 문학에 대한 역사적 담론분석이라는 기획은 푸코에 접목함으로써 문학이론에 열린 두 개의 대안적 길이라고 할 수 있다. 그러나 담론 개념 속에서 고고학적 성찰을 획득한 것처럼 보이는 이러한 방법론적 확실성보다 더욱 중요한 것은 오늘날의 문학이론에도 여전히 많은 자극을 제공해주는 푸코 사상의 불온성이 표현된 그의 저서들 안에서의 문학의 기능일 것이다.

3. 상호담론과 문학에 대한 역사적 담론분석

푸코에 의거한 담론분석과 문예학

담론분석을 정초함으로써 푸코는 문예학에 중요한 자극을 제공했다. 하지만 문예학의 방법론으로서 담론분석이 역사적으로 성공을 거두었다고 해서, 푸코의 저서 어디에도 담론분석이 체계적으로 정초되어 있지 않다는 사실을 잊어서는 안 될 것이다. 이에 대해 클레멘스 캄믈러는 다음과 같이 언급한 바 있다. "푸코의 **담론분석**이 개별 문학 텍스트들을 설명하거나 해석하기 위한 방법론으로 구상된 것은 아니다."(Kammler 1997, 31, Link/Link-Heer 1990, 91 참조) 이로부터 캄믈러는 다음과 같은 결론으로 나아간다. "분명한 것은 진정한 푸코적 문예학은 존재하지도 않고 존재할 수도 없다는 사실이다. 왜냐하면 문학에 대한 담론분석을 위해서는 특수한 방법론이 필요하기 때문이다."(Kammler 1997, 51) 따라서 담론분석을 특수한 문학이론으로 정립하기 위해서는 무엇보다 우선 푸코를 넘어서는 것이 불가피하게 요구된다. 이러한 배경에서 위르겐 링크와 우르줄라 링크-헤어의 '상호담론' 개념과 클라우스-미하엘 복달의 '문학에 대한 역사적 담론분석' 연구는 푸코의 담론이론에서 출발하여 문예학을 위한 새로운 이론적 사유계기들을 발전시키려는 두 가지 상이한 시도라고 할 수 있다.

문학과 상호담론: 링크/링크-헤어

푸코의 담론분석에서 근본적인 문제 중 하나는『말과 사물』에 나오는 생물학, 경제학, 언어학과 같은 개별적인 담론들이 보편적인 담론의 질서와 어떤 관계를 맺는가이다. 담론의 질서를 다루는 푸코의 고고학 역시도 경험적인 담론형성과정이 바로 그것으로 소급되는 하나의 심층차원에 주목하는 것처럼 보이는데, 이는 주석의 이중적 실천으로서의 해석학에 대한 비판과 완전히 모순된다. 이에 따라 보편적인 담론 개념 일반에 관한 이론이 여전히 불가피하게 고수되어야만 하는 것은 아닌가, 그것이 아니라면 이제 담론분석의 중심을 개별적 담론의 상호작용으로 옮겨놓아야 하는 것은 아닌가라는 물음이 제기된다. 위르겐 링크와 우르줄라 링크-헤어는 푸코의 담론을 상호담론이라는 개념으로 확장시킴으로써 특히 문학의 관점에서 이러한 길로 나아갔다. 링크와 링크-헤어에 따르면 상호담론이란 개별적인 특수담론 내에서 형성된 지식의 형태들을 다른 담론으로 재통합시키는 것을 말한다. "요컨대 특수담론으로서의 문학은 상호담론적 재통합의 기능을 맡고 있다."(Nünning 1998, 237) 이러한 맥락에서 문학 텍스트는 상호담론적인 것의 탁월한 예로 나타난다. 왜냐하면 문학 텍스트는 담론을 포괄적으로 통합하는 작업에 특별한 역량을 지니고 있기 때문이다.

지식의 주체화로서의 문학

상호담론 개념을 도입하면서 링크와 링크-헤어는 일단 용어에 대한 개념규정을 명확히 하고자 한다. "우리는 푸코적 의미의 모든 역사적이고 특수한 '담론 형태'를 '특수담론'이라고 부를 것을, 그리고 여러 특수담론들 사이에서 간섭하고, 연결하고, 통합하는 등등의 모든 횡적 관계들(Quer-Beziehungen)을 '상호담론적'이라고 부를 것을 제안한다. 예를 들어 여러 특수담론들을 특징짓는 모든 구성요소, 관계, 방법들을 '상호담론적'이라 칭할 수 있을 것이다."(Link/Link-Heer 1990, 92) 상호담론이란 무엇보다도 개별적인 특수담론들 사이의 교집합을 지칭한다. 그러나 이처럼 순수한 용어상의 차원을 넘어서서 상호담론은 특히 현대문학과의 관련 속에서 가장 커다란 적실성을 획득한다. 문학의 기능은 역사적인 특수담론들을 결합시키고, 나아가 담론적 지식과 개별적 주관성을 매개하는 데 있다. "일반적으로 말해, 상호담론분석으로서의 문학분석은 두 방향으로 문제를 추적한다. 첫째로 그것은 (발생학적 측면에서) 역사적이고 특수한 담론 통합의 유희로부터 생성된 문학을 연구한다. 두 번째 문제는 통합적 지식의 특수한 주체화와 관련된 것이다. 즉, 인물(이른바 '성격'), 주체의 상황, 논증과 서사의 도식, 상징, 서술 등 (항상 상호담론적으로 구성된) '기본적인 문학 형식들' 속에서 문학적 담론은 통합적 지식을 주체적으로 응용할 수 있는 '표본들'로 변화시킨다."(Link/Link-Heer 1990, 95) 상호담론이라는 개념을 가지고 링크와 링크-헤어는 문학 텍스트의 구조에 대한 대답을 제시할 뿐만 아니라, 사회적 맥락을 포괄하는 문학 텍스트의 기능도 보여주고 있다. 따라서 문학은 자유로운 개성을 표현하고 매개할 뿐만 아니라, 담론에 의해 주어진 지식을 주체의 경험으로 변화시킨다. 이에 있어 담론의 비유적 언술요소(bildliche Redeelemente)의 총합인 집합적 상징(Kollektivsymbole)은 특별한 역할을 한다. 집합적 상징은 문학 외부의 학문적 담론 속에서 메타포, 유비, 예시를 토대로 생겨난 것이지만, 이것은 문학 텍스트들에 의해 활용되고 변화된다. 이를 링크는 장 파울과 그의 「하늘을 나는 지아노초」에서 열기구라는 상징, 그리고 다른 텍스트들을 예로 들어 설명한다(Link 1988, 302쪽 이하).

상호담론과 문화사회학

상호담론과 집합상징이라는 개념은 담론의 자율화에 정치적·사회적 계기를 문학적 담론분석에 끌어들인다. 이러한 정치적·사회적 계기는 이미 광기와 사회의 관계에 대한 푸코의 분석에서 처음부터 줄곧 중요한 역할을 수행한 바 있는데(Plumpe/Kammler 1980 참조), 이는 링크의 저서 『정상주의 연구(*Versuch über den Normalismus*)』(1977)에 계승된다. "담론의 입장들에 대한 분석을 넘어서서 상호담론이론은 문화사회학과 문학사회학 혹은 문학의 사회사에 직접적으로 연결된다."(Link/Link-Heer 1990, 97 참조)

문학에 대한 역사적 담론분석: 클라우스-미하엘 복달

이와 유사하게 클라우스-미하엘 복달의 "역사적 담론분석" 모델도 담론분석을 역사 지향적인 정치적 사유계기와 연결한다. "문학에 대한 역사적 담론분석의 체계적인 토대를 요구하거나 담론 개념에 대한 확실한 설명을 요구하는 것"(Bogdal 1999, 7)은 복달에게 그리 중요한 일이 아니다. 그가 문제로 삼고 있는 것은 담론분석과 전통적인 문예학의 방법론을 매개할 수 있는가이다. 따라서 해석학에 대한 비판을 통해 담론분석이 얻은 성과는 자율적인 담론이론을 정초하는 데 있는 것이 아니라, 역사 지향적인 분석의 틀 속에서 문예학에 새로운 콘텍스트를 열어줄 수 있는 가능성에 있다.

복합적인 역사적 담론형성과정, 언표의 지시자, 언표 자체, 여기에 새겨져 있는 주체의 입장, 이것에 고유한 물질성과 매체성을 연속적으로 서술하는 것은 한 시대를 (그리고 그것의 변형을) 그 시대의 특수성 속에서 파악할 수 있게 해준다. 이러한 서술은 또한 구체적인 역사적 정세 속에 현전했던 가능성들을 바라보는 눈길을 열어준다. 이에 따라 작품을 시간적으로 그리고 의미구성적으로 배열된 위치에 집어넣지 않고 '콘텍스트'로 소급시킬 수 있는 가능성이 문예학에 열리게 된다. 담론과 더불어 하나의 단위가 구성되는데, 어떤 의미도 그것에 선행하지 않으며, 오히려 그 단위가 비로소 의미를 만들어낸다(Bogdal 1999, 8).

계보학과 담론분석

해석학이 담론에 앞서 있는 의미라는 범주를 구성하고, 이를 통해 주체성의 특정한 형식을 정립하고자 했다는 푸코의 비판을 복달은 공유한다. 그러나 푸코와 달리 의미가 담론이라는 공허한 얼굴 뒤로 사라진다는 것은 복달에게 그리 중요하지 않다. 복달에게 중요한 것은 인식론적 질서가 그것의 역사 속에서 어떤 역사적·구조적인 조건들 아래 놓여 있는가이다. 포스트구조주의에서는 의미라는 해석학적 범주에 작별을 고하는 것이 중요한 일이었다면, 이제 복달은 후기 푸코의 계보학적 사유계기에 입각하여 의미의 역사적 전개과정 및 주체구성의 기원에 대한 비판적 통찰을 제시하려 한다. 이에 따라 푸코가 보편적인 담론이론을 정초하면서 제기한 급진적인 요구는 한걸음 뒤로 물러난다. 링크/링크-헤어와 복달을 거치며 푸코의 담론 개념은 축소되기도 하고 확장되기도 하는데, 이를 통해 담론분석은 문학이론 내에 하나의 방법론으로서 자리 잡게 되었다.

4. 담론에서 문화로: 스티븐 그린블랫과 신역사주의

담론분석과 문화학

푸코의 담론분석이 시도했던 것은 보편적인 담론이론을 구성해냄으로써 이론적 관심을 역사적 대상, 예를 들어 광기의 역사나 성의 역사에 대한 연구와 연결하는 것이었다. 그러나 보편적 담론 개념을 정초하는 일의 어려움으로 인해 푸코를 역사적 문화학의 대표자로 여길 수 없음에도 불구하고, 이후의 연구에서는 푸코 사상의 역사적 차원이 점점 더 강력하게 고려되기에 이르렀다. 담론분석에서 문화학으로 나아가는 길은 스티븐 그린블랫에 의해 개척되었다(Baßler 2001, 14쪽 이하 참조). 그린블랫이 정초한 **신역사주의**와 푸코 사상의 본질적인 공통점은 무엇보다도 목적론적 역사관에 대한 거부와 신비평의 해석학적·텍스트내재적 방법론에 대한 비판에 있다. 하지만 그린블랫은 보편적인 문화인류학이라는 콘텍스트 안에서 사회적 에너지의 순환으로서의 역사의 역동적인 모습을 향해 나아간다는 점에서 푸코를 넘어선다.

사회적 에너지

사회적 에너지의 순환이론을 위해 그린블랫이 주목하는 문학사의 패러다임은 셰익스피어로서, 그는 셰익스피어의 작품을 "기호학적 힘들의 장으로 해석한다. 셰익스피어 시대의 사회적·미학적인 에너지들은 바로 이 힘의 장을 관통하여 흐르고 있으며, 셰익스피어는 다양한 상호의존적 관계들 안에서 이 에너지들을 향하고 있다."(Nünning 1998, 195) 그린블랫은 반어적인 근본태도를 통해 불가능해 보이는 일, 즉 (죽은) 저자와의 대화를 시도한다. "이 일은 죽은 이와 이야기를 나누고자 하는 소망에서 시작되었다."(Greenblatt, 1993, 9)라는 말로 그린블랫은 그의 『셰익스피어와의 협상(*Verhandlungen mit Shakespear*)』의 서문을 시작한다. 여기에서 그는 변증법을 출발점으로 삼아 역사적 사유의 한계를 폭파하고자 한다. 그린블랫은 셰익스피어의 사라진 목소리를 추적하면서 오로지 자기 자신의 목소리만을 듣는데, 그린블랫은 이것이 "죽은 자들은 자신에 관해 텍스트의 흔적을 남겨놓았고, 이 흔적은 산 자의 목소리를 통해 귀에 들려온다"(Greenblatt 1993, 9)는 사실에 대한 표지라고 해석한다. 그린블랫에게 있어 죽음과 텍스트의 흔적 사이의 관계가 해체주의적 콘텍스트로 되돌아간 듯 보이는 것은 단지 외견상으로만 그러할 뿐이다. 그의 연구를 이끄는 실마리는 차연의 유예 작업이 아니라, 오히려 문화사에서 셰익스피어의 목소리가 지니는 강렬함이다. 이에 있어 사회적 에너지라는 개념은 새로운 문화시학의 근본토대가 되는데, 여기에서 문화시학이란 문화적 실천의 집단적 생산을 연구하는 일이다. 그린블랫에게 있어 사회적 에너지는 수사학적 전통의 '에네르게이아(*energeia*)'에서 유래한 개념으로서, 교환과정의 체계 위에서 조정되는 사회적 콘텍스트 내의 언어적·청각적·시각적 흔적들로 이루어진 하나의 질서로 나타난다. 그린블랫에게 있어 셰익스피어의 연극은 무대 위에서의 연극 공연과 이것이 관객에게 주는 정념의 피드백(affektive Zurückleitung)을 통해 사회적 에너지의 순환이 실제로 존재한다는 것을 입증해준다.

문화학과 문학사

그린블랫은 문학의 본질이 사회적 문화적 실천에 있다고 주장한다. "문학을 그것의 사회적 기능들로부터 분리시키는 것은 가능하지 않을 뿐만 아니라, 용인되어서도 안 된다"(Greenblatt 2000, 48)고 그는 단언하는데, 이를 통해 그는 문예학의 과제를 문학사에 다시 연결하려 한다. "그러므로 문학사는 항상 문학의 가능성의 역사이다."(Greenblatt 2000, 29) 이렇게 하여 **신역사주의**는 담론이론의 역사화에 기여하고 있는데, 이는 동시에 담론분석에서 문화학으로의 이행을 의미하는 것이기도 하다(Böhme/Scherpe 1996 참조).

혁신과 복고주의 사이의 신역사주의

그러나 **신역사주의**가 걸어간 담론에서 문화로의 이행이 무엇을 의미하는지는 결코 자명하지 않다. 그린블랫은 문화라는 개념이 "믿을 수 없을 정도로 모호하고 포괄적"(Greenblatt 2001, 48)이라는 것을 명료하게 인식하고 있다. "'문화'는 (…) 도식적으로 인지되는 에토스를 가리키는 모호한 태도 외에는 특별히 의미하는 것이 많지 않음에도 불구하고 거듭해서 사용되는 표현이다."(Greenblatt 2001, 48) 이러한 고백에 직면하여 문예학에서 문화학으로의 완전한 이행이 과연 어떤 의미를 지니는가라는 물음이 제기될 수 있다. 문화학의 장점은 무엇보다 텍스트의 역사성에 대한 물음을 다시 끌어들였다는 데 있다. 루이 A. 몬트로즈가 포스트구조주의의 사유계기들과 관련하여 말했듯이, 그것은 "텍스트의 역사성과 역사의 텍스트성에 대한 상호적 관심"(Montrose 2001, 67)이라 할 수 있을 것이다. 하지만 텍스트의 역사성에 지나치게 몰두하는 것에는 이중의 위험이 따른다. 그 하나는 문학의 특수성이 문화라는 모호한 개념 속에서 소실될 수 있다는 것이고, 다른 하나의 위험은 역사와 주체에 관한 전통적인 해석학의 개념들이 다시 도입될 수 있다는 것이다. 문화학의 기치하에 문학이론을 새로이 정초하려는 **신역사주의**의 요구는 새로운 문학이론들이 충분한 정당성을 가지고 이미 작별을 고했던 문제들로 되돌아가려는 경향을 보인다.

5. 문학장이론: 피에르 부르디외

푸코와 부르디외

"문화적 생산물에 대한 구조적 분석의 토대를 가장 논리정연하게 정식화한 것은 미셸 푸코이다."(Bourdieu 2001, 316) 이러한 헌사와 더불어 부르디외는 푸코의 저작에 대한 비판적 논의를 시작하고 있다. 부르디외는 푸코를 원칙적으로 인정하지만, 그럼에도 불구하고 그는 문학장이론을 전개하면서 담론분석과 거리를 두었다. "나는 '거대 이론'에는 그다지 관심이 없었다."(Bourdieu 2001, 293)는 언급으로 부르디외는 방법론적 근본고찰을 시작하고 있는데, 이러한 겸양에는 너스레의 측면이 없지 않다. 그 역시도 "장(場, Feld)"과 "아비투스(Habitus)"라는 개념을 실마리로 하여 일종의 "거대 이론"을 전개하고 있는데, 이 이론은 철학이나 언어학이 아니라, 사회학이라는 토양 위에서 성장한 것이다.

장과 아비투스

요세프 유르트는 장과 아비투스가 부르디외 사회학의 핵심 범주를 체현하고 있다고 강조한다. "사회적인 것은 두 개의 형식으로 존재한다. 객체화된 역사로서의 제도라는 형태로('장'), 그리고 역사의 육화된 형식으로('아비투스')."(Jurt 1998, 240) 부르디외의 사유계기는 중요한 지점들에서 루만의 체계이론과 구분되지만, 장이라는 개념이 사회적 공간을 정치, 경제, 종교, 예술이라는 여러 상이한 영역들로 세분화된다는 점에서는 루만과 유사한 측면을 보인다. 푸코와 달리 부르디외는 장을 언표들의 가능성의 조건이라는 담론의 규칙체계로 이해하지 않는다. 그에게 있어 장이란 오히려 투쟁이 벌어지는 사회적 공간으로서, 그 안에서 각각의 장의 개별적 행위자들이 활동하고 자신의 전략적 지위 안에서 주장을 펼치는 장소를 의미한다. 그런 의미에서 푸코의 담론 개념과 마찬가지로 장은 일종의 기능적 구조로서, 권력관계를 가시적으로 드러내는 역할을 한다(Jurt 1998, 245 참조). 여기서 부르디외에게 중요한 것은 사회적 장의 공간적·구조적 차원 외에도 그것의 시간적·역사적 차원이다.

> 나의 출발점은 객관적 구조들에 대한 분석, 다양한 장들에 대한 분석이 정신적 구조들의 발전과정에 대한 분석과 분리될 수 없다는 사실이다. 정신적 구조들은 생물학적 개별존재들의 차원에서 사회적 구조들과 그 구조들의 발생 자체가 함께 고려됨으로써 해명될 수 있다. 즉, 사회적 공간과 그 안에 발을 딛고 있는 집단들은 치열한 역사적 투쟁의 산물이다(Bourdieu 1992, 31쪽 이하).

구조와 관계

부르디외는 구조에 대한 물음을 장의 발생에 대한 물음과 연관시킴으로써, 특정한 역사적 시점의 사회적 공간을 여러 힘의 장들의 묶음으로 규정하고자 한다. 이를 통해 그는 주체철학과 구조주의의 전제들로부터 벗어나려 하는데, 이 점에서 그는 푸코와 유사성을 보인다. 그의 이론에서 두 번째 핵심 개념인 아비투스는 "과거의 주체철학이나 의식철학으로 되돌아가지 않고 구조주의의 패러다임과 절연하는 것"(Bourdieu 2001, 285)을 가능케 한다. 부르디외에게 있어 아비투스의 개념이 주체 개념을 대체하는 것이라면, 카시러에게서 유래한 관계라는 개념은 구조를 대체하는 것이라 할 수 있다. 부르디외는 사회적 공간을 자율적이고 상호관련적인 장들로 이루어진 세분화된 구조물이라고 생각한다. 이러한 장들의 분석을 통해 창조적 주관성이라는 철학적 관념이나 구조분석의 피상적 객관성이 떠맡을 수 없는, 사회에 대한 사회학적 서술이 가능해진다. 이와 더불어 루만에게서 그러하듯이 부르디외에게서도 과거에 철학이 차지하고 있던 근대 정신과학의 선도적 지위를 사회학이 넘겨받게 된다.

소설의 사회학과 예술의 자율성: 플로베르에 대하여

부르디외는 복합적으로 구성된 현대의 새로운 사회학이론이 생겨나는 데 중요한 역할을 하였을 뿐만 아니라, 우리 시대의 가장 영향력 있는 이론가 중 하나로서 문학이론에도 중요한 자극들을 주었다. 『예술의 규칙들(*Die Regeln der Kunst*)』이라는 저서에서 부르디외는 사회적 장이라는 자신의 이론을 플로베르의 작품, 특히 『감정교육(*Education sentimentale*)』과 연결한 바 있다. 미학적 질문을 사회학적 문제로 환원시킨다는 비난에 맞서 부르디외는 문학장이라는 개념을 도입하여 작가 플로베르가 그의 시대에 스스로를 자신의 작품의 주체로 정립하기 위해 사용한 공간을 분석하는 데 활용하고 있다. 이를 통해 보들레르와 플로베르 이후로 현대문학이 추종하고 있는 자율화운동은 작품과 개별 작가를 넘어서서 이루어지고 있는 사회문화적 과정의 결과로서 나타난다. 부르디외에 따르면『감정교육』은 작품 자체가 이미 나름의 방식으로 스스로에 대한 사회학적 분석을 표방하고 있는데 (Bourdieu 2001, 19 참조), 이 작품에 대한 분석이 어느 정도로 다른 작품에도 적용될 수 있는가라는 물음이 제기될 수는 있겠지만. 아무튼 부르디외는『예술의 규칙들』에서 예술에 대한 사회학이론을 통해 현대문학의 자율성이 설명될 수 있다는 사실을 보여주었다. 루만과 마찬가지로 부르디외도 사회학을 토대로 문학이론에 결정적으로 중요한 자극을 제공했다.

6. 체계이론과 문학: 니클라스 루만

사회적 체계들

미셸 푸코의 담론분석이나 피에르 부르디외의 사회적 장이론이 그러하듯이 니클라스 루만의 체계이론도 특별히 문예학적 방법론으로 구상된 것은 아니다. 루만 저작의 중점은 사회이론에 관한 물음으로서, 이는 부분적인 변화를 겪기는 했지만 결코 포기되지 않은 원래의 계획에 따라 다음 세 부분으로 나누어 수행되었다. 그 첫 번째는 체계이론의 개요로서 이를 루만은 1984년의 저서『사회의 체계들(*Soziale*

Systeme)』에서 제시한다. 두 번째는 사회체계에 대한 서술로서 이것은 1998년 간행된 루만의 마지막 역작 『사회의 사회(*Die Gesellschaft der Gesellschaft*)』로 발표되었다. 세 번째는 사회의 가장 중요한 기능 체계들에 대한 서술로서 여기에는 경제, 학문, 법 외에 루만이 1995년에 출간한 『사회의 예술(*Die Kunst der Gesellschaft*)』에 대한 연구가 포함된다. 루만은 개별 예술들 간의 차이를 고려하지 않는 경향을 보이는데, 예술의 체계 내에서 문학이 지니는 특수한 기능에 대한 물음은 차치하더라도 그에게 있어 예술은 현대의 기능적인 사회적 관계들 중 하나의 부분영역일 뿐이다. 체계이론은 이러한 기능적인 사회관계를 총체적으로 밝혀내고자 한다(Schwanitz 1990 참조).

자가생산

루만의 사회체계이론의 출발점이자 문학이론의 출발점은 자가생산 개념이다. 이를 루만은 『사회의 사회』에서 다음과 같이 정의한다. "자가생산적 체계란 자신의 구조뿐만 아니라 그것을 이루는 구성요소들을 바로 그것의 네트워크 자체 내에서 만들어내는 체계다."(Luhmann 1997, 65) 자가생산(Autopoiesis)이라는 개념을 가지고 루만이 목표로 삼고 있는 것은 포스트구조주의가 언어기호의 자기지시성이라는 주제어를 내세워 주장했던 것과 동일한 것으로서, 여기에서 문제의 핵심에 놓여있는 것은 자기완결적인 기능체계가 자기 스스로를 생산하고 자체의 안정성을 유지한다는 근본 사상이다. 그러나 포스트구조주의와 달리 자가생산의 기본적 구성요소는 언어기호가 아니라 커뮤니케이션이다. 루만에게는 사회체계 전체가 자가생산적인데, 그 토대는 "커뮤니케이션으로서 이것은 그것을 구성하고 있는 커뮤니케이션을 통해 가능한 것이 되고 재생산된다."(Luhmann 1986, 620). 사회체계는 커뮤니케이션의 과정들이 순환적으로 운송되고 이를 통해 개별적인 기능적 부분체계들로 분화됨으로써 안정을 유지한다.

예술과 사회

『사회의 예술』에서 루만이 보여주고자 하는 것은 예술이 무엇보다도 전체 사회체계 내의 기능적 부분체계로 파악되어야 한다는 것이다. 자가생산과 커뮤니케이션의 관계를 실마리로 삼아 루만은 예술도 커뮤니케이션의 특정한 형식에 의해 가능하게 되는 자가생산적 체계로 간주한다. 이러한 전제로부터 루만은 예술과 문학에 대한 사회학 이론의 가능성을 도출해내는데, 체계이론의 의도는 바로 그 가능성을 제공하는 데 있다. "이러한 가능성을 위해서는 예술이 **사회적 조건들 아래에서** (결코 '자유롭게 떠도는' 것이 아니라!) 자기재생산의 자기완결적 체계로서 스스로를 유지하고 발전시켜나간다는 사실을 밝히고, 이것이 어떻게 가능한가를 설명해주는 이론이 필요하다."(Luhmann 1986, 621) 루만은 현대의 사회체계 내에서 커뮤니케이션이 수행하는 중심적 역할에 주목하여 "예술작품은 **전적으로** 커뮤니케이션의 수단으로서 생산된다는 것", 그것도 "지각을 비합목적적으로 사용하는 방식을 통해 생산된다는 것"(Luhmann, 1996, 41)에서 출발한다. 예술을 사회에 대한 화해 불가능한 반(反)명제로 상정하는 아도르노의 부정성 개념에 반대하여, 루만은 사회와 마찬가지로 예술도 자가생산이 가능한 하나의 전적으로 자율적인 체계로 이해한다. 이 자율적 체계의 특징은 부정이 아니라 연결능력에 있다. "예술은 자율화된 체계가 되고자 한다는 점에서 현대사회의 운명을 공유한다."(Luhmann 1986, 623) 푸코가 "반담론"이라는 표제하에 요구했던 문학의 전복적 기능에 대한 사상은 루만에게서 아무런 역할도 하지 못한다. 부분체계인 예술은 결코 커뮤니케이션 과정들의 자가생산으로서의 사회 전체와 다른 태도를 취할 수 없기 때문이다.

지각과 커뮤니케이션

루만의 정의에 따르면 분화된 사회 속에서 예술의 기능은 지각(Wahrnehmung)을 커뮤니케이션으로 옮겨놓는 데 있다. "예술은 지각을 커뮤니케이션에 사용 가능한 것으로 만들어준다."(Luhmann 1996, 82) 지각이라는 개념을 사용함으로써 루만은 바움가르텐 이래로 감성적 지각에 관한 학으로 이해되어온 근대미학의 출발점으로 거슬러 올라간다. 또한 사용 가능성이라는 개념을 통해 그가 암시하고자 하는 것은, 문제의 핵심이 현대사회에서 예술이 행하는 전복적 기능에 있는 것이 아니라, 전체 사회체계가 분화되어 있는 상황에서 예술의 역할은 무엇인가라는 물음에 있다.

문학적 커뮤니케이션

이러한 길로 나아감으로써 루만은 예술에 대한 분석을 체계이론에 통합시키는 작업을 성공적으로 수행했으며, 『열정으로서의 사랑(*Liebe als Passion*)』(1984)과 같은 초기 저서들을 통해 문학의 예술사를 위해 중요한 기여를 했다. 그러나 커뮤니케이션과 자가생산이라는 개념에 의거하여 예술과 문학을 사회체계로 통합하려는 시도는 비판적 질문들의 포문을 열어놓았는데, 이에 대해 루만은 아무런 대답을 하지 않았다. 여기에서 관심의 초점은 다른 부분체계들과 비교할 때 예술과 문학의 특수한 기능은 무엇인가라는 것이다. 그리고 이에서 더 나아가 예술과 커뮤니케이션을 결합시키는 것 자체에 대한 원칙적인 물음도 제기될 수 있다. 올리버 실의 지적처럼 문제는 예술과 커뮤니케이션의 연관관계가 근본적으로 중의성을 지니고 있다는 것인데, 루만 자신도 이 문제를 해결하지 못하고 있다. "그에게 고유한 방법론적 전제들은 루만으로 하여금 **예술에 대한 커뮤니케이션**을 예술체계의 궁극적 요소로 규정하도록 만들었다. (…) 그러나 루만이 체계의 자가생산에 대한 질문에 관해 발언하기 위해 다가가는 장소는 예술작품 자체로서, 이 예술작품이 체계의 재생산을 보장한다."(Sill 2001, 97) 이러한 중의성으로 인해 루만에게서는 문학과 문학에 대한 커뮤니케이션 사이의 차이가 사라져 버린다. "구조적인 관점에서 볼 때 문학적 커뮤니케이션으로서의 문학은 문학에 대한 커뮤니케이션과 **근본적으로** 다르다"(Sill 2001, 120)고 올리버 실은 단언한다.

문학에 대한 커뮤니케이션

이 말에는 체계이론의 부주의함을 지적하는 것 이상의 의미가 담겨 있다. 문학과 예술을 사회적 커뮤니케이션 과정으로 환원하는 것은 다음과 같은 문제점을 드러낸다. 즉, 이론은 그것의 대상에 대해 의식적으로 외부에 머무르려 하기 때문에 체계와 문학 사이의 매개가 배제된다는 것이다. 이에서 더 나아가 또 하나의 중요한 문제는 푸코의 경우와 달리 여기에서는 문학의 역할이 체계 내에서의 기능으로 축소된다는 것이다. 이에 대해 알브레히트 코쇼르케는 다음과 같은 비판적 진단을 내린 바 있다. "루만은 기능화의 당파에 속해 있다. 그는 기능적인 것의 기능장애 가능성에 대해 체계적으로 사유하는 것에 거부감을 보인다."(Koschorke 1999b, 146) 커뮤니케이션을 위한 지각의 사용 가능성으로 예술을 규정하는 것이야말로 루만의 체계이론에서 기능적인 구조물이 어느 정도로 중요한가를 분명히 보여준다. 이러한 기능적인 구조물 안에서는 모든 톱니바퀴들이 서로 맞물려 있으며 잠재적인 장애요소들은 시야에서 사라져 버린다. 아도르노와 푸코가 부정성과 반담론이라는 개념에 의거하여 규명하고자 했던 것, 즉 문학과 기능장애의 관련성은 루만에게서는 아무런 역할도 하지 못한다.

체계이론과 문화학

체계이론이 자가생산과 커뮤니케이션이라는 개념을 통해 제공한 일련의 이론적 도구들은 문예학 내에서도 폭넓게 적용되었다(Schmidt 1993, Plumpe 1993, Fohrmann/Müller 1996 참조). 하지만 루만의 사유계기가 지니는 시의성은 문학이론에서 그것이 얼마나 중요한 역할을 했는가보다는 오히려 이것이 문화학과 매체학이라는 새로운 형식의 토대를 마련했다는 데 있다. 형식이라는 전통적 미학의 개념을 "구성요소들이 느슨하게 연결된 경우"(Luhmann 1996, 168)로서의 매체라는 개념으로 대체함으로써, 루만은 포스트구조주의 문학이론에서 매체이론으로의 이행을 예비하였는데, 이는 90년대에 실행에 옮겨졌다.

7. 담론분석과 매체이론

새로운 매체-새로운 문예학?

"우리는 근대의 주도적 매체, 즉 책과 관계를 단절한 새로운 커뮤니케이션 상황 속에서 살고 있다. 컴퓨터와 전자매체는 마셜 매클루언이 구텐베르크 은하계라고 이름 붙였던 세계의 종말을 재촉하고 있다."(Bolz 1995, 7) 노르베르트 볼츠는 이러한 단언과 더불어 구텐베르크 은하계의 종말에 관한 진단을 시작한다. 이로써 그는 뉴미디어의 시대가 현실, 예술, 문학의 매체적 체질에 대한 새로운 성찰을 요구한다는 사상, 그 근본에 있어 설득력이 없지 않은 사상에 동조한다(Faulstich 1995 참조). 이러한 맥락에서 뉴미디어 이론에 대한 결정적인 키워드의 제공자는 이제 더 이상 슐라이어마허, 아도르노, 데리다가 아니라, "미디어는 메시지다"(McLuhan 1970, 17쪽 이하)라는 무수하게 인용된 매클루언의 경구와 "다름을 만드는 모든 차이"(Bolz 1995, 111 참조)라고 하는 그레고리 베이트슨의 정보에 대한 정의다.

기록시스템으로서의 문학: 키틀러

문학의 매체성에 대한 성찰이 문학이론에 들어오게 된 것은 무엇보다도 프리드리히 A. 키틀러가 1985년의 서서 『기록시스템 1800/1900(*Aufschreibesysteme 1800/1900*)』에서 수행한 탐구를 통해서였다. 많은 논란을 불러일으킨 이 교수자격논문에서 키틀러는 한 시대의 담론을 조직하는 규칙들의 재구성이라는 푸코의 담론분석 개념과 정신분석학을 출발점으로 삼고 있다. 그러나 그는 담론분석의 결함도 지적하고 있는데, 담론분석은 오로지 텍스트의 전통적인 형식에만 매

달려 있어 다른 매체형식은 인지하지 못한다는 것이다. "현재에 대한 고고학은 기술 매체들을 통한 자료의 저장, 전송, 산출(算出)도 인식해야 한다."(Kittler 1987, 429) 이로써 키틀러는 담론분석에서 매체이론으로 넘어가는 첫걸음을 내딛는다. 이에서 더 나아가 그는 문학을 모든 자료처리과정과 동일한 법칙을 따르는 하나의 자료처리형식이라고 정의한다. "가장 기본적인 것은 문학이 (이것이 독자층에게 무엇을 의미하든 간에) 자료들을 처리하고, 저장하고, 전송한다는 사실이다."(Kittler 1987, 430) 이러한 기본전제에서 이미 분명히 드러나듯이, 새로운 매체를 고려해야 한다는 키틀러의 요구는 문학을 자료유통이라는 형식과 동일시하는 문제 있는 지점에서 출발한다.

기록시스템 1800: 문학과 어머니의 입

역사적 차원에서 보면 키틀러의 연구는 18세기 말을 근대로 넘어가는 문턱으로 구분하는 전통적인 문화사의 입장을 따르고 있다. 푸코의 담론분석과 라캉의 정신분석을 독특한 방식으로 결합시키면서 키틀러는 의문의 여지가 없지 않은 경험론적 토대에 입각하여 아이들의 알파벳 습득 과정을 통해 1800년경의 문학 시스템을 서술한다. 아이들은 어머니를 통해 문자를 성애화함으로써 알파벳을 습득하는데, 바로 이 과정에서 근대문학이 생성되는 토대가 만들어졌다는 것이다. 어머니를 통해 읽기에 입문하게 된 아이들은 작가로 변신하며, 이들의 텍스트에서 찬양되는 것은 다름 아닌 자연으로부터 차용된 여성적 이상이라는 모성적 심급이다. 따라서 문학적 담론의 산물은 어머니라는 자연의 심급에 완전히 종속되어 있다. "따라서 중요한 것은 고전주의와 낭만주의 문학의 생산조건인 담론의 근원에 어머니를 설정하고, 이 근원적 어머니를 시학적 해석학이 이해하는 최초의 타자로서 분석하는 것이다."(Kittler 1987, 34) 키틀러는 특히 E. T. A. 호프만의 소설 『황금 항아리(*Der goldene Topf*)』 같은 낭만주의 문학에 의거하여 문학은 어머니의 입에서 나온 것을 번역한 것에 다름 아니라는 자신의 테제를 설명한다. "1800년경의 기록시스템에서는 어머니의 입을 기록한 것이 바로 문학이다."(Kittler 1987, 104) 그는 1800년경의 담론체계 속에서 완결적인 체계가 수립되었다고 진단한다. 이에 있어 철학은 작가의 언어에 대한 (경향적으로 동성애적인) 전문화·관료화된 해석을 전담하고, 반면에 여성들은 어머니의 입을 통해 교육된 작가들의 독자로서 연결고리의 끝에서 재등장한다. 키틀러는 기록시스템 1800을 생산, 분포, 소비라는 세 단계의 질서를 따르는 성애화된 자연언어의 순환으로 설명한다. 이 기록시스템은 자연을 이상으로 삼는 작가와 독자로 이루어진 자체 완결적 순환을 만들어내는 체계인데, 이는 근본적으로 어머니를 통해 각인된 것이다.

기록시스템 1900: 축음기, 영화, 타자기

이에 반해 1900년을 전후한 시대는 새로운 매체들이 문학담론 안으로 침투한 시기라고 키틀러는 해석한다. 그는 니체의 타자기를 예로 들며 "니체는 최후의 철학자이자 최초의 매체이론가"(Kittler 1986, 124)라고 판정함으로써 세기말의 매체사적 전환을 상징적으로 확증하는데, 이는 포스트구조주의에서 니체가 차지하는 커다란 중요성에 부합한다(Hamacher 1986 참조). 이제 여기에서 문제되는 것은 어머니의 입에서 나와 작가의 목소리를 거쳐 해석학의 열린 귀로 들어가는 자료의 유통이 아니라, 상이한 매체적 회로 사이의 차이다. 이 차이는 한편으로는 광학(영화)과 음향학(축음기) 사이의 차이이고, 다른 한편으로는 키틀러가 데리다와 마찬가지로 불가피한 차이의 산물이라고 설명하는 문자(타자기)의 자기지시성 간의 차이이다. 키틀러는 "해석은 (…) 매체의 위치전환이라는 보편적 기술에 있어 하나의 예외적인 경우일 뿐"(Kittler, 1987, 275)이라고 주장하며 해석학의 철학적 전통에 대해 비판할 뿐만 아니라, 이에서 더 나아가 『기록시스템 1800/1900』에서 문예학을 매체이론으로 확장하고, 이후 출간하는 저서들에서 이를 일관되게 이어나간다. 순수한 담론분석적 사유계기를 통해 문학을 외부에 의해 조정되는 자료전송의 체계로 정의함으로써, 키틀러는 그가 자칭했던 것처럼 문학이론의 급진적 개혁가의 위치에 놓이게 된다. 그는 1980년에 출간한 『정신과학에서의 정신의 추방(*Austreibung des Geistes aus den Geisteswissenschaften*)』이라는 논문모음집의 제목이 보여주는 것처럼 엑소시스트의 태도로 새로운 매체학과 기계학을 정립하려 하는데, 여기에서는 문학으로부터 자료전달 이상의 것을 결코 기대하지 않는다.

문학과 매체

담론분석에서 매체이론으로의 확장은 여러 가지 문제를 동반한다. 담론분석에서도 그러했듯이 무엇보다 먼저 제기되는 물음은 보편적인 담론의 질서와 역사적인 문학담론을 어떻게 매개할 것인가이다. 키틀러는 이 둘을 완전히 동일시함으로써 이 문제를 피해 간다. 요컨대 그에게 있어 매체는 문학담론과 같은 개별 담론들이 그 안에서 작동할 수 있는 형식들을 제공한다. 하지만 정보나 커뮤니케이션 전달의 기계적 계기가 강조됨으로써 문학 텍스트 역시 "기계적으로", 그리고 이와 함께 역학적으로 독해되기에 이르며, 더 나아가 1800년경이나 1900년경에 "유일한" 문학담론 같은 것이 존재했을지도 모른다는 인상을 준다. 키틀러가 『기록시스템 1800/1900』을 통해 문학이론에 혁신적인 공헌을 했다는 것에는 이론의 여지가 없다. 그러나 그는 매체이론을 문예학의 중심에 놓음으로써, 문학을 오로지 외부의 법칙에 의해 지배되는 자료의 무한한 유통으로 축소시킨다. 이러한 배경에서 어떻게 새로운 매체이론이 문헌학으로서의 문예학이라는 낡은 규정과 조화될 수 있느냐 하는 문제가 제기된다. 베른하르트 J. 도츨러는 바로 이러한 문제를 고찰하여, "문학은 그 자체로서 매체가 무엇인지 또는 무엇을 의미하는지를 '해명하는 기능'"(Dotzler 2011, 9)을 지닌다고 밝힌 바 있다. 이로써 역사적 매체인 문학에 개방적인 이론으로서 수행되는 매체학의 특징들이 드러난다.

그렇지만 키틀러의 매체이론은 문예학을 테크놀로지의 표식 속에서 새로 정초하는 이론으로서만이 아니라 동시에 인간에 대한 비판으로 이해될 수 있다. 푸코가 이미 담론이라는 개념을 통해 근대적 주체를 소멸시켰듯이, 볼츠와 키틀러는 주체라는 해석학적 범주를 기계로 환원시킨다. "이미 말했듯이 인간이 정보기계를 발명한 것이 아니라, 정반대로 정보기계가 인간의 주체이다"(Kittler 1993, 77)라고 키틀러는 주장한다. 볼츠 역시 다음과 같이 난언한다. "새로운 매체상황하에서 인간은 더 이상 기계나 도구의 사용자가 아니라, 매체들의 결합 안에 존재하는 접속의 계기에 불과하다."(Bolz 1995, 118) 볼츠와 키틀러의 고찰은 논리의 단순한 전환에 의거한 것이다. 즉 인간은 외견상 자율적이었던 행위의 주체에서 이제 커뮤니케이션 과정의 진정한 주인인 매체의 객체가 되었다는 것이다. 키틀러는 이러한 맥락에서 전쟁테크놀로지에 특수한 의미를 부여하면서, “중계매체는 전쟁테크놀로지에서 생겨난 것이다”라고 단언한다(Kittler 1993, 1221). 그는 현대의 방송기술이 제2차 세계대전 당시의 무선방송으로부터 생겨났다는 것을 탁월한 방식으로 증명하였다. 하지만 이처럼 매체와 전쟁테크놀로지를 동일시함으로써 주체의 소멸이라는 푸코의 명제에 섬뜩한 전쟁의 차원이 부가된다. 푸코의 담론분석이라는 기획이 문화적 억압에 내맡겨져 있던 광기나 성과 같은 계기들을 문제 삼음으로써 인간의 역사에 미학적·정치적으로 중요한 기여를 했던 반면에, 매체이론은 푸코의 담론 개념을 급진화함으로써 기계와 전쟁을 긍정하는 이론으로 나아간다. 이러한 이론은 그것의 이상적인 대상을 문학 텍스트가 아니라, 권력의 접속회로에서 발견한다.

몸과 문자: 코쇼르케

새로운 매체학이 반드시 문학을 기록저장과정으로 해체하는 방향으로 나아갈 필요는 없다는 사실을 보여주는 예로서 법학담론과 문학담론의 관계를 인상적으로 분석한 코르넬리아 비스만(Vismann 2000 참조) 외에 알브레히트 코쇼르케의 작업을 들 수 있다. 특히 교수자격논문 『몸의 흐름과 문자의 교류(*Körperströme und Schriftverkehr*)』에서 코쇼르케가 제시한 극도로 분화된 작업은 새로운 매체이론에 대한 기여일 뿐만 아니라 감수성의 역사에 대한 문학사적 기여로도 이해될 수 있을 것이다.

감수성의 매체론

푸코나 키틀러와 마찬가지로 코쇼르케 역시 그의 문화인류학적 연구에서 1800년경의 담론체계가 책이라는 매체의 도입을 통해 변화한다는 점에 주목하고, 문학 텍스트 외에도 특히 의학, 심리학, 대중철학의 실용서들에 눈길을 보낸다. 이에 있어 중요한 것은 코쇼르케 사상의 출발점인 매체 너머로의 인간의 소멸이 아니라, 오히려 사회적 에너지의 순환방식이 변화함에 따라 어떻게 주체의 변형이 이루어지는가라는 질문인데(Koschorke 1999a, 15 참조), 이는 그린블랫을 떠올리게 한다. 코쇼르케는 새로운 인간상과 신체상을 각인하는 기능이 문자에 있다고 말한다. 새로운 인간상과 신체상은 인간의 신체 사이에서 직접적으로 이루어지던 교류 대신에 자기지시적 체계로서의 신체가 형성됨으로써 나타난다. 이 자기지시적 체계는 오로지 문자교류라는 매체적 대체를 통해서만 소통이 가능하다. 코쇼르케는 감상주의 문학의 눈물숭배를 직접적 신체교류의 환유적 대체물로 해석한다. 이렇게 하여 직접적 신체교류는 문자의 홍수에 의해 지속된다. 18세기의 편지문화는 이에 대한 예증이라 할 수 있는데, 여기에서 문자는 서로 분리되어 있던 주체들을 다시 소통할 수 있게끔 만들어주는 개인화 과정의 결과로서 나타난다. "18세기의 매체론"이라는 부제가 붙은 코쇼르케의 연구서가 보여주고 있는 매체의 대체과정은 노르베르트 엘리아스가 수행했던 작업의 전통을 이어 받아 문명사 연구에 중요하게 기여할 수 있는 새로운 문화학의 토대가 된다. "여기에서 매체는 일종의 피드백 체계로 이해되어야 한다. 이 피드백 체계는 기호생산의 두 구성요소인 물질성과 의미잠재성이 상호작용할 수 있게 해준다."(Koschorke 1999a, 11)

문예학과 매체이론

코쇼르케는 매체의 물질성뿐만 아니라 포스트구조주의적 사유에서 이미 오래전부터 의심의 대상이 되어온 의미라는 범주에도 주목한다. 역사적 의미과정에 대한 물음이 시야에서 사라지지 않고 오히려 새로운 매체이론의 토대 위에서 새롭게 재구성되는 것은 동시에 매체이론의 이름하에서 문예학과 문화학이 반드시 서로 대립하는 입장에 놓일 필요는 없다는 사실을 입증해준다.

Ⅶ. 오늘날의 문학이론

1. 이론 이후?

문학이론과 방법론의 다원주의

정신과학에서 해석학적 이해라는 정언명령은 오랫동안 자명한 것으로 여겨져 왔으며, 그 근거에 대해 비판적 물음을 제기하는 것은 무용한 일이었다. 신학의 문제가 성서에 대한 올바른 해석에 있고, 법학의 문제가 법전에 대한 올바른 해석에 있듯이, 문예학의 문제는 문학텍스트에 대한 올바른 해석에 있는 것으로 간주되었던 것이다. 20세기 후반에 들어와 '언어적 전회'의 기치하에 문학 개념이 변화를 겪게 되면서, 해석학의 정언명령에서 해방된 새로운 문학이론이 모습을 갖추게 되었다. 그리하여 60년대 중반 이후로 상이하고 상호 경쟁하는 다양한 방법론들이 문예학에 등장하였다. 18세기 철학에 근거지를 둔 전통적인 문학해석학은 이제 더 이상 철학이 아니라 언어학에 토대를 둔 구조주의 사상과 정면으로 대결하게 되었다. 그리고 이에 뒤이어 60년대 말에 등장한 포스트구조주의는 해석학뿐만 아니라 구조주의도 넘어서는 것을 목표로, 이들의 학문적 이상에 비판적 의문을 제기하였다. 차이의 사유를 기치로 내걸고 전개된 포스트구조주의적 사유의 필사적 노력은 90년대 초반에 들어와 문예학을 문화학으로 정초하려는 다양한 시도들에 자리를 내주게 된다. 이와 동시에 이 학문분야의 문헌학적 토대로 되돌아가야 한다고 요구하는 목소리도 터져 나왔다. 이에서 더 나아가 인지과학으로 눈길을 돌림으로써 낡은 정신과학의 개념에서 벗어나 자연과학과 문화과학의 연결 가능성에 대해 물음을 던지는 새로운 패러다임도 등장했다. 그리하여 문학의 개념에 대해 상이한 방식으로 정초를 시도하는 이질적인 영역들이 생겨났는데, 오늘날까지 문학이론은 이에 의해 규정되고 있다.

문학의 시학을 위하여

의미라는 해석학적 범주에서부터, 언어의 의미가 기호의 형식에 종속된다는 구조주의의 통찰을 거쳐, 언어적 차이와 담론의 권력이라는 개념 및 문화적 에너지와 매체, 그리고 인지과학의 모델 등에 의한 의미의 완전한 해체에 이르기까지, 이질적이고 다양한 문학이론들이 오늘날 서로 논쟁을 벌이고 있다. 이처럼 다양한 이론들이 시장에 나와 있는 상황에서 그중 하나를 선택하여 유일하게 참된 이론이라는 영예로운 이름을 부여하는 것은 지난 수십 년 사이에 문예학의 특징이 된 복합성을 축소시키는 부당한 일이 될 것이다. 오히려 문학에 대한 시학적 규정을 위해 의미 있는 이론적 공헌은 상이한 방법론적 노선들로부터 나올 수 있다는 사실이 입증되고 있다. 문학 개념의 실천적 차원에 대한 관심과 이론적 차원에 대한 관심은 페터 손디의 문학해석학, 앙리 메쇼닉의 언어학적 시학, 그리고 폴 드 만의 수사학적 해체주의 등 지극히 상이한 이론적 사유계기들을 연결해주고 있다. 따라서 오랫동안 그래 왔던 것처럼 해석학, 구조주의, 해체주의를 처음부터 서로 대립시켜야 할 필요는 없다. 문학이론을 이론적으로 정초하기 위한 다양한 입장들을 그저 대립항들로 여길 것이 아니라, 하나의 과업을 이루기 위한 상호보완적 노력으로 파악하는 것이 문예학에 더 바람직한 일일 것이다. 여기에서 하나의 과업이란 바로 문학이란 무엇이고, 문학에 대한 지식은 어떻게 정당화되는가라는 물음이다.

이론의 종말?

독자적인 학문적 요구를 지닌 문예학 연구의 토대로서 문학이론이 지니는 중요성은 지난 수년간 거듭 의문시되어왔다. 그리하여 그 자신이 저명한 문학이론가인 테리 이글턴은 2004년에 이 시대를 "이론 이후"(Eagleton 2004)라는 반어적인 이름으로 부르기에 이르렀다. 하지만 동시에 그는 이론 이전의 순진무구한 시대로 되돌아가려 하는 것에 대해서도 경고하고 있다. 이글턴이 환기하고자 하는 것은 부분적으로는 신랄하게 진행된 해석학과 해체주의 사이의 논쟁이 이 분야에 대한 문화학의 새로운 도전에 직면하여 이제 매장되기에 이른 것처럼 보인다는 사실이다. 90년대의 "문화적 전회"와 더불어 문학이론에도 중요한 의미를 지니는 방향전환이 이루어진 것이다.

문화적 전회

해석학, 구조주의, 해체주의, 담론분석이 아무리 서로를 이질적으로 파악한다고 할지라도, 적어도 이들 모두는 학자들의 관심의 중점이 언어에 있다는 공통적인 전제를 따르고 있었다. 문학에 대한 상이한 이해의 책임은 언어에 대한 상이한 이해에 있으며, 비록 이것이 해석학, 구조주의, 해체주의, 담론분석을 서로 갈라놓기도 하지만, 언어라는 공통의 관심지점을 놓고 보면 이들을 서로 연결해주는 것이기도 했다. 하지만 문화에 눈길을 돌림으로써 문예학은 "언어적 전회"의 패러다임을 대체할 새로운 관심지점을 끌어들였다. 언어학과 문예학의 공통된 대상인 언어에 대한 탐구를 대신하여, 이제 문화가 새로운 관심대상으로 등장하게 된 것이다. 이에 따라 문예학 내에서는 물론 다른 분야와의 관계에 있어서도 변화가 생겨났다. 수사학이 결정적으로 종말을 고한 18세기 이래로 문학은 철학에서 동맹파트너를 발견하여 문학에 대한 학문적 논의가 철학으로 방향을 돌렸는데, 이제 20세기 말에 이르러 문학과 철학의 오랜 연합에 약간의 거리가 생겨나게 된 것이다. 철학에 의해 규정되어온 정신과학의 전통적 개념이 이제 그 효력을 다하고, 역사에 정향된 문화과학이 이를 대체하고 있는 것으로 보인다. 문예학의 입장에서 이는 한편으로 전통의 손실이지만, 다른 한편으로는 새로운 지향 가능성의 획득이기도 하다. 문예학은 이제 새로운 동맹군들에 손을 뻗을 수 있게 된 것이다.

자연과학과 문화과학

이러한 새로운 동맹군으로 꼽을 수 있는 것은 이미 오래전부터 문예학의 대화 상대였던 역사학과 사회학뿐만 아니라, 두 개의 문화라고 하는 널리 확산된 언설의 맥락에서 지금까지 대체로 정신과학에 대립하는 것으로 여겨져 왔던 자연과학도 여기에 속한다. 하지만 이로 인해 문학이론의 과제가 간단히 붕괴되는 것은 아니다. 문학이론을 철학적·수사학적으로 정초하려는 오랜 시도를 뒤로 하고, 이제 자연과학과 문화과학이라는 새로운 듀엣과 더불어 문학이론의 오랜 문제와 새로운 문제들이 분명한 모습을 드러낸다. 한편으로 이론 이후의 시대를 맞아 이 분야의 본래적 토대인 문헌학의 개념을 다시 강화하려는 여러 상이한 시도들, 그리고 다른 한편으로 역사를 지향하거나 혹은 인지의 기치하에 자연과학을 지향함으로써 문화학적 시학을 입안하려는 역시 적잖이 이질적인 노력들이 모두 여기에 속한다. 그 어떤 경우이건 간에 문예학을 문헌학이나 문화학적 시학으로 혹은 인지과학적으로 정초된 문화학으로 구성하려는 시도는 지속적인 성찰이 필요한 문학이론적 입장을 취하게 된다. 이러한 배경하에서 부분적으로는 포스트구조주의의 사유계기들을 계승하려 하고, 부분적으로는 이를 의식적으로 넘어서려 하면서 전개되고 있는 여러 상이한 문학이론적 입장들을 서술하는 것으로 이 책의 마지막을 장식하고자 한다.

2. 문헌학을 위하여

문헌학으로의 복귀

새로운 문학이론의 형성은 문예학의 문헌학적 토대를 오랫동안 뒤흔들었다. 60년대에 촉발된 해석 논쟁은 텍스트의 편찬이나 문학사적·장르시학적 해석과 같은 이 분야의 전통적인 과제들에서 점점 더 멀어져가는 것으로 보였다. 따라서 텍스트, 담론 혹은 매체로서의 문학의 위상을 둘러싼 문학이론 논쟁이 많은 사람들의 피로감을 가중시킨 것은 그리 놀라운 일이 아니다. 90년대 중반에 나타난 이론에 대한 피로감의 반작용으로 문예학이 자신의 문헌학적 토대를 다시 생각해보아야 한다는 요구가 제기되었다. 흥미로운 사실은 이러한 요구가 그전부터 항상 새로운 문학이론에 반대 입장을 표명해온 이들뿐만 아니라, 처음부터 새로운 문학이론에 열린 태도를 보여온 대표적 이론가들에 의해서도 제기되었다는 것이다. 이에 따라 근래 들어 문헌학에 대한 전적으로 상이한 개념들이 형성되고 있다.

삶(생존)의 지식

불문학자 오트마르 에테는 많은 주목을 받은 그의 저서에서 문헌학을 "삶(생존)의 지식(ÜberLebenswissen)"으로 규정하려 하였다. 문예학이 모범으로 삼아야 할 것은 이 분야의 문학이론적 혁신이 아니라, 문예학의 풍요로운 역사에 눈길을 돌리는 데 있다는 것이 그의 고찰의 출발점이다. 그는 "문예학은 그 전통에 대한 비판적 시각을 통해 새로이 창조될 수 있다"(Ette 2004, 53)고 주장함으로써, 이 학문분야의 문헌학적 토대를 문화학의 새로운 사유계기들과 화해시키려 한다.

문헌학과 문화학

에테는 담론분석과 새로운 문화학에 특징적인 지식 개념에 다가감으로써 문학의 기능을 규정하려 한다. 그의 고찰이 출발점으로 삼고 있는 전제는 "문학은 사회와 문화의 지식요소들이 지니는 유효성의 발생에 관련된 지식을 항상 지니고 있다"(Ette 2004, 13)는 것이다. 그의 사상을 주도하는 지식 개념을 에테는 근본적인 삶의 지식으로 정의한다. 그의 관심은 "삶에 대한 지식 및 삶 자체의 지식, 삶(그리고 생존)의 본질적 구성요소로서의 지식 및 삶 일반의 근본적 속성, 삶을 향한 지식 및 삶 안에서의 지식"(Ette 2004, 12)에 있다. 삶이라는 지극히 보편적인 개념이 새로운 주제어가 되고 있는 것이다. 이로써 에테가 문학의 기능을 문화학적으로 정초된 실천의 개념에 연결하려 한다는 사실이 명백하게 드러난다. 문학의 지식은 생존의 지식이다. "생존의 지식은 파시즘 치하 유럽의 죽음의 감옥과 수용소 체험에서부터, 다양한 형태의 이주민의 지식을 거쳐, 21세기 전환기 다문화사회에서의 정치적이고 철학적으로 성찰된 삶의 실천에까지 이르다."(Ette 2004, 13) 문학을 생존의 지식으로 규정하는 것은 문학에 대한 이론적 규정에서 벗어나 실천적 규정으로 나아가는 것을 의미한다. 이제 관심의 중점은 더 이상 문학의 언어에 있는 것이 아니라, 20세기와 21세기의 본질적인 문화적 체험이다. 에테는 죽음의 감옥, 수용소 체험, 이주를 수많은 관점의 모험 행렬에서 나타나는 삶의 체험의 근본요소라고 부른다. 이러한 삶의 체험이 적합한 표현을 발견하는 장소가 바로 문학이다. 외국어문학 분야에서 드물지 않게 그러하듯이 에테는 자신을 탈식민주의 사유에 귀속시키는데, 그 중심에 자리 잡고 있는 것은 인종의 개념, 성의 개념, 계급의 개념이다(Schößler 2006, 140쪽 이하 참조).

역사의 상실

문헌학적 전통에 대한 에테의 비판적 시각은 그 바탕에 놓여 있는 역사적 차원을 시야에서 놓치는 경향을 보인다. 생존의 지식으로서의 문헌학이 다시금 발굴하려 하는 전통의 요소는 본질적으로 지금의 현실과 관련을 맺고 있는 사유계기 내에서는 사라져버리고 만다. 이에 따라 생존의 지식은 문예학이라는 학문분야가 지향하는 새로운 방향의 진정한 토대가 되기에는 너무 보편적이면서 동시에 너무 부분적이라는 사실이 드러난다. 에테의 시선이 향하는 곳은 문학에 수용된 부분적인 역사적 체험인데, 이것은 아마도 역사학에 의해 더 잘 해명될 수 있는 문제일 것이다. 문학 일반이 생존의 지식이라는 테제는 문학의 대상에 대한 과도하게 많은 요구인 동시에 과도하게 적은 요구이기도 하다. 과도하게 많다는 것은 그것이 생존의 보편적 개념에 눈길을 돌리라고 문학에게 요구하기 때문이고, 과도하게 적다는 것은 그것이 간명한 개념으로 수렴될 수 있는 문학의 기능을 거의 고려하지 않기 때문이다.

텍스트를 돌보는 일

문예학이라는 학문분야가 문헌학에 토대를 두고 있다는 사실을 돌이켜보는 일은 전혀 다른 관점에서 정식화되었다. 에테와 마찬가지로 원래 불문학자인 한스 울리히 굼브레히트(Hans Ulich Gumbrecht)에 따르면 문헌학이란 "역사적으로 전승된 텍스트를 돌보는 일의 학문적 완숙을 기하는 총체적 작업"(Gumbrecht 2003, 11)이다. 이렇게 하여 그는 문학 텍스트의 수집, 편찬, 학문적 해명이라는 이 학문분야의 전통적 과제와의 연결을 이루어내는데, 이러한 입장은 이 학문분야의 대상인 텍스트의 통합성을 이미 전제하고 있기 때문에 그것을 엄밀하게 학문적으로 정초할 필요가 없게 된다.

소망과 현전

'문헌학이란 텍스트를 돌보는 일'이라고 하는, 그리 독창적이라고는 할 수 없는 정의를 굼브레히트는 보다 광범위한 규정과 연결한다. 그는 문학에 현전의 생성이라는 근본적인 기능을 부여한다. "문헌학의 모든 활동은 각기 상이한 방식으로 현전에 대한 소망을, 물리적·공간적으로 매개된 이 세계의 사물(텍스트도 그에 속하는)에 대한 소망을 만들어낸다. 이러한 현전에 대한 소망이야말로 문헌학이 파악 가능성의 영향력을(심지어 때로는 파악 가능한 실재의 영향력을) 초래하는 실제적 토대가 된다."(Gumbrecht 2003, 17) 여기에서 굼브레히트는 문학과 현전을 결합함으로써 우리를 놀라게 하는데, 이것이 놀라운 것은 과거에 굼브레히트가 현전의 형식을 문학 텍스트의 환원 불가능한 차이성으로 소급하는 해체주의의 문학 개념에 매우 가까운 입장을 취하고 있었기 때문만은 아니다. 이에서 더 나아가 그것이 놀라울 수밖에 없는 것은 그가 과거 딜타이에게서 핵심적인 역할을 하였던 체험 개념으로 되돌아갈 것을 노골적으로 요구하고 있기 때문이다. "독일에서 '체험' 개념이 모든 학문적 권위를 박탈당한 지 반 세기가 지난 지금(이 반세기는 내가 직업적 사회화를 경험한 시간의 절반이 넘는데), 정신과학이 이 개념으로 되돌아갈 때가 되지 않았나 싶다."(Gumbrecht 2003, 132)

체험의 복권(復權)

굼브레히트는 자연과학과 문화학에 의거하여 문예학이라는 학문분야를 새로이 규정하려는 경향에 반대하여 정신과학의 전통적 개념을 고수한다. 이런 입장에서 그는 20세기 후반에 이루어진 문학이론적 논쟁을 전적으로 무시하고 딜타이의 체험 개념을 복권시키려 하는데, 여기에는 문제의 소지가 적지 않다. 굼브레히트가 되살려내려 하는 문헌학의 권력은 이미 오래전에 역사적으로 뒤처진 입장으로 곧장 복귀하는 것을 의미한다.

문학–문헌학–철학

문헌학의 복권이라는 점에서 굼브레히트는 베르너 하마허(Werner Hamacher)와 연결된다. 하지만 이들의 문헌학 개념은 현저하게 다른 모습으로 나타난다. 굼브레히트가 20세기 초반의 체험 개념으로 돌아갈 것을 요구하는 데 반해, 하마허는 역사 속에서 성장해온 문학,

문헌학, 철학 사이의 결합을 새로이 제기하려 한다. 하마허에게서 문헌학이 문학과 철학의 한가운데 위치하는 것은 결코 우연이 아니다. 헤겔이 시도한 바 있듯이, 문학과 이것을 이론적으로 철학에 인도하는 일 사이의 매개 기능이 문헌학에 부과된다. 하마허는 문헌학을 "언어에 **바쳐지고** 또 언어의 **도전을 받는** 경험"(Hamacher 2009, 32)으로 정의한다. 하마허의 문학 개념과 문학이론의 중심에는 특수한 언어관이 자리 잡고 있다. 이를 통해 알 수 있듯이 하마허는 '언어적 전회'를 쉽사리 포기하려 하지 않는다. 언어를 도전으로 파악함으로써, 그는 해체주의가 이미 그랬던 것처럼 문학과 이론을 해소될 수 없는 긴장관계 속으로 몰아넣는다.

언어의 친구

해석학적이면서 동시에 해체주의적인 독자 하마허는 문학을 향한 열정적인 관계를, 애정관계(*philia*), 우정 혹은 친구관계를 추구한다. 문학은 본래가 이론의 대상 이상의 것이다. 문헌학이 문학과 맺고 있는 열정적인 관계는 문학 자체에 이미 내재되어 있다. 이에 따라 하마허는 문학에 특권적 지위를 부여하는데, 이 점에서 그는 문화학과 입장을 달리한다. "문학은 제1 문헌학이다."(Hamacher 2009, 14) 지난 수년간 문화학적 사유계기가 문학을 역사학이나 사회학 같은 다른 학문분야와 연결하려는 목표를 추구하였다면, 하마허는 이에 반대하여 문예학을 다른 학문분야의 인식론적 요구로부터 해방시키고자 한다. 지금 절실하게 요구되는 것은 문화학의 토대 위에 여러 상이한 담론들의 연결망을 구축하는 일이 아니라, "오히려 다른 분과학문, 다른 인식기법, 다른 경험방식에서 나온 견해들(*doxai*)로부터 문헌학을 해방하는 일"(Hamacher 2009, 22)이라는 것이다. 하마허가 『문헌학을 위한 95개 조 테제(*95 Thesen zur Philologie*)』(2010)에서 보여주었듯이 문헌학을 문학과 철학의 매개자로 복권시키는 것은 여러 측면에서 프리드리히 슐레겔 및 니체와 연결되는데, 이러한 입장에서 하마허는 자연과학 및 문화학의 새로운 패러다임에 의거한 지식 개념에 명백한 반대를 표명한다. "그것이 제기하는 질문의 양상을 돌아보면 문헌학은 결코 지식의 획득을 지향하는 학문이거나, 잘 정의된 이론적 방법을 지닌 분과학문이 아니다."(Hamacher 2009, 28)

문헌학을 위하여

이러한 주장을 통해 하마허가 문헌학은 학문이 아니라는 입장을 새로이 표명하고 있는 것은 결코 아니다. 언어에 의한 도전의 체험으로서의 문헌학에 주어진 과제는 학문이 되라고 하는 외부의 요구로부터 문학을 해방시켜주는 문학 개념을 정초하는 것에 있다. 하마허의 『문헌학을 위하여(*Für die Philologie*)』는 시대의 흐름을 거슬러 문학언어를 향한 지향을 시야에서 놓치려 하지 않는 문학이론에게 보내는 격려사라고 할 수 있다.

3. 문화와 자연 사이에서

문헌학과 문화학

문헌학으로의 복귀인가, 아니면 문화학으로의 이행인가라고 하는 문예학을 둘러싼 대립적 입장은 처음에는 거의 매개가 불가능한 것으로 여겨졌다. 하지만 그 후 이 두 적대적인 입장 사이에서 합의점을 찾으려는 노력이 신속하게 나타났다. 그리하여 현대 문헌학 총서를 편찬한 학자들은 서론에서 "문헌학과 문화학 사이의 순환적 의존관계"(Bremer/Wirth 2010, 28)를 확인하고, 이러한 관계가 문예학을 문헌학이나 문화학으로 규정하려는 지나치게 편향된 입장을 극복하는 데 기여해야 한다고 주장한다. 왜냐하면 이미 보았듯이 포스트구조주의적 사유를 새로운 매체이론이나 문화학으로 대체하려는 시도에는 문제의 소지가 적지 않기 때문이다. 하르트무트 뵈메가 지적했듯이, "전면적인 딜레탕티즘"(Böhme 1998, 485)만 위험한 것이 아니라, '문화'에 대한 혼란된 이해 속에서 문예학을 완전히 해체하는 것도 그만큼 위험한 일이다. "이와 반대로 누군가가 문예학을 매체학이나 매체문화학, 혹은 사회사 같은 것들로 만들어버리려 한다면, 그는 자신이 문학에 관한 학문으로서의 문예학을 더 이상 원하지 않는다고 고백하고 있는 것이다."(Böhme 1998, 481) 문학을 무엇보다도 문화적 실천으로서 연구하는 것이 아무리 의미 있는 일처럼 보인다고 할지라도, 다른 지식 및 실천의 형식과 구별되는 문학의 특수한 기능에 대한 물음을 던지는 것도 그만큼 시급한 일이다. 하지만 여기에서 의문스러운 것은 스티븐 그린블랫 같은 문화학의 대표자들조차도 "믿을 수 없을 정도로 모호"하다고 말한 문화의 개념이 과연 그러한 구별을 어느 정도로 성취해낼 수 있는가이다.

이질적인 문화 개념들

문헌학으로 다시 복귀하거나 문화학으로 새롭게 출발함으로써 문예학을 정초하려는 경쟁관계에 있는 두 가지 시도는 서로에게 손가락질을 하고 있는 두 극단주의라고 할 수 있다. 따라서 이들 양자가 이제 더 이상 서로 대립하지 않고, 공동의 노력을 위해 서로를 보완하는 부분들이 되고자 노력하게 된 것이 그리 놀라운 일은 아니다. 이러한 배경에서 문화학에 대한 전적으로 상이한 개념이 생겨나게 되었다. 그 하나는 푸코에게서 유래한 담론분석의 연장선상에서 지식형식의 역사적 형성이 문학에 어떤 방식으로 침전되어 있는가라는 문제에 천착하는 것이다. 다른 하나는 새로이 등장한 인지과학의 연장선상에서 어떻게 하면 문학이 자연과학과 같은 엄밀한 객관성의 이상에 합치될 수 있을 것인가라는 문제에 천착하는 것이다. 지식이라는 공통된 지점에 시선을 보내는 방식에 있어 문화학 내에는 근본적으로 상이한 두 가지 접근이 나타나는데, 그 하나는 단호하게 문화학이 되려 하고, 다른 하나는 이에 반해 점점 더 자연과학이 되고자 한다.

문학과 지식

지난 수년간 지식은 문예학 내에서도 커다란 중요성을 지니게 되었다. 해체주의가 아직 문학을 원래 그것에게 낯선 지식 개념으로부터 지켜내는 일에 노력을 기울였던 반면에, 문학을 담론으로 규정한 푸코의 경우에는 지식 개념의 편에 서 있다. 그리하여 푸코에 의거하여 문화학적 성찰의 새로운 형식으로서 지식의 시학을 정립하는 것이 가능하게 되었는데, 이는 문예학이라는 학문분야에 새로운 동력을 제공했다.

지식의 시학

지식의 시학을 형성하는 데 특별히 공헌한 인물은 요제프 포글(Joseph Vogl)이다. 그가 편집 책임을 맡은 총서『1800년경의 지식의 시학(*Poetologien des Wissens um 1800*)』서론에서 그는 지식의 시학에 주어진 과제와 전제의 윤곽을 그려 보이고 있다. 여기에서 포글은 "지식의 새로운 대상과 인식영역, 그리고 이를 제시하는 형식이 출현"(Vogl 1999, 13)했다고 선언하고, 이것이 문학에 새로운 동력을 제공할 것이라고 주장한다. 그는 제시와 재현 가능성이야말로 지식담론과 연결되는 시학 연구의 궁극적인 문제라고 주장한다. 포글에게 있어 문제의 관건은 문학을 다른 담론들과 비교할 수 있는 지식의 형식으로 규정하는 데 그치는 것이 아니라, 이에서 더 나아가 학문적 담론들에 나타나는 문학적 제시방식을 추적하는 데 있다. 이러한 배경에서 포글은 "지식의 모든 질서가 특정한 재현방식을 구성하고 있다는 것, 그것의 내부에 가능성과 가시성, 대상의 일관성과 상호연관성을 결정하는 특수한 방식이 작용하고 있다는 것"(Vogl 2004, 13)을 출발점으로 삼는다.

문화시학

이렇게 하여 문화시학의 개념이 모습을 드러내는데, 이것이 근본적 목표로 삼는 것은 지식담론을 다루는 시학의 힘에 있다. 이를 통해 포글이 푸코의 담론분석을 문학과 조율된 문화학으로 확장하는 데 기여하였다는 것에는 의문의 여지가 없다. 그러나 이와 동시에 문학과 경제학의 연관관계를 다룬 그의 논저들에서 드러나듯이, 문화시학적 사유계기에는 다른 담론형식들을 위해 문학을 시야에서 놓칠 위험이 도사리고 있다. 많은 칭송을 받은 그의 연구서 『자본의 유령(*Das Gespenst des Kapitals*)』은 "경제적 과정의 불안"(Vogl 2010/2011)을 주제로 삼고 있다. 하지만 프로이트의 정신분석학에 기대고 있는 이러한 불안이 문학 텍스트에서 어떻게 재현될 수 있는가 하는 문제는 그의 연구에서 거의 아무런 역할을 하지 못하고 있다. 담론분석이 그러했듯이 문화시학의 경우에도 지식담론에 초점을 맞추는 것은 결국 문학이 중요성을 상실하는 결과를 초래한다.

지식과 인지

문화시학은 담론분석의 문제의식을 계승하고 있는 동시에 신역사주의와도 연결된다. 문화시학은 지식 개념을 강력하게 지향한다는 점에서 인지과학의 영역에서 나온 새로운 사유계기들과 결합된다. 동시에 문화시학은 나름의 방식으로 지식 개념을 정초함으로써 인지과학적 사유계기와 분리된다. 문화시학이 지식을 담론 구성으로 이해하는 반면에, 인지과학은 자연과학에 기초한 객관화될 수 있는 지식을 지향한다. 인지과학의 입장에서 문제의 관건은 역사에 정향된 문화과학의 혼란스러운 이론적 토대를 자연과학의 엄격한 기준까지 충족할 수 있는 과학적 척도로 대체하는 데 있다. 그리하여 틸만 쾨페는 인지과학이라는 새로운 구도에 입각하여 "허구적 문학작품의 인지적 의미에 대한 연구"(Köppe 2008)를 제안하는데, 여기에서 출발점이 되는 문제는 "**허구적 문학작품이 우리에게 인식 및 지식의 원천이 될 수 있는가**"(Köppe 2008, 11)이다. 인식과 지식에 대한 물음은 쾨페의 사유계기를 분석철학에 다가가게 한다. 즉 쾨페는 보편적 인식론에 입각한 진리를 요구한다는 점에서 분석철학과 학문적 사유계기를 공유한다. 문학과 지식의 관련성이라는 문제가 그를 문화시학과 연결해주는 것이다. 하지만 여기에서 문제의 중점은 문학을 다른 담론형식들과 역사적으로 연결하는 데 있는 것이 아니라, 오히려 문학작품의 인식에 대한 근본적인 요구를 체계적으로 논하는 것에 놓여있다.

허구와 지식

하지만 분석철학의 다른 사유계기들과 마찬가지로 문학에 대한 이러한 보편적 개념은 처음부터 허구 개념에 한정되어 있다. 즉 처음부터 엄격한 진리성에서 벗어나 있는 것으로 보이는 허구적 연관관계 안에서의 지식의 위상이 관심의 대상인 것이다. 여기에서 결정적인 문제는, 그 바탕에 놓여있는 지식 개념이 모든 역사적 연관관계에서 분리되어, 오로지 인지적 단위로만 이해되고 있다는 것이다. 이에 따라 연구의 성과도 지극히 일반적인 것일 수밖에 없다. "허구적 문학작품은 진지하게 받아들여야 할 이론적·실천적 지식의 원천이다"(Köppe 2008, 236). 문학작품에서 지식이 왜, 어느 정도로, 그리고 언제부터 어떤 역할을 하게 되는가에 대해 쾨페는 아무런 대답을 주지 않는다. 그의 관심은 허구적 문학작품이 지식의 문제에 관련된다는 단순한 사실에 놓여있을 뿐이다.

인지과학으로서의 문예학

이론적 정초의 시도가 한때 과잉 투자되었던 것을 생각할 때, 이러한 성과는 다소 빈곤하다는 느낌을 준다. 더 심각한 문제는 이러한 이론이 외견상 비과학적으로 보이는 포스트구조주의의 사유계기를 넘어서기 위해 인지과학으로 눈길을 돌렸다는 데 있다. 여기에서 자연과학과 문화과학의 동맹관계가 생겨났는데, 이것이 비록 쾨페에 의해 체결된 것은 아니지만, 이론적·역사적으로 경험적 자연과학에서 유래한 다른 이론적 사유계기들을 규정하고 있는 것은 그러한 동맹관계라고 할 수 있다.

왜 예술이 필요한가?

문학이론을 경험적 미학으로 정초하려는 가장 광범위한 시도는 빈프리트 메닝하우스의 연구서 『왜 예술이 필요한가?(*Wozu Kunst?*)』일 것이다. 메닝하우스가 명시적으로 의존하고 있는 인물은 다윈으로서, 그는 다윈이 19세기의 위대한 미학자이자 수사학자로 복권되어야 한다고 주장한다. "수사학과 문학언어에 대한 다윈의 이론이 해명되어야 한다. 이것은 아직 고전적 수사학이론에 대한 반명제로서 해독되지 않고 있다"(Menninghaus 2011, 9쪽 이하). 메닝하우스는 진화생물학에 의거하여 문학의 기능을 정초하려는 요구를 역사적 계기와 연결하고 있는데, 독창적이게도 여기에서 다윈은 칸트, 니체, 프로이트와 어깨를 나란히 하는 인물로 등장한다.

자연과 예술

이렇게 하여 자연과 문화가 근본적으로 조회될 수 없는 학문적 입장이라고 하는 전통적인 대립구도를 넘어서서, 이 양자의 연합 가능성이 시야에 들어오게 된다. "인간에 대한 진화생물학의 이론은 진지한 의미에서 그 자체가 이미 **문화적 존재**로의 인간의 진화에 대한 이론이다"(Menninghaus 2011, 25). 하지만 진화생물학에 의거하여 인간을 문화적 존재로 정초하는 것은 지나친 단순화의 소지가 없지 않다. 이

전의 연구에서 메닝하우스는 숭고의 이론과 미학의 극한현상인 구토에 대해 상론한 바 있는데, 이제 『왜 예술이 필요한가?』에서는 미학의 토대인 미의 개념에 관심을 집중한다. 이렇게 하여 메닝하우스의 사유는 다윈을 넘어 칸트와 19세기 미학에 접목되는데, 여기에서 미학은 그 본질에 있어 미에 관한 이론으로 이해된다. 메닝하우스가 주목하는 미학적 문제에서는 지금까지 학문적으로 부차적인 기능만 주어졌던 감정(Emotion)에 중심적인 역할이 부여된다. 메닝하우스의 사상은 매우 독창적이다. 뿐만 아니라 그의 사상은 진화생물학이 성적 구애와 유희에 그 근원을 두고 있는 예술의 발생학으로 나아가는 길을 열어준다. 이 연구의 핵심 테제는 다음과 같다. "**예술은 인간 행위의 새로운 변형태로서, 성적인 장신구(때로는 노래를 통한 구애)와 유희적 행위와 도구사용에 대한 심미적 평가에 오랜 기간 적응해온 결과로서 생겨났다. 지금까지 그와 유사한 것을 거의 혹은 전혀 찾아볼 수 없는 예술은 언어 능력이나 모든 종류의 상징을 사용하는 인간의 능력과 같은 매우 최근에 인간이 지니게 된 놀라운 적응력이 획득된 후에야 바로 그에 힘입어 새로운 공동의 자산이 되었다.**"(Menninghaus 2011, 255)

문학과 진화생물학

메닝하우스가 진화생물학에 의거한 그의 연구를 통해 문학에 대한 경험과학적 규정의 토대를 마련했다는 것에는 의문의 여지가 없다. 하지만 그가 이를 통해 정말로 자연과학과 문화과학을 이어주는 가교를 놓았는지는 좀 더 두고 봐야 할 것이다. 진화생물학에 기초한 문학이론이 자연과학과 문화과학의 경험적 전회를 통해 문학언어의 문제에 대한 시학적 패러다임을 폐기할 것인가, 아니면 이것을 새로운 토대 위에 올려놓을 것인가도 아직 기다려 봐야 알 수 있을 것이다. 바로 이러한 배경하에서 오늘날의 문학이론이 직면하고 있는 문제들에 대한 물음이 제기된다.

4. 오늘날 문학이론의 문제들

문화학으로서의 문예학

새로운 문학이론이 승리의 행진을 벌임에 따라 문예학은 문헌학과 문화과학의 조화를 모색하기에 이르렀다. "문헌학의 관점에서 문화과학이 제기하는 테제들을 통합하여 기존의 방법론들과 연결하려는 경향이 두드러지게 나타나고 있다. 여기에서 요구되고 있는 것은 문예학과 문화학이라는 두 영역의 특성을 충분히 고려하고, 이들 사이의 상이한 독법을 외면하지 않는 문예학적 문화학이다."(Schößler 2006, VII) 이에 따라 과거의 문학이론들과 새로운 문학이론들 사이의 갈등이 극복되지는 않을지라도, 적어도 휴전조약을 맺을 수는 있게 된 것으로 보인다. 프란치스카 쇠슬러(Fraziska Schößler)는 문예학의 문화학적 지향이 "문학의 특권박탈을 초래하리라는 것"(Schößler 2006, VIII)을 인정한다. 하지만 그녀는 "문화학적·학제적인 사상적 계기가 정신과학의 현대화를 위한 성찰 및 방향조정의 수단이 될 수 있을 것"(Schößler 2006, VIII)이라고 확언한다.

정신과학의 소멸

그러나 쇠슬러가 말하고 있는 정신과학의 현대화는 정신과학의 개념이 광범위하게 소멸하는 결과로 나아갔다. 그 자리에 문화과학의 개념이 들어서고 있는데, 이미 확인한 바 있듯이 이는 다른 학문분야와의 새로운 협력을 가능하게 만드는 역할도 하고 있다. 새로이 등장한 문화과학과 매체학 안에서 문학이론의 역할은 무엇인가라는 물음이 이러한 맥락에서 제기된다.

문학이론과 문화이론

이미 지난 세기의 90년대에 문예학은 자신의 본래적 대상인 문학을 시야에서 점차 놓쳐버리고 있다는 비난에 직면한 바 있다. 앞으로도 오랫동안 자신의 사회적 의미를 정당화해야 하는 어려운 문제가 문예학에 주어져 있는데, 지난 수십 년간의 논의에서 확인되듯이, 이러한 어려움이 점점 더 가중되기에 이른 것은 문예학이 이론적 문제에 일방적으로 편향되어온 것에 그 책임이 있다는 것이다. 이러한 비난이 얼마나 정당성을 지니든지 간에, 이는 두 가지 사실을 충분히 고려하지 않고 있다. 그 하나는 전통적인 교양사상이 포괄적으로 새로이 규정되는 상황 속에서 문예학이 직면하게 된 정당성 상실의 책임이 문예학에만 있는 것은 아니라는 사실이다. 다른 하나는 문학의 위상과 기능에 대해 근본적인 질문을 던짐으로써 문예학의 학문성을 정초해야 하는 것이 바로 문학이론의 과제라는 사실이다.

이론의 종말 이후의 문학이론

이러한 배경에서 문학이론의 종말을 외치는 것은 근대적 지식의 세분화에서 벗어나려 하는 일종의 환원주의적 시도로 이해될 수도 있을 것이다. 이는 지난 수십 년간 문학이론이 기울인 노력에도 불구하고 가시적인 성과를 찾아보기 어려운 상황에 직면하여 생겨난 당혹감에 기인한다. 19세기와 20세기의 해석학과 문헌학이 문학사나 장르시학, 작가와 작품에 대한 개별적 해석의 영역에서 본질적인 인식을 산출해냈다면, 20세기 중반 이후 문학이론의 과제는 무엇보다 해체에 있었던 것으로 보인다. 문학이론의 최근 역사는 문학을 정초하려는 어떠한 시도도 오늘날 성공을 거두기 어렵다는 것을 확인시켜 주었다.

문학이론의 역사

문학이론을 철학적 미학의 토대 위에 정초하려는 시도는 현대 언어학의 영역확장으로 인해 비판의 십자포화를 맞게 되었고, 구조주의나 포스트구조주의의 이름 아래 언어의 시적 기능을 제시하는 것도 마찬가지 운명에 처하게 되었다. 담론분석과 문화학에서 문제를 제기하면서, 칸트 이래 정립된 미학의 자율성이라는 명제와 야콥슨 이래 전개된 언어기호의 자율성이라는 명제 모두가 의심스러운 것이 되어버렸다. 언어기호를 기표의 산종적 기능으로 환원하려는 것이 포스트구조주의의 주도적 경향이었다면, 이제 오늘날에는 문학언어의 역사적인 기능과 지시적인 기능에 대한 물음이 남아있는 연구과제로 다시금 등장하고 있다. 이로 인해 다음과 같은 상황을 탄식하는 소리가 흘러나오고 있다. 포스트구조주의의 이름 아래에서 이루어진 문학이론의 확장은 기껏해야 전반적인 혼란을 야기했을 뿐이고, 문예학의 가장 단순한 토대조차도 담론적 권력의 전략이 만들어낸 복잡하고 복합적인 결과라는 주장이야말로 이 혼란을 초래한 주범이라는 것이다. 이제 담론적 권력의 전략이 요구하는 동일성은 비판적 검증을 결코 견뎌낼 수 없게 되었다. 문예학이 오랫동안 자명한 것으로 여겨왔던 것들이 불확실하게 됨으로써 문학이론이 자기 자신과 자신의 대상에게 관습적으로 제기해온 비판적 물음이 거부당하기에 이른 것이다. 문예학이 가져다주는 인식이 부단히 새롭게 전개되는 현대화 프로그램 속에서 위태롭게 되었다면, 이를 초래한 것은 보편적 정당성 상실에 책임이 있는 적(敵)들일 것인데, 이러한 문예학의 적은 다름 아닌 문학이론 안에서 만들어진 것이다.

새로운 경쟁자들

위에서 보았듯이 지난 수년 동안 문예학이 경험한 정당성 상실로 인해 문학이론 내에 서로 경쟁하는 입장들이 생겨나게 되었는데, 다양한 노력에도 불구하고 이 입장들을 직접 중재하는 것은 극히 어려운 일이다. 그 하나의 입장은 문예학을 다시금 문헌학과 해석학의 토대 위에서 연구하는 것이다. 이와 더불어 포스트구조주의가 결별하고자 했던 학문성이라는 이상이 다시 추구되기에 이른다. 적어도 언뜻 보기에는 '보다 현대적'으로 보이는 두 번째 입장은 문예학을 포괄적인 역사적·사회적 발전과정에 적응시키는 것이다. 이러한 입장은 문예학에서 문화학으로의 완전한 이행과 매체이론의 정초를 요구한다. 이에 따르면 매체이론이야말로 오늘날의 테크놀로지 시대에 적합한 방식으로 문학을 규정해줄 수 있을 것이라고 한다. 마지막 세 번째 입장은 자연과학에서 지배적인 위치를 차지하고 있는 인지과학과 진화생물학에 문예학을 연결하는 것이다.

문헌학으로의 복귀의 한계

이러한 해결책들은 모두 문제점을 지니고 있다. 이들은 지금까지 이루어진 성과 이전으로 되돌아가려 하거나, 지금까지 성취된 것들을 뛰어넘어 버리려 한다. 전통적 문헌학의 학문적 이상으로 되돌아간다면, 지난 수십 년간의 이론적 발전들은 필연적으로 등한시될 수밖에 없다. 60년대 말에 손디가 요구했던 문학해석학과 포스트구조주의의 매개조차도 문학이론의 지속적인 발전에 따라 오늘날 이미 낡은 것으로 여겨지게 된 마당에, 문예학을 문헌학적 토대 위에서 다시 연구한다는 것은 그보다도 더 낡은 것이 될 수밖에 없다. 그 바탕에 자리 잡고 있는 소망은 지난 수십 년간 증대된 복합성을 무효화해서라도 학문의 통일성을 보장하려는 데 있다. 이러한 학문의 통일성에서 우리는 푸코와 복달이 지적한 "담론의 결핍화"(Bogdal 1999b, 456) 전략을 읽어낼 수 있는데, 이것은 새로운 문학이론을 담론 배제의 방법론에 내맡기게 될 것이다.

문화과학의 한계

문화과학에는 문학의 본래적 개념이 상실될 위험이 도사리고 있다. 담론분석에 기초한 문화학에서 문학은 그 의미를 상실해가고 있다. 여기에서 문학은 다른 여러 역사적 담론형식 중 하나가 되어버린다. 그 사상적 계기의 차이에도 불구하고 해석학과 해체주의를 묶어주고 있던 텍스트성으로부터 문학을 둘러싼 콘텍스트로 관심의 중점이 옮아가게 된 것이다. 물론 여기에서 문예학의 중요한 영역이 논의되고 있다는 것에는 이론의 여지가 없다. 하지만 문학을 다른 역사적 담론형식들의 연결망 속에 집어넣는 것이 문학이론의 문제를 대체할 수는 없다. 오히려 이를 통해 더욱 명백하게 된 것은 문학에 대한 이중적 규정의 필요성이다. 문학에 대한 이중적 규정이란 예술작품의 한 부분인 문학의 미학적 의미와 담론형식으로서의 역사적 의미에 함께 주목하는 것을 말한다. 인지과학에 의거하여 문학을 정초하는 것이 과연 그러한 요구를 충족할 수 있을지는 의문이다. 왜냐하면 인지과학적 시도는 문학을 지식 개념에 예속시키려 하는데, 그러한 지식 개념은 문학이 스스로에게 제기하는 요구에 대해 해소되지 않는 긴장관계를 초래하기 때문이다. 중요한 문제는 오히려 문예학이라는 학문분야의 문헌학적 요구와 문화학으로의 확장을 함께 고려하는 시학, 이론의 도전에 문학언어를 통해 대응하는 시학일 것이다.

문예학의 역사와 문학이론

이러한 맥락에서 볼 때 보편적 차원의 문예학과 특수한 차원의 문학이론이 직면하고 있는 정당성의 문제를 놓고 이상적인 해결방법을 찾으려 하는 것은 분명 태만함의 소지가 있다. 그럼에도 불구하고 해석학, 언어학, 수사학을 매개하고자 하는 시각과 더불어 문학이론에서 특별히 중요성을 갖는 두 개의 문제 영역에 주목할 필요가 있다. 첫 번째 문제는 문예학이라는 학문분과의 역사적 토대에 대한 물음이다. 문헌학이라는 우물에서 문예학을 직접적으로 다시 길어내려 할 때 놓치는 것이 적지 않은 만큼, 지난 수십 년간 문학과 문예학이 예속되어 있던 제도의 변화와 문학이론의 변화를 고려하면서, 문예학이라는 학문분과의 역사를 성찰해야 할 필요성이 더욱 절실하게 제기된다. 여기에서 가다머가 근대 인간의 역사를 다루는 정신과학에 특유한 이해의 성과를 자연과학과의 비교를 통해 정립하였던 것은 이론의 역사와 학문분과의 역사를 연결하는 작업과 관련하여 새로운 평가를 받을 만하다. 왜냐하면 해석학을 정신과학의 패러다임으로 보편화하는 것에 대한 모든 원칙적인 반대에도 불구하고, 60년대 초에 가다머는 정신과학이 전혀 호감을 얻지 못하던 풍토 속에서, 이후의 문학이론이 해석학의 이데올로기적 전제들에서 근본적으로 벗어나 새로운 방향으로 나아갈 수 있는 기반을 마련했기 때문이다. 이것이 가다머의 해석학 개념으로 돌아가야 할 이유는 되지 못하겠지만, 근대화과정 안에서 문예학이 제도적·문학이론적으로 전개되어 온 역사와 관련하여 『진리와 방법』이 지니는 의미에 대해 질문을 던져야 할 근거는 될 수 있을 것이다. 인간의 역사를 다루는 정신과학은 이러한 근대화과정에서 완전히 벗어날 수 없기 때문에, 어쩔 수 없이 여기에 관여하게 된다.

텍스트와 콘텍스트

두 번째의 핵심적인 문제는 문예학에서 획득된 지식을 콘텍스트화하는 것이다. 미적인 것의 자율성과 언어기호의 자율성이 의문시되기에 이른 만큼, 문학과 문화적 지식 사이의 연관관계에 대한 물음이 제기될 수밖에 없기 때문이다. 문학은 문화적 지식으로부터 도출되고, 다시 문화적 지식에 등록된다. 문제의 핵심은 70년대에 지배적이었고 오늘날에도 여전히 논쟁의 대상이 되고 있는 사회사적 사유에 있는 것이 아니고, 문예학에서 문화학으로의 이행에 있는 것도 아니다. 오히려 푸코가 70년대 중반에 이미 제기한 문제, 즉 시대사적 맥락 속에서 다양한 담론들 사이에 이루어지는 상호중첩이 문제인 것이다. 문학이론의 시각에서 볼 때 푸코의 저작은 '체계적으로 정초된 담론분석이론'이라는 아포리아를 드러내는데, 여기에서 문학은 단지 여러 대상 중 하나로 간주된다. 하지만 담론 개념을 그저 문예학에 적용하는 것 외에 진정한 역사적 담론분석의 문제를 제기하는 가능성도 남아있다. 이것은 한편으로 의미와 주체성이라는 해석학의 근본범주로부터 출발하지 않으면서도 역사적 의미의 과정과 주체의 구성을 제시하려 하며, 다른 한편으로는 문학적 현상을 다른 지식형태들과의 체계적인 콘텍스트 속에서 해명하려 한다. 문학이론에 주어진 문제는 보편적 인식요구의 편에 서거나, 아니면 비판의 형식의 편에 서서 상이한 방식으로 문학을 정초하는 것이다. 이는 정신분석학, 비판이론, 포스트구조주의 모두의 공통적인 특징으로 나타난다. 푸코는 이미 일찌감치 정신과학에 이러한 선택을 요구한 바 있다. "우리는 대개 진리에 대한 분석철학이라는 모습으로 나타나는 비판적 철학의 편에 서거나, 아니면 우리 자신에 대한 존재론, 현재의 존재론이라는 형식을 취하는 비판적 사유의 편에 서야 하는 양자택일 사이에서 하나를 선택해야만 한다."(Foucault 2009, 39쪽 이하) 문학이론이 아무리 상이한 형태로 나타난다고 할지라도, 문제의 관건은 문학이론의 종말이 아니라, 궁극적 정초라는 전통적인 모델을 넘어서서 새로운 강조점을 찾아내는 일이다. 궁극적 정초라는 학문의 요청을 문학이 고집스럽게 거부한다는 사실은 앞으로도 문학의 불요불굴한 시의성을 지켜줄 것이다.

오늘날의 문학이론

이러한 상황에서 문학이론의 과제는 자신과 문학에게 자유로운 공간을 만들어주는 데 있으며, 바로 이 자유로운 공간이야말로 언어의 시적 기능을 신비화하지 않으면서도 문예학의 정당성 상실을 막아주는 힘이 되어줄 것이다. 문학이론의 미래는 18세기 이래로 문학이 제기해온 자율성에 대한 요구와 문학담론이 좌우할 수 없는 인식론적 관계에 대한 종속성 사이에서 균형을 잡는 데 성공할 것인가에 달려있다.

〈부록〉 제5판까지의 「VII. 오늘날의 문학이론」

문학이론과 방법론의 다원주의

정신과학에서 해석학적 이해라는 정언명령은 오랫동안 자명한 것으로 여겨져 왔으며, 그 근거에 대해 비판적 물음을 제기하는 것은 무용한 일이었다. 신학의 문제가 성서에 대한 올바른 해석에 있고, 법학의 문제가 법전에 대한 올바른 해석에 있듯이, 문예학의 문제는 문학텍스트에 대한 올바른 해석에 있는 것으로 간주되었던 것이다. 20세기 후반에 들어와 '언어적 전회'의 기치하에 문학 개념이 변화를 겪게 되면서, 해석학의 정언명령에서 해방된 새로운 문학이론이 모습을 갖추게 되었다. 그리하여 60년대 중반 이후로 상이하고 상호 경쟁하는 다양한 방법론들이 문예학에 등장하였다. 18세기 철학에 근거지를 둔 전통적인 문학해석학은 이제 더 이상 철학이 아니라 언어학에 토대를 둔 구조주의 사상과 정면으로 맞닥뜨리게 되었다. 그리고 이에 뒤이어 60년대 말에 등장한 포스트구조주의는 해석학뿐만 아니라 구조주의도 넘어서는 것을 목표로 이들의 학문적 이상에 비판적 의문을 제기하였다. 차이의 사유를 기치로 내걸고 전개된 포스트구조주의적 사유의 필사적 노력은 90년대 초반에 들어와 매체이론의 이름하에 문예학을 문화학으로 정초하려는 다양한 시도들에 자리를 내주게 된다. 의미라는 해석학적 범주에서부터 출발하여, 언어의 의미가 기호의 형식에 종속된다는 구조주의의 통찰을 거쳐, 언어적 차이와 담론의 권력이라는 개념, 그리고 기술매체의 기록시스템들 등에 의해 의미가 완전히 해체되기에 이르기까지 이질적이고 상호 충돌하는 다양한 문학이론들이 등장했다.

문학의 시학을 위하여

이처럼 다양한 이론들이 시장에 나와 있는 상황에서 그중 하나를 선택하여 유일하게 참된 이론이라는 영예로운 이름을 부여하는 것은 지난 수십 년 사이에 문예학의 특징이 된 복합성을 축소시키는 부당한 일이 될 것이다. 오히려 문학에 대한 시학적 규정에 의미가 있는 이론적 공헌은 상이한 방법론적 노선들로부터 나올 수 있다는 사실이 입증되고 있다. 문학 개념의 실천적 차원에 대한 관심과 이론적 차원에 대한 관심은 페터 손디의 문학해석학, 앙리 메쇼닉의 언어학적 시학, 그리고 폴 드 만의 수사학적 해체주의 등 지극히 상이한 이론적 사유계기들을 연결하고 있다. 따라서 오랫동안 그래 왔던 것처럼 해석학, 구조주의, 해체주의를 처음부터 서로 대립시켜야 할 필요는 없다. 문학이론을 이론적으로 정초하기 위한 다양한 입장들을 그저 대립항들로 여길 것이 아니라, 하나의 과업을 이루기 위한 상호보완적 노력으로 파악하는 것이 문예학에 더 바람직한 일일 것이다. 여기에서 하나의 과업이란 바로 문학이란 무엇이고, 문학에 대한 지식은 어떻게 정당화되는가라는 물음이다.

문예학의 위기와 문학이론

문학이론이 지난 수십 년 동안 경험해온 변혁은 문예학이 자신의 본래적 대상인 문학을 시야에서 점차로 놓쳐버리고 있다는 비난을 불러일으키고 있다. 앞으로도 오랫동안 자신의 사회적 의미를 정당화해야 하는 어려운 문제가 문예학에 주어져 있는데, 이러한 어려움이 점점 더 가중되고 있는 것에 대한 책임은 지난 수십 년간의 논의에서 확인되듯이 문예학이 이론적 문제에 일방적으로 편향되어온 데 있다는 것이다. 이러한 비난이 얼마나 정당성을 지니든지 간에, 이는 두 가지 사실을 충분히 고려하지 않고 있다. 그 하나는 전통적인 교양사상이 포괄적으로 새로이 규정되는 상황 속에서 문예학이 직면하게 된 정당성 상실의 책임이 문예학에만 있는 것은 아니라는 사실이다. 다른 하나는 문학의 위상과 기능에 대해 근본적인 질문을 던짐으로써 문예학의 학문성을 정초해야 하는 것이 바로 문학이론의 과제라는 사실이다.

이론의 종말?

이러한 배경에서 문학이론의 종말을 외치는 것은 근대적 지식의 세분화에서 벗어나려 하는 일종의 환원주의적 시도로 이해될 수도 있을 것이다. 이는 지난 수십 년간 문학이론이 기울인 노력에도 불구하고 가시적인 성과를 찾아보기 어려운 상황에 직면하여 생겨난 당혹감에 기인한다. 19세기와 20세기의 해석학과 문헌학이 문학사나 장르시학, 작가와 작품에 대한 개별적 해석의 영역에서 본질적인 인식을 산출해냈다면, 20세기 중반 이후 문학이론의 과제는 무엇보다 해체에 있었던 것으로 보인다. 문학이론의 최근 역사는 문학을 정초하려는 어떠한 시도도 오늘날 성공을 거두기 어렵다는 것을 확인시켜 주었다. 문학이론을 철학적 미학의 토대 위에 정초하려는 시도는 현대 언어학의 영역확장으로 인해 비판의 십자포화를 맞게 되었고, 구조주의나 포스트구조주의의 이름 아래 언어의 시적 기능을 제시하는 것도 마찬가지 운명에 처하게 되었다. 담론분석과 문화학에서 문제를 제기하면서, 칸트 이래로 정립된 미학의 자율성이라는 명제와 야콥슨 이래 전개된 언어기호의 자율성이라는 명제 모두가 의심스러운 것이 되어버렸다. 언어기호를 기표의 산종적 기능으로 환원하려는 것이 포스트구조주의의 주도적 경향이었다면, 이제 오늘날에는 문학언어의 역사적인 기능과 지시적인 기능에 대한 물음이 남아있는 연구과제로 다시금 등장하고 있다.

대상성의 상실

이로 인해 다음과 같은 상황을 탄식하는 소리가 흘러나오고 있다. 포스트구조주의의 이름 아래에서 이루어진 문학이론의 확장은 기껏해야 전반적인 혼란을 야기했을 뿐이고, 문예학의 가장 단순한 토대조차도 담론적 권력의 전략이 만들어낸 복잡하고 복합적인 결과라는 주장이야말로 이 혼란을 초래한 주범이라는 것이다. 이제 담론적 권력의 전략이 요구하는 동일성은 비판적 검증을 결코 견뎌낼 수 없게 되었다. 문예학이 오랫동안 자명한 것으로 여겨왔던 것들이 불확실해짐으로써 문학이론이 자기 자신과 자신의 대상에게 관습적으로 제기해온 비판적 물음이 거부당하기에 이른 것이다. 문예학이 가져다주는 인식이 부단히 새롭게 전개되는 현대화 프로그램 속에서 위대롭게 되었다면, 이를 초래한 것은 보편적 정당성 상실에 책임이 있는 적(敵)일 것인데, 이러한 문예학의 적은 다름 아닌 문학이론 안에서 만들어진 것이다.

문헌학으로의 복귀와 문화과학

지난 수년 동안 문예학이 경험한 정당성 상실로 인해 문학이론 내에서로 경쟁하는 두 가지 입장이 생겨나게 되었는데, 이 두 입장을 직접 중재하는 것은 극히 어려운 일이다. 그 하나의 입장은 문예학을 다시금 문헌학과 해석학의 토대 위에서 연구하는 것이다. 이와 더불어 포스트구조주의가 결별하고자 했던 학문성이라는 이상이 다시 추구되기에 이른다. 적어도 언뜻 보기에 '보다 현대적'으로 보이는 두 번째 입장은 문예학을 포괄적인 역사적·사회적 발전과정에 적응시키는 것이다. 이러한 입장은 문예학에서 문화학으로의 완전한 이행과 매체이론의 정초를 요구한다. 이에 따르면 매체이론이야말로 오늘날의 테크놀로지 시대에 적합한 방식으로 문학을 규정해줄 수 있을 것이라고 한다.

문헌학적 복고주의

이 두 가지 해결책은 모두 문제점을 지니고 있다. 이 중 하나는 지금까지 이루어진 성과 이전으로 되돌아가려 하고, 다른 하나는 지금까지 성취된 것들을 뛰어넘어 버리려 한다. 전통적 문헌학의 학문적 이상으로 되돌아간다면, 지난 수십 년간의 이론적 발전들은 필연적으로 등한시될 수밖에 없다. 60년대 말에 페터 손디가 요구했던 문학해석학과 포스트구조주의의 매개조차도 문학이론의 지속적인 발전에 따라 오늘날 이미 낡은 것으로 여겨지게 된 마당에, 문예학을 문헌학적 토대 위에서 다시 연구한다는 것은 그보다도 더 낡은 것이 될 수밖에 없다. 그 바탕에 자리 잡고 있는 소망은 지난 수십 년간 증대된 복합성을 무효화해서라도 학문의 통일성을 보장하려는 데 있다. 이러한 학문의 통일성에서 우리는 푸코와 복달이 지적한 "담론의 결핍화"(Bogdal 1999b, 456) 전략을 읽어낼 수 있는데, 이것은 새로운 문학이론을 담론 배제의 방법론에 내맡기게 될 것이다.

문예학 혹은 매체학?

포스트구조주의의 사유계기를 새로운 매체이론이나 문화학으로 교체하려는 시도도 문제점을 지니고 있기는 마찬가지다. 하르트무트 뵈메가 지적했듯이, "전면적인 딜레탕티즘"(Böhme 1998, 485)만 위험한 것이 아니라, '문화'에 대한 혼란된 이해 속에서 문예학을 완전히 해체하는 것도 그만큼 위험한 일이다. "이와 반대로 누군가가 문예학을 매체학이나 매체문화학, 혹은 사회사 같은 것들로 만들어버리려 한다면, 그는 자신이 문학에 관한 학문으로서의 문예학을 더 이상 원하지 않는다고 고백하고 있는 것이다."(Böhme 1998, 481) 문학을 무엇보다도 문화적 실천으로서 연구하는 것이 아무리 의미 있는 일처럼 보인다고 할지라도, 다른 지식 및 실천의 형식과 구별되는 문학의 특수한 기능에 대한 물음을 던지는 것도 그만큼 시급한 일이다. 하지만 여기에서 의문스러운 것은 스티븐 그린블랫 같은 문화학의 대표자들조차도 "믿을 수 없을 정도로 모호"하다고 말한 문화의 개념이 과연 그러한 구별을 어느 정도로 성취해낼 수 있는가이다. 이러한 배경에서 볼 때, 문헌학으로 다시 복귀하거나 문화학으로 새롭게 출발함으로써 문예학을 정초하려는 경쟁관계에 있는 두 가지 시도는 서로에게 손가락질을 하고 있는 두 극단주의라고 할 수 있다. 이들은 동일한 역사적 전제 아래 상이한 성과들을 내세워 문예학의 위기에 대응하고자 한다. '옛' 문헌학과 '새로운' 문화학의 시도는 결과적으로 자연과학의 모델을 지향하고 있다. 즉, 문헌학으로의 회귀는 역사적 정신과학들에서 발견될 수 없는, 특히 문학에서는 발견될 수 없는 학문적 객관성이라는 이상을 추구한다는 점에서 그러하고, 문화학은 문화와 자연을 분명히 구분 짓지 않고 현대 자연과학이 제공하는 개념들에 접목하려 한다는 점에서 그러하다. 문예학을 문헌학을 통해 다시 성찰하는 것과 문화학으로 혁신하려는 것은 결국 모두 방어적 전략에서 나온 것이다. 다시 말해 이 두 가지 전략은 문학의 기능을 사회적 콘텍스트 속에서 정당화하는 일에 점점 더 큰 어려움을 겪고 있는 문예학의 퇴각전투와 관련되어 있다.

문예학의 역사와 문학이론

보편적 차원의 문예학과 특수한 차원의 문학이론이 직면하고 있는 정당성의 문제를 놓고 이상적인 해결방법을 찾으려 하는 것은 이러한 맥락에서 볼 때 분명 태만함의 소지가 있다. 그럼에도 불구하고 해석학, 언어학, 수사학을 매개하고자 하는 시각과 더불어 문학이론에서 특별히 중요성을 갖는 두 개의 문제 영역에 주목할 필요가 있다. 첫 번째 문제는 문예학이라는 학문분과의 역사적 토대에 대한 물음이다. 문헌학이라는 우물에서 문예학을 직접적으로 다시 길어내려 할 때 놓치는 것이 적지 않은 만큼, 지난 수십 년간 문학과 문예학이 예속되어 있던 제도의 변화와 문학이론의 변화를 고려하면서, 문예학이라는 학문분과의 역사를 성찰해야 할 필요성이 더욱 절실하게 제기된다. 여기에서 가다머가 근대 인간의 역사를 다루는 정신과학에 특유한 이해의 성과를 자연과학과의 비교를 통해 정립하였던 것은 이론의 역사와 학문분과의 역사를 연결하는 작업과 관련하여 새로운 평가를 받을만하다. 왜냐하면 해석학을 정신과학의 패러다임으로 보편화하는 것에 대한 모든 원칙적인 반대에도 불구하고, 60년대 초에 가다머는 정신과학이 전혀 호감을 얻지 못하던 풍토 속에서, 이후의 문학이론이 해석학의 이데올로기적 전제들에서 근본적으로 벗어나 새로운 방향으로 나아갈 수 있는 기반을 마련했기 때문이다. 이것이 가다머의 해석학 개념으로 돌아가야 할 이유는 되지 못하겠지만, 근대화과정 안에서 문예학이 제도적·문학이론적으로 전개되어온 역사와 관련하여 가다머의 『진리와 방법』이 지니는 의미에 대해 질문을 던져야 할 근거는 될 수 있을 것이다. 인간의 역사를 다루는 정신과학은 이러한 근대화과정에서 완전히 벗어날 수 없기 때문에, 어쩔 수 없이 여기에 관여하게 된다.

지식의 콘텍스트화와 문학

두 번째의 핵심적인 문제는 문예학에서 획득된 지식을 콘텍스트화하는 것이다. 미적인 것의 자율성과 언어기호의 자율성이 의문시되기에 이른 만큼, 문학과 문화적 지식 사이의 연관관계에 대한 물음이 제기될 수밖에 없기 때문이다. 문학은 문화적 지식으로부터 도출되고, 다시 문화적 지식에 등록된다. 문제의 핵심은 70년대에 지배적이었고 오늘날에도 여전히 논쟁의 대상이 되고 있는 사회사적 사유에 있는 것이 아니고, 문예학에서 문화학으로의 이행에 있는 것도 아니다. 오히려 푸코가 70년대 중반에 이미 제기한 문제, 즉 시대사적 맥락 속에서 다양한 담론들 사이에 이루어지는 상호중첩이 문제인 것이다. 문학이론의 시각에서 볼 때 푸코의 저작은 '체계적으로 정초된 담론분석이론'이라는 아포리아를 드러내는데, 여기에서 문학은 단지 여러 대상 중 하나로 간주된다. 하지만 담론 개념을 그저 문예학에 적용하는 것 외에 진정한 역사적 담론분석의 문제를 제기하는 가능성도 남아있다. 이것은 한편으로 의미와 주체성이라는 해석학의 근본범주로부터 출발하지 않으면서도 역사적 의미의 과정과 주체의 구성을 제시하려 하며, 다른 한편으로는 문학적 현상을 다른 지식형태들과의 체계적인 콘텍스트 속에서 해명하려 한다. 담론분석 내에서도 문학을 궁극적으로 정초하려는 시도는 계속 이어지겠지만, 이는 물론 헛된 일이 되고 말 것이다. 궁극적 정초라는 학문의 요청을 문학이 고집스럽게 거부한다는 사실은 앞으로도 문학의 불요불굴한시의성을 지켜줄 것이다. 문학이론의 과제는 자신과 문학에게 자유로운 공간을 만들어주는 데 있으며, 바로 이 자유로운 공간이야말로 언어의 시적 기능을 신비화하지 않으면서도 문예학의 정당성 상실을 막아주는 힘이 되어줄 것이다.

오늘날의 문학이론

문학이론의 미래는 18세기 이래로 문학이 제기해온 자율성에 대한 요구와 문학담론이 좌우할 수 없는 인식론적 관계에 대한 종속성 사이에서 균형을 잡는 데 성공할 것인가에 달려있다.

참고문헌

Adorno, Theodor W. 1973: *Ästhetische Theorie*, Frankfurt am Main.

Adorno, Theodor W. 1981: *Noten zur Literatur*, Frankfurt am Main.

Albrecht, Jörn 2000: *Europäischer Strukturalismus*, 2. Auflage, Tübingen/Basel.

Altenhofer, Norbert 1982: *Sigmund Freud: Lektüre zwischen Sinndeutung und Funktionsanalyse*, in: Ulrich Nassen (Hrsg.): *Klassiker der Hermeneutik*, Paderborn/München/Wien/Zürich, 207-240.

Altenhofer, Norbert 1993: *Der erschütterte Sinn. Hermeneutische Überlegungen zu Kleists 'Das Erdbeben in Chili'*, in: David E. Wellbery (Hrsg.): *Positionen der Literaturwissenschaft. Acht Modellanalysen am Beispiel von Kleists 'Das Erdbeben in Chili'*, 3. Auflage, München, 39-53.

Althusser, Louis 1976: *Freud und Lacan*, Berlin.

Althusser, Louis/Balibar, Etienne 1972: *Das Kapital lesen. 2 Bände*, Reinbek bei Hamburg.

Anz, Heinrich 1982: *Hermeneutik der Individualität. Wilhelm Diltheys hermeneutische Position und ihre Aporien*, in: Hendrik Birus (Hrsg.): *Hermeneutische Positionen. Schleiermacher-Dilthey-Heidegger-Gadamer*, Göttingen, 59-88.

Aristoteles 1982: *Poetik*, übersetzt und hrsg. von Manfred Fuhrmann, Stuttgart.

Arnold, Heinz Ludwig/Detering, Heinrich (Hrsg.) 1996: *Grundzüge der Literaturwissenschaft*, München.

Assoun, Paul-Laurent 1998: *Freud et Nietzsche*, Paris.

Bachtin, Michail 1985: *Probleme der Poetik Dostojewskis*, Frankfurt am Main/Berlin/Wien.

Balke, Friedrich 1998: *Gilles Deleuze*, Frankfurt am Main.

Balke, Friedrich/Vogl, Joseph (Hrsg.) 1996: *Gilles Deleuze-Fluchtlinien der Philosophie*, München.

Barck, Karlheinz/Fontius, Martin/Schlenstedt, Dieter/Steinwachs, Burkhardt/Wolfzettel,

Friedrich (Hrsg.) 2000: *Ästhetische Grundbegriffe. Band 1. Absenz bis Darstellung*, Stuttgart/Weimar.

Barner, Wilfried 1998: *Kommt der Literaturwissenschaft ihr Gegenstand abhanden?*, in: *Jahrbuch der Deutschen Schillergesellschaft 42*, 457-462.

Barthes, Roland 1966: *Die strukturalistische Tätigkeit*, in: *Kursbuch 5*, 190-196.

Barthes, Roland 1974: *Die Lust am Text*, Frankfurt am Main.

Barthes, Roland 1987: *S/Z*, Frankfurt am Main.

Barthes, Roland 1988: *Das semiologische Abenteuer*, Frankfurt am Main.

Baßler, Moritz (Hrsg.) 2001: *New Historicism. Literaturgeschichte als Poetik der Kultur*. 2. Auflage, Tübingen/Basel.

Baumgarten, Alexander Gottlieb 1983: *Theoretische Ästhetik. Die grundlegenden Abschnitte aus der Aesthetica (1750/58)*, hrsg. und übersetzt von Hans Rudolf Schweizer, Hamburg.

Bender, Wolfgang 1980: *Rhetorische Tadition und Ästhetik im 18. Jahrhundert*, in: *Zeitschrift für deutsche Philologie 99*, 481-506.

Benjamin, Walter 1980: *Gesammelte Schriften*, hrsg. von Rolf Tiedemann/Hermann Schweppenhäuser, Frankfurt am Main.

Benveniste, Émile 1974: *Probleme der allgemeinen Sprachwissenschaft*, München.

Bezzola, Tobia 1993: *Die Rhetorik bei Kant, Richte und Hegel*, Tübingen.

Birus, Hendrik 1980: *Hermeneutische Wende? Anmerkungen zur Schleiermacher-Interpretation*, in: *Euphorion 74*, 213-222.

Birus, Hendrik 1982: *Zwischen den Zeiten. Friedrich Schleiermacher als Klassiker der neuzeitlichen Hermeneutik*, in: Hendrik Birus (Hrsg.): *Hermeneutische Positionen, Schleiermacher-Dilthey-Heidegger-Gadamer*, Göttingen, 15-58.

Bloom, Harold 1995: *Einfluß-Angst. Eine Theorie der Dichtung*, Frankfurt am Main.

Bloom, Harold 1997: *Eine Topographie des Fehllesens*, Frankfurt am Main.

Blumenberg, Hans 1998: *Paradigmen zu einer Metaphorologie*, Frankfurt am Main.

Bogdal, Klaus-Michael (Hrsg.) 1993: *Neue Literaturtheorien in der Praxis. Textanalysen von Kafkas 'Vor dem Gesetz'*, Opladen.

Bogdal, Klaus-Michael 1996: *Problematisierungen der Hermeneutik im Zeichen des Poststrukturalismus*, in: Heinz-Ludwig Arnold/Heinrich Detering (Hrsg.): *Grundzüge der Literaturwissenschaft*, München, 137-156.

Bogdal, Klaus-Michael (Hrsg.) 1997: *Neue Literaturtheorien, Eine Einführung*, 2. neubearbeitete Auflage, Opladen.

Bogdal, Klaus-Michael 1999: *Historische Diskursanalyse der Literatur. Theorie, Arbeitsfelder,*

Analysen, Vermittlung, Opladen/Wiesbaden.

Böhme, Hartmut 1998: *Zur Gegenstandsfrage der Germanistik und Kulturwissenschaft*, in: *Jahrbuch der Deutschen Schillergesellschaft 42*, 476-485.

Böhme, Hartmut/Scherpe, Klaus R. (Hrsg.) 1996: *Literatur und Kulturwissenschaften. Positionen, Theorien, Modelle*, Reinbek bei Hamburg.

Bohrer, Karl Heinz (Hrsg.) 1993: *Ästhetik und Rhetorik. Lektüren zu Paul de Man*, Frankfurt am Main.

Bolz, Norbert 1995: *Am Ende der Gutenberg-Galaxie. Die neuen Kommunikationsverhältnisse*, 2. Auflage, München.

Bornscheuer, Lothar 1989: *Rhetorische Paradoxien im anthropologiegeschichtlichen Paradigmenwechsel*, in: *Rhetorik. Ein internationales Jahrbuch 8*, 13-42.

Bossinade, Johanna 2000: *Poststrukturalistische Literaturtheorie*, Stuttgart/Weimar.

Bourdieu, Pierre 1982: *Rede und Antwort*, Frankfurt am Main.

Bourdieu, Pierre 2001: *Die Regeln der Kunst. Genese und Struktur des literarischen Feldes*, Frankfurt am Main.

Bovenschen, Silvia 1979: *Die imaginierte Weiblichkeit. Exemplarische Untersuchungen zu Kulturgeschichtlichen und literarischen Präsentationsformen des Weiblichen*, Frankfurt am Main.

Bowie, Malcolm 1994: *Lacan*, Göttingen.

Bremer, Kai/Wirt, Uwe (Hrsg.) 2010: *Texte zur modernen Philologie*, Stuttgart.

Broich, Ulrich/Pfister, Manfred (Hrsg.) 1985: *Intertextualität. Formen, Funktionen, anglistische Fallstudien*, Tübingen.

Bronfen, Elisabeth 2009: *Stanley Cavell zur Einführung*, Hamburg.

Bühler, Karl 1982: *Sprachtheorie*, Stuttgart/New York.

Bürger, Peter 1988: *Die Wiederkehr der Analogie. Ästhetik als Fluchtpunkt in Foucaults 'Die Ordnung der Dinge'*, in: Jürgen Fohrmann/Harro Müller (Hrsg.): *Diskurstheorien und Literaturwissenschaft*, Frankfurt am Main.

Bürger, Peter 1991: *Denken als Geste. Versuch über den Philosophen Michel Foucault*, in: Bernhard Waldenfels/François Ewald (Hrsg.): *Spiele der Wahrheit. Michel Foucaults Denken*, Frankfurt am Main, 89-105.

Butler, Judith 1991: *Das Unbehagen der Geschlechter*, Frankfurt am Main.

Butler, Judith 2001: *Antigones Verlangen: Verwandtschaft zwischen Leben und Tod*, Frankfurt am Main.

Cavell, Stanley 2002a: *Die andere Stimme. Philosophie und Autobiographie*, Berlin.

Cavell, Stanley 2002b: *Die Unheimlichkeit des Gewöhnlichen und andere philosophische Essays*, hrsg. von Davide Sparti/Espen Hammer, Frankfurt am Main.

Cavell, Stanley 2006: *Der Anspruch der Vernunft, Wittgenstein, Skeptizismus, Moral und Tragödie*, Frankfurt am Main.

Celan, Paul: *Gesammelte Werke in fünf Bänden*, Frankfurt am Main 1986.

Cixous, Hélène 1977: *Die unendliche Zirkulation des Begehrens*, Berlin.

Cixous, Hélène 1980: *Weiblichkeit in der Schrift*, Berlin.

Culler, Jonathan 1999: *Dekonstruktion, Derrida und die poststrukturalistische Literaturtheorie*, Neuausgabe, Reinbek bei Hamburg.

Culler, Jonathan 2002: *Literaturtheorie, Eine kurze Einführung*, Stuttgart.

Davidson, Donald 1998: *Was Metaphern bedeuten*, in: Anselm Haverkamp (Hrsg.): *Die Paradoxe Metapher*, Frankfurt am Main, 49-75.

Davidson, Donald 2006: *Probleme der Rationalität*, Frankfurt am Main.

Davidson, Donald 2008: *Wahrheit, Sprache und Geschichte*, Frankfurt am Main.

Deleuze, Gilles 1975: *Woran erkennt man den Strukturalismus?*, in: *Geschichte der Philosophie. Band VIII*, hrsg. von François Châtelet, Frankfurt am Main, 269-302.

Deleuze, Gilles 1978: *Proust und die Zeichen*, Berlin/Wien.

Deleuze, Gilles 1993: *Logik des Sinns*, Frankfurt am Main.

Deleuze, Gilles 1997: *Differenz und Wiederholung*, München.

Deleuze, Gilles 2000: *Kritik und Klinik*, Frankfurt am Main.

Deleuze, Gilles/Guattari, Félix 1976: *Kafka. Für eine kleine Literatur*, Frankfurt am Main.

Deleuze, Gilles/Guattari, Félix 1977: *Anti-Ödipus. Kapitalismus und Schizophrenie I*, Frankfurt am Main.

Derrida, Jaques 1972: *Die Schrift und die Differenz*, Frankfurt am Main.

Derrida, Jaques 1983: *Grammatologie*, Frankfurt am Main.

Derrida, Jaques 1986: *Positionen. Gespräche mit Henri Ronse, Julia Kristeva, Jean-Louis Houdebine, Guy Scarpetti*, Wien.

Derrida, Jaques 1987: *Die Postkarte von Sokrates bis an Freud und jenseits.* 2. Lieferung, Berlin.

Derrida, Jaques 1988a: *Randgänge der Philosophie*, Wien.

Derrida, Jaques 1988b: *Mémoires; Für Paul de Man*, Wien.

Derrida, Jaques 1994: *Politik und Freundschaft. Ein Interview mit Michael Sprinker*, in: Henning Böke/Christian Müller/Sebastian Reinfeld (Hrsg.): *Denk-Prozesse nach Althusser*, Hamburg, 103-161.

Derrida, Jaques 1995: *Dissemination*, Wien.

Derrida, Jaques 1996: *Schibboleth. Für Paul Celan*, 2. Auflage, Wien.

Derrida, Jaques 1998: *Vergessen Wir nicht-die Psychoanalyse!*, Frankfurt am Main.

Descombes, Vincent 1981: *Das Selbe und Das Andere. Fünfundvierzig Jahre Philosophie in Frankreich 1993-1978*, Frankfurt am Main.

Dilthey, Wilhelm 1964: *Gesammelte Schriften. V. Band. Die Entstehung der Hermeneutik*, 4. Auflage, Stuttgart/Göttingen.

Dilthey, Wilhelm 1981: *Der Aufbau der geschichtlichen Welt in den Geisteswissenschaften*, Frankfurt am Main.

Dilthey, Wilhelm 1988: *Das Erlebnis und die Dichtung. Lessing/Goethe/Novalis/Hölderlin*, Leipzig.

Dosse, François 1999: *Geschichte des Strukturalismus. Band 1: Das Feld des Zeichens 1945-1966*, Frankfurt am Main.

Dotzler, Bernhard J. 2011: *Diskurs und Medium III. Philologische Untersuchungen: Medien und Wissen in literaturgeschichtlichen Beispielen*, München.

Dreyfus, Hubert L./Rainbow, Paul 1982: *Michel Foucault. Jenseits von Strukturalismus und Hermeneutik*, Frankfurt am Main.

Düsing, Klaus 1992: *Selbstbewußtseinsmodelle. Apperzeption und Zeitbewußtsein in Heideggers Auseinandersetzung mit Kant*, in: *Zeiterfahrung und Personalität*, hrsg. vom Forum für Philosophie Band Homburg, Frankfurt am Main, 89-122.

Eagleton, Terry 1994a: *Einführung in die Literaturtheorie*, 3. Auflage, Stuttgart/Weimar.

Eagleton, Terry 1994b: *Ästhetik. Die Geschichte ihrer Ideologie*, Stuttgart/Weimar.

Eagleton, Terry 1997: *Die Illusionen der Postmoderne. Ein Essay*, Stuttgart/Weimar.

Eagleton, Terry 2004: *After Theory*, New York.

Eco, Umberto 1987: *Streit der Interpretationen*, Konstanz.

Ellrich, Lutz/Wegmann, Nikolaus 1995: *Theorie als Verteidigung der Literatur? Eine Fallgeschichte: Paul de Man*, in: *Deutsche Vierteljahrsschrift für Literaturwissenschaft und Geistesgeschichte LXIV*, 467-513.

Erdmann, Eva/Forst, Rainer/Honneth, Axel (Hrsg.) 1990: *Ethos der Moderne. Foucaults Kritik der Aufklärung*, Frankfurt am Main/New York.

Ette, Ottmar 1999: *Roland Barthes: Eine intellektuelle Biographie*, Frankfurt am Main.

Ette, Ottmar 2004: *ÜberLebenswissen, Die Aufgabe der Philologie*, Berlin.

Faulstich, Werner 1995: *Grundwissen Medien*, 2. Auflage, München.

Figal, Günter 1982: *Selbstverstehen in instabiler Freiheit. Die hermeneutische Position Martin*

Heideggers, in: Hendrik Birus (Hrsg.): *Hermeneutische Positionen. Schleiermacher-Dilthey-Heidegger-Gadamer*, Göttingen, 89-119.

Fink-Eitel, Hinrich 1992: *Foucault zur Einführung*, Hamburg.

Fohrmann, Jürgen 1988: *Der Kommentar als diskursive Einheit der Wissenschaft*, in: Jürgen Fohrmann/Harro Müller (Hrsg.): *Diskurstheorien und Literaturwissenschaft*, Frankfurt am Main, 244-257.

Fohrmann, Jürgen 1993: *Misreadings Revisited. Eine Kritik des Konzepts von Paul de Man*, in: Karl Heinz Bohrer (Hrsg.): *Ästhetik und Rhetorik. Lektüren zu Paul de Man*, Frankfurt am Main.

Fohrmann, Jürgen/Müller, Harro (Hrsg.) 1996: *Systemtheorie der Literatur*, München.

Forget, Philippe (Hrsg.) 1984: *Text und Interpretation. Deutsch-französische Debatte*, München.

Foucault, Michel 1968: *Psychologie und Geisteskrankheit*, Frankfurt am Main.

Foucault, Michel 1973: *Wahnsinn und Gesellschaft. Eine Geschichte des Wahns im Zeitalter der Vernunft*, Frankfurt am Main.

Foucault, Michel 1974: *Die Ordnung der Dinge. Eine Archäologie der Humanwissenschaften*, Frankfurt am Main.

Foucault, Michel 1981: *Archäologie des Wissens*, Frankfurt am Main.

Foucault, Michel 1987: *Von der Subversion des Wissens*, Frankfurt am Main.

Foucault, Michel 1988: *Schriften zur Literatur*, Frankfurt am Main.

Foucault, Michel 1990: *Funktionen der Literatur. Ein Interview mit Michel Foucault*, in: Eva Erdmann/Rainer Forst/Axel Honneth (Hrsg.): *Ethos der Moderne. Foucaults Kritik der Aufklärung*, Frankfurt am Main/New York, 229-234.

Foucault, Michel 2001: *Schriften in vier Bänden. Dits et écrits. Band I. 1954-1969*, hrsg. von Daniel Defert und François Ewald, Frankfurt am Main.

Foucault, Michel 2002: *Schriften in vier Bänden. Dits et écrits. Band II. 1970-1975*, hrsg. von Daniel Defert und François Ewald, Frankfurt am Main.

Frank, Manfred 1983: *Was ist Neostrukturalismus?*, Frankfurt am Main.

Frank, Manfred 1985: *Das individuelle Allgemeine. Textstrukturierung und Textinterpretation nach Schleiermacher*, Frankfurt am Main.

Frank, Manfred 1988: *Zum Diskursbegriff bei Foucault*, in: Jürgen Fohrmann/Harro Müller (Hrsg.): *Diskurstheorien und Literaturwissenschaft*, Frankfurt am Main.

Frank, Manfred 1989: *Einführung in die frühromantische Ästhetik. Vorlesungen*, Frankfurt am Main.

Frank, Manfred 1990: *Das Sagbare und das Unsagbare. Studien zur deutsch-französischen Hermeneutik und Texttheorie*. Erweiterte Neuausgabe, Frankfurt am Main.

Freud, Sigmund 1999: *Gesammelte Werke*, chronologisch geordnet und hrsg. von Anna Freud, Frankfurt am Main.

Gadamer, Hans-Georg 1974: *Hermeneutik*, in: Joachim Ritter (Hrsg.): *Historisches Wörterbuch der Philosophie. Band 3: G-H*, 1061-1074.

Gadamer, Hans-Georg 1990: *Wahrheit und Methode. Grundzüge einer philosophischen Hermeneutik*, 6. Auflage, Tübingen.

Gadamer, Hans-Georg 1993: *Wer bin ich und wer bist du?*, in: Hans-Georg Gadamer: *Gesammelte Werke 9. Ästhetik und Poetik II. Hermeneutik im Vollzug*, Tübingen.

Geisenhanslüke, Achim 1997: *Foucault und die Literatur. Eine diskurskritische Untersuchung*, Opladen.

Geisenhanslüke, Achim 2001a: *Ästhetische Grundbegriffe*. Historisches Wörterbuch, in: *Weimarer Beiträge. Zeitschrift für Literaturwissenschaft, Ästhetik und Kulturwissenschaften*, 135-141.

Geisenhanslüke, Achim 2001b: *Kritik am Kommentar. Über Walter Benjamin und Michel Foucault*, in: Achim Geisenhanslüke/Eckart Goebel (Hrsg.): *Kritik der Tradition. Hella Tiedemann-Bartels zum 65. Geburtstag*, Würzburg, 111-122.

Geisenhanslüke, Achim 2012: *Nach der Tragödie. Lyrik und Moderne bei Hegel und Hölderlin*, München.

Genette, Gérard 1966: *Figures I*, Paris.

Genette, Gérard 1972: *Strukturalismus und Literaturwissenschaft*, in: Heinz Blumensath (Hrsg.): *Strukturalismus in der Literaturwissenschaft*, Köln, 71-88.

Greenblatt, Stephen 1993: *Verhandlungen mit Shakespeare. Innenansichten der englischen Renaissance*, Frankfurt am Main.

Greenblatt, Stephen 2000: *Was ist Literaturgeschichte? Mit einem Kommentar von Catherine Belsey*, Frankfurt am Main.

Greenblatt, Stephen 2001: *Kultur*, in: Moritz Baßler (Hrsg.): *New Historicism. Literaturgeschichte als Poetik der Kultur*, Tübingen/Basel, 48-59.

Grimm, Gunter E. 1977: *Rezeptionsgeschichte. Grundlegung einer Theorie. Mit Analysen und Bibliographie*, München.

Grondin, Jean 1991: *Einführung in die philosophische Hermeneutik*, Darmstadt.

Gumbrecht, Hans Ulrich 2001: *Dekonstruierte Disziplin. Hans-Georg Gadamers Hermeneutik in der Literaturwissenschaft*, in: *"Sein, das verstanden werden kann, ist Sprache." Hommage an Hans-Georg Gadamer*, Frankfurt am Main, 107-114.

Gumbrecht, Hans Ulrich 2003: *Die Macht der Philologie. Über einen verborgenen Impuls im wissenschaftlichen Umgang mit Texten*, Frankfurt am Main.

Guyer, Paul 1979: *Kant and the Claims of Taste*, Havard.

Habermas, Jürgen 1988: *Der philosophische Diskurs der Moderne. Zwölf Vorlesungen*, Frankfurt am Main.

Hamacher, Werner (Hrsg.) 1986: *Nietzsche aus Frankreich*, Frankfurt am Main/Berlin.

Hamacher, Werner 1988: *Unlesbarkeit*, in: Paul de Man: *Allegorien des Lesens*, Frankfurt am Main, 7-26.

Hamacher, Werner 1998: *Entferntes Verstehen. Studien zu Philosophie und Literatur von Kant bis Celan*, Frankfurt am Main.

Hamacher, Werner 2009: *Für die Philologie*, Frankfurt am Main.

Hamacher, Werner 2010: *95 Thesen zur Philologie*, Frankfurt am Main.

Hartman, Geoffrey H. 1981: *Saving the Text. Literature/Derrida/Philosophy*, Baltimore/London.

Haverkamp, Anselm (Hrsg.) 1994: *Gewalt und Gerechtigkeit. Derrida-Benjamin*, Frankfurt am Main

Haverkamp, Anselm (Hrsg.) 1996: *Theorie der Metapher*, 2. um ein Nachwort zur Neuausgabe und einen bibliographischen Nachtrag ergänzte Auflage, Darmstadt.

Haverkamp, Anselm (Hrsg.) 1998: *Die paradoxe Metapher*, Frankfurt am Main.

Hegel, Georg Wilhelm Friedrich 1985: *Ästhetik, Band I-II*, hrsg. von Friedrich Bassenge, 4. Auflage, Berlin.

Hegel, Georg Wilhelm Friedrich 1986a: *Werke 13. Vorlesungen über die Ästhetik I*, hrsg. von Eva Moldenhauer/Karl Markus Michel, Frankfurt am Main.

Hegel, Georg Wilhelm Friedrich 1986b: *Werke 14. Vorlesungen über die Ästhetik II*, hrsg. von Eva Moldenhauer/Karl Markus Michel, Frankfurt am Main.

Hegel, Georg Wilhelm Friedrich 1986c: *Werke 15. Vorlesungen über die Ästhetik III*, hrsg. von Eva Moldenhauer/Karl Markus Michel, Frankfurt am Main.

Heidegger, Martin 1979: *Sein und Zeit*, 15. Auflage, Tübingen.

Heidegger, Martin 1980: *Holzwege*, 6. durchgesehene Auflage, Frankfurt am Main.

Heidegger, Martin 1990: *Unterwegs zur Sprache*, 9. Auflage, Pfullingen.

Heidegger, Martin 1991: *Kant und das Problem der Metaphysik*, 5. Auflage, Frankfurt am Main.

Heidegger, Martin 1996: *Erläuterungen zu Hölderlins Dichtung*, 6. Auflage, Frankfurt am

Main.

Henrich, Dieter 1955: *Über die Einheit der Subjektivität*, in: *Philosophische Rundschau 3*, 28-69.

Henrich, Dieter 1971: *Hegel im Kontext*, Frankfurt am Main.

Henrich, Dieter 1983: *Kunst und Kunstphilosophie der Gegenwart (Überlegungen mit Rücksicht auf Hegel)*, in: *Immanente Ästhetik Ästhetische Reflexion. Lyrik als Paradigma der Moderne. Poetik und Hermeneutik II*, München, 11-32.

Hesper, Stefan 1994: *Schreiben ohne Text. Die prozessuale Ästhetik von Gilles Deleuze und Félix Guattari*, Opladen.

Hirsch, Eric Donald 1972: *Prinzipien der Interpretation*, München.

Hölderlin, Friedrich 1970: *Sämtliche Werke und Briefe. Band II*, hrsg. von Günter Mieth, München.

Hölderlin, Friedrich 1994: *Sämtliche Werke und Briefe in drei Bänden. Band II. Hyperion. Empedokles. Aufsätze. Übersetzungen*, hrsg. von Jochen Schmidt, Frankfurt am Main.

Hörisch, Jochen 1976: *Die fröhliche Wissenschaft der Poesie. Der Universalitätsanspruch von Dichtung in der frühromantischen Poetologie*, Frankfurt am Main.

Huemer, Wolfgang 2006: *Wittgenstein, Sprache und die Philosophie der Literatur*, in: John Gibson/Wolfgang Huemer (Hrsg.): *Wittgenstein und die Literatur*, Frankfurt am Main, 9-29.

Husserl, Edmund 1980: *Logische Untersuchungen. Zweiter Band. Elemente einer phänomenologischen Aufklärung der Erkenntnis. Zweiter Teil*, 5. Auflage, Tübingen.

Irigaray, Luce 1980: *Speculum. Spiegel des anderen Geschlechts*, Frankfurt am Main.

Iser, Wolfgang 1972: *Der implizite Leser. Kommunikationsformen des Romans von Bunyan bis Beckett*, München.

Iser, Wolfgang 1976: *Der Akt des Lesens*, München.

Jahraus, Oliver 2004: *Literaturtheorie. Theoretische und methodische Grundlagen der Literaturwissenschaft*, Tübingen/Basel.

Jakobson, Roman 1979: *Poetik. Ausgewählte Aufsätze 1921-1971*, hrsg. von Elmar Holenstein/Tarcisius Schelbert, Frankfurt am Main.

Jakobson, Roman/Lévi-Strauss, Claude 1972: *Les chats von Charles Baudelaire*, in: Heinz Blumensath (Hrsg): *Strukturalismus in der Literaturwissenschaft*, Köln, 184-201.

Jakobson, Roman/Pomorska, Krystyna 1982: *Poesie und Grammatik. Dialoge*, Frankfurt am Main.

Japp, Uwe 1977: *Hermeneutik. Der theoretische Diskurs, die Literatur und die Konstruktion*

ihres Zusammenhanges in den philologischen Wissenschaften, München.
Jauß, Hans Robert 1970: *Literaturgeschichte als Provokation*, Frankfurt am Main.
Jauß, Hans Robert 1991: *Ästhetische Erfahrung und literarische Hermeneutik*, Frankfurt am Main.
Jay, Martin 1991: *Dialektische Phantasie: die Geschichte der Frankfurter Schule und des Instituts für Sozialforschung*, Frankfurt am Main.
Jung, Matthias 1996: *Dilthey zur Einführung*, Hamburg.
Jung, Werner 1989: *Georg Lukás*, Stuttgart/Weimar.
Jung, Werner 1995: *Von der Mimesis zur Simulation. Eine Einführung in die Geschichte der Ästhetik*, Hamburg.
Jung, Werner 1997: *Kleine Geschichte der Poetik*, Hamburg.
Jurt, Joseph 1988: *Jenseits von Subjektphilosophie und Strukturalismus: Pierre Bourdieu*, in: Joseph Jurt (Hrsg.): *Zeitgenössische französische Denker: eine Bilanz*, Freiburg im Breisgau, 233-249.
Kahl, Michael 1992: *Der Begriff der Allegorie in Benjamins Trauerspielbuch und im Werk Paul de Mans*, in: Wilhelm van Reijen (Hrsg.): *Allegorie und Melancholie*, Frankfurt am Main, 292-317.
Kammler, Clemens 1986: *Michel Foucault. Eine kritische Analyse seines Werks*, Bonn.
Kammler, Clemens 1997: *Historische Diskursanalyse (Michel Foucault)*, in: Klaus-Michel Bogdal (Hrsg.): *Neue Literaturtheorien*, 2. Auflage, Opladen/Wiesbaden, 31-55.
Kant, Immanuel 1974: *Werkausgabe X. Kritik der Urteilskraft,* hrsg. von Wilhelm Weischedel, Frankfurt am Mein.
Kaufmann, Walter 1982: *Nietzsche. Philosoph-Psychologe-Antichrist*, Darmstadt.
Kimmerle, Heinz 1997: *Jacques Derrida zur Einführung*, 4. erweiterte Auflage, Hamburg.
Kittler, Friedrich A (Hrsg.) 1980: *Austreibung des Geistes aus den Geisteswissenschaften. Programme des Poststrukturalismus*, Paderborn/München/Wien/Zürich.
Kittler, Friedrich A. 1986: *Grammophon Film Typewriter*, Berlin.
Kittler, Friedrich A. 1987: *Aufschreibesysteme 1800/1900*, 2. erweiterte und korrigierte Auflage, München.
Kittler, Friedrich A. 1993: *Draculas Vermächtnis. Technische Schriften*, Leipzig.
Kittler, Friedrich A./Turk, Horst (Hrsg.) 1977: *Urszenen: Literaturwissenschaft als Diskursanalyse und Diskurskritik*, Frankfurt am Main.
Kofman, Sarah 1984: *Derrida lesen*, Wien.
Kögler, Hans Herbert 1994: *Michel Foucault*, Stuttgart/Weimar.

Koppe, Franz 1983: *Grundbegriffe der Ästhetik*, Frankfurt am Main.

Köppe, Tilmann 2008: *Literatur und Erkenntnis. Studien zur kognitiven Signifikanz fiktionaler literarischer Werke*, Paderborn.

Köppe, Tilmann/Winko, Simone 2008: *Neue Literaturtheorien. eine Einführung*, Stuttgart/Weimar.

Koppenfels, Martin von 2001: *Häresie als Beruf. Die krummen Blicke des Harold Bloom*, in: *Poetica 33*, 307-322.

Koschorke, Albrecht 1999a: *Körperströme und Schriftverkehr. Mediologie des 18. Jahrhunderts*, München.

Koschorke, Albrecht 1999b: *Derealisierung als Theorie. Das System und die operative Unzugänglichkeit seiner Umwelt bei Niklas Luhmann*, in: Stephan Porombka/Susanne Scharnowski (Hrsg.): *Phänomene der Derealisierung*, Wien, 139-153.

Kristeva, Julia 1969: *Semeiotiké. Recherches pour une sémanalyse*, Paris.

Kristeva, Julia 1972a: *Zu einer Semiologie der Paragramme*, in: Helga Gallas (Hrsg.): *Strukturalismus als interpretatives Verfahren*, Darmstadt/Neuwied, 163-200.

Kristeva, Julia 1972b: *Bachtin, das Wort, der Dialog und der Roman*, in: Jens Ihwe (Hrsg.): *Literaturwissenschaft und Linguistik. Ergebnisse und Perspektiven. Band I-II. Zur linguistischen Basis der Literaturwissenschaften*, Frankfurt am Main, 345-375.

Kristeva, Julia 1977: *Der geschlossene Text*. In: Peter V. Zima (Hrsg.): *Textsemiotik als Ideologiekritik*, Frankfurt am Main, 194-229.

Kristeva, Julia 1978: *Die Revolution der poetischen Sprache*, Frankfurt am Main.

Kuhn, Helmut 1966: *Schriften zur Ästhetik*, München.

Kulenkampff, Jens 1978: *Kants Logik des ästhetischen Urteils*, Frankfurt am Main.

Lacan, Jacques 1980: *Das Seminar. Buch II (1954-1955). Das Ich in der Theorie Freuds und in der Technik der Psychonalyse*, Olten und Freiburg im Breisgau.

Lacan, Jacques 1991a: *Schriften I*, Augewählt und hrsg. von Norbert Haas, 3. korrigierte Auflage, Weinheim/Berlin.

Lacan, Jacques 1991b: *Schriften II*. Ausgewählt und hrsg. von Norbert Haas, 3. korrigierte Auflage, Weinheim/Berlin.

Lachmann, Renate 1984: *Ebenen des Intertextualitätsbegriffes*, in: Karlheinz Stierle/Rainer Warning (Hrsg.): *Das Gespräch. Poetik und Hermeneutik 11*, München, 133-138.

Laermann, Klaus 1986: *Lacancan und Derridada. Über die Frankolatrie in den Kulturwissenschaften*, in: *Kursbuch 84*, 34-42.

Lindhoff, Lena 1995: *Einführung in die feministische Literaturtheorie*, Stuttgart/Weimar.

Lindner, Burkhardt/Lüdke, W. Martin (Hrsg.) 1980: *Materialien zur ästhetischen Theorie. Th. W. Adornos Konstruktion der Moderne*, Frankfurt am Main.

Lindorfer, Bettina 1998: *Roland Barthes: Zeichen und Psychoanalyse*, München.

Link, Jürgen 1988: *Literaturanalyse als Interdiskursanalyse. Am Beispiel des Ursprungs literarischer Symbolik in der Kollektivsymbolik*, in: Jürgen Fohrmann/Harro Müller (Hrsg.): *Diskurstheorien und Literaturwissenschaft*, Frankfurt am Main, 284-307.

Link, Jürgen 1997: *Versuch über den Nomalismus. Wie Normalität produziert wird*, Opalden.

Link, Jürgen/Link-Heer, Ursula 1990: *Diskurs/Interdiskurs und Literaturanalyse*, in: *Zeitschrift für Literaturwissenschaft und Linguistik 77*, 88-99.

Link-Heer, Ursula 1998: *Michel Foucault und die Literatur*, in: Joseph Jurt (Hrsg.): *Zeitgenössische französische Denker: Eine Bilanz*, Freiburg im Breisgau, 119-142.

Longinus 1988: *Vom Erhabenen*, übersetzt und hrsg. von Otto Schönberger, Stuttgart.

Lösener, Hans 2000: *Saussure und die Geschichtlichkeit der Sprache*, in: *Kodikas/Code. Ars Semiotica 23*, 97-108.

Luhmann, Niklas 1984: *Liebe als Passion. Zur Codierung von Intimität*, 4. Auflage, Frankfurt am Main.

Luhmann, Niklas 1986: *Das Kunstwerk und die Selbstreproduktion der Kunst*, in: Hans Ulrich Gumbrecht/K. Ludwig Pfeiffer (Hrsg.): *Stil. Geschichten und Funktionen eines kulturwissenschaftlichen Diskurselements*, Frankfurt am Main, 620-672.

Luhmann, Niklas 1987: *Soziale Systeme. Grundriß einer allgemeinen Theorie*, Frankfurt am Main.

Luhmann, Niklas 1996: *Die Kunst der Gesellschaft*, 2. Auflage, Frankfurt am Main.

Luhmann, Niklas 1997: *Die Gesellschaft der Gesellschaft*, Frankfurt am Main.

Lukács, Georg 1971: *Die Seele und die Formen*, Neuwied/Berlin.

Lukács, Georg 1989: *Die Theorie des Romans. Ein geschichtsphilosophischer Versuch über die Form der großen Epen*, 12. Auflage, Frankfurt am Main.

Lyotard, Jean-François 1982: *Essays zu einer affirmativen Ästhetik*, Berlin.

Lyotard, Jean-François 1984: *Ökonomie des Wunsches*, Bremen.

Lyotard, Jean-François 1986: *Philosophie und Malerei im Zeitalter ihres Experimentierens*, Berlin.

Lyotard, Jean-François 1989: *Das Inhumane. Plaudereien über die Zeit*, Wien.

Lyotard, Jean-François 1994: *Das postmoderne Wissen: Ein Bericht,* 3. unveränderte Auflage, Wien.

Man, Paul de 1987: *Der Widerstand gegen die Theorie*, in: Volker Bohn (Hrsg.): *Romantik.*

Literatur und Philosophie, Frankfurt am Main.

Man, Paul de 1993: *Die Ideologie des Ästhetischen*, hrsg. von Christoph Menke, Frankfurt am Main.

Man, Paul de 1996: *Epistemologie der Metapher*, in: Anselm Haverkamp (Hrsg.): *Theorie der Metapher*, 2. um ein Nachwort zur Neuausgabe und einen bibliographischen Nachwort zur Neuausgabe und einen bibliographischen Nachtrag ergänzte Auflage, Darmstadt, 414-437.

Marquard, Odo 1981: *Kant und die Wende zur Ästhetik*, in: Peter Heintel/Ludwig Nagl (Hrsg.): *Wege der Forschung. Zur Kantforschung der Gegenwart*, Darmstadt, 237-270.

McLuhan, Marschall 1970: *Die magischen Kanäle. Understanding Media*, Frankfurt am Main.

Meister, Martina 1990: *Die Sprache, die nichts sagt und die nie schweigt. Literatur als Übertretung*, in: Eva Erdmann/Rainer Forst/Axel Honneth (Hrsg.): *Ethos der Moderne. Foucaults Kritik der Aufklärung*, Frankfurt am Main/New York, 235-259.

Menke, Bettine 1991: *Sprachfiguren. Name, Allegorie, Bild nach Benjamin*, München.

Menke, Bettine 1993: *De Mans 'Prosopopöie der Lektüre'. Die Entleerung des Monuments*, in: Karl Heinz Borher (Hrsg.): *Ästhetik und Rhetorik. Lektüren zu Paul de Man*, Frankfurt am Main, 34-78.

Menke, Christoph 1991: *Die Souveränität der Kunst. Ästhetische Erfahrung nach Adorno und Derrida*, Frankfurt am Main.

Menke, Christoph 1993: *'Unglückliches Bewußtsein'. Literatur und Kritik bei Paul de Man*, in: Christoph Menke (Hrsg.): *Paul de Man: Die Ideologie des Ästhetischen*, Frankfurt am Main, 265-299.

Menke, Christoph 1996: *Tragödie im Sittlichen. Gerechtigkeit und Freiheit nach Hegel*, Frankfurt am Main.

Menninghaus, Winfried 1980: *Walter Benjamins Theorie der Sprachmagie*, Frankfurt am Main.

Menninghaus, Winfried 1987: *Unendliche Verdoppelung. Die frühromantische Grundlegung der Kunsttheorie im Begriff absoluter Selbstreflexion*, Frankfurt am Main.

Menninghaus, Winfried 1991: *Zwischen Überwältigung und Widerstand. Macht und Gewalt in Longins und Kants Theorien des Erhabenen*, in: *Poetica 23*, 1-19.

Menninghaus, Winfried 1995: *Lob des Unsinns. Über Kant, Tieck und Blaubart*, Frankfurt am Main.

Menninghaus, Winfried 2011: *Wozu Kunst? Ästhetik nach Darwin*, Frankfurt am Main.

Meschonnic, Henri 1982: *Critique du rythme. Anthropologie historique du langage*, Lagrasse.
Meschonnic, Henri 1988: *Modernité, Modernité*, Lagrasse.
Meschonnic, Henri 1990: *Le langage Heidegger*, Paris.
Meschonnic, Henri 1995: *Politique du rythme. Politique du sujet*, Lagrasse.
Montrose, Louis A. 1995: *Die Renaissance behaupten. Poetik und Politik der Kultur*, in: Moritz Baßler (Hrsg.): *New Historicism. Literaturgeschichte als Poetik der Kultur*. 2. Auflage, Tübingen/Basel, 60-93.
Münker, Stefan/Roesler, Alexander 2000: *Poststrukturalismus*, Stuttgart/Weimar.
Nassen, Ulrich (Hrsg.) 1979: *Texthermeneutik, Aktualität, Geschichte, Kritik*, Paderborn/ München/Wien/Zürich.
Nassen, Ulrich (Hrsg.) 1982: *Klassiker der Hermeneutik*, Paderborn/München/Wien/Zürich.
Neumann, Gerhard (Hrsg.) 1997: *Poststrukturalismus. Herausforderungen an die Literaturwissenschaft*, Stuttgart/Weimar.
Newen, Albert 2005: *Analytische Philosophie zur Einführung*, Hamburg.
Nietzsche, Friedrich KSA 1980: *Sämtliche Werke. Kritische Studienausgabe in 15 Bänden*, hrsg. von Giorgio Colli/Mazzino Montinari, Berlin/New York.
Nietzsche, Friedrich KSA 1986: *Sämtliche Briefe. Kritische Studienausgabe in 8 Bänden*, hrsg. von Giorgio Colli/Mazzino Montinari, Berlin/New York.
Nünning, Ansgar (Hrsg.) 1998: *Metzler Lexikon Literatur- und Kulturtheorie*, Stuttgart/ Weimar.
Opitz, Michael/Wizisla, Erdmut (Hrsg.) 2000: *Benjamins Begriffe*, Frankfurt am Main.
Platon 1957: *Ion*, in: *Sämtliche Werke 1*, Reinbek bei Hamburg.
Plumpe, Gerhard 1993: *Ästhetische Kommunikation der Moderne*, 2 Bände, Opladen.
Plumpe, Gerhard/Kammler, Clemens 1980: *Wissen ist Macht. Über die theoretische Arbeit Michel Foucaults*, in *Philosophische Rundschau*, 185-218.
Quintilian 1972: *Ausbildung des Redners*. 2 Bände, übersetzt und hrsg. von Helmut Rahn, Darmstadt.
Reibnitz, Barbara von 1992: *Ein Kommentar zu Friedrich Nietzsche 'Die Geburt der Tragödie aus dem Geiste der Musik' (Kapitel 1-12)*, Stuttgart/Weimar.
Reif, Adelbert (Hrsg.) 1973: *Antworten der Strukturalisten*, Hamburg.
Renner, Rolf Günter (Hrsg.) 1995: *Lexikon literaturtheoretischer Werke*, Stuttgart.
Ricoeur, Paul 1973: *Hemeneutik und Strukturalismus*, Stuttgart.
Ricoeur, Paul 1974: *Die Interpretation. Ein Versuch über Freud*, Frankfurt am Main.
Rorty, Richard (Hrsg.) 1967: *The Linguistic Turn. Recent Essays in Philosophical Method*,

Chicago.
Rorty, Richard 1992: *Kontingenz, Ironie und Solidarität*, Frankfurt am Main.
Rorty, Richard 1993: *Eine Kultur ohne Zentrum, Vier philosophische Essays*, Stuttgart.
Rorty, Richard 1994: *Hoffnung statt Erkenntnis. Eine Einführung in die pragmatische Philosophie*, Wien.
Rorty, Richard 2003: *Wahrheit und Fortschritt*, Frankfurt am Main.
Röttger-Denker, Gabriele 1989: *Roland Barthes zur Einführung*, Hamburg.
Roudinesco, Elisabeth 1996: *Jacques Lacan. Bericht über ein Leben, Geschichte eines Denksystems*, Köln.
Saussure, Ferdinand de 1967: *Grundfragen der allgemeinen Sprachwissenschaft*, hrsg. von Charles Bally/Albert Sechehaye, 2. Auflage, Berlin.
Scheffer, Bernd 1993: *Interpretation und Blamage. 'Vor dem Gesetz'-Präambeln aus konstruktivistischer Sicht*, in: Klaus-Michael Bogdal (Hrsg.): *Neue Literaturtheorien in der Praxis. Textanalysen von Kafkas 'Vor dem Gesetz'*, Opladen, 140-158.
Schiwy, Günther 1969: *Der französische Strukturalismus. Mode, Methode, Ideologie*, Reinbek bei Hamburg.
Schlaffer, Heinz 2002: *Die kurze Geschichte der deutschen Literatur*, München/Wien.
Schlegel, Friedrich 1978: *Kritische und Theoretische Schriften*, Stuttgart.
Schleiermacher, Friedrich D. E. 1977: *Hermeneutik und Kritik*, hrsg. und eingeleitet von Manfred Frank, Frankfurt am Main.
Schmidt, Siegfried J. 1988: *Diskurs und Literatursystem. Konstruktivistische Alternativen zu diskurstheoretischen Alternativen*, in: Jürgen Fohrmann/Harro Müller (Hrsg.): *Diskurstheorien und Literaturwissenschaft*, Frankfurt am Main, 134-158.
Schmidt, Siegfried J. (Hrsg.) 1993: *Literaturwissenschaft und Systemtheorie. Positionen, Kontroversen, Perspektiven*, Opladen.
Schneider, Norbert 1996: *Geschichte der Ästhetik von der Aufklärung bis zur Postmoderne. Eine paradigmatische Einführung*, Stuttgart.
Schößler, Franziska 2006: *Literaturwissenschaft als Kulturwissenschaft. Eine Einführung*, Tübingen/Basel.
Schwanitz, Dietrich 1990: *Systemtheorie und Literatur. Ein neues Paradigma*, Opladen.
Sill, Oliver 1997: *'Fiktionale Realität' versus 'reale Realität'? Zu den kunst- bzw. literaturtheoretischen Reflexionen Niklas Luhmanns und Wolfgang Isers*, in: *Soziale Systeme. Zeitschrift für soziologische Theorie 3*, 137-155.
Sill, Oliver 2001: *Literatur in der funktional differenzierten Gesellschaft. Systemtheoretische*

Perspektiven auf ein komplexes Phänomen, Opladen.
Starobinski, Jean 1973: *Psychoanalyse und Literatur*, Frankfurt am Main.
Starobinski, Jean 1980: *Wörter unter Wörtern. Die Anagramme von Ferdinand de Saussure*, Frankfurt am Main/Berlin/Wien.
Steinhagen, Harald 1979: *Zu Walter Benjamins Begriff der Allegorie*, in: Walter Haug (Hrsg.): *Formen und Funktionen der Allegorie*, Stuttgart/Weimar, 666-685.
Szondi, Peter 1974: *Poetik und Geschichtsphilosophie I. Antike und Moderne in der Ästhetik der Goethezeit. Hegels Lehre von der Dichtung. Studienausgabe der Vorlesungen. Band 2*, hrsg. von Senta Metz/Hans-Hagen Hildebrandt, Frankfurt am Main.
Szondi, Peter 1975: *Einführung in die literarische Hermeneutik. Studienausgabe der Vorlesungen. Band 5*, hrsg. von Jean Bollack/Helen Stierlin, Frankfurt am Main.
Szondi, Peter 1978a: *Schriften I. Theorie des modernen Dramas (1880-1950). Versuch über das Tragische. Hölderlin-Studien*, Frankfurt am Main.
Szondi, Peter 1978b: *Schriften II. Essays: Satz und Gegensatz. Lektüren und Lektionen. Celan-Studien*, Frankfurt am Main.
Taureck, Bernhard H. F. (Hrsg.) 1992: *Psychoanalyse und Philosophie. Lacan in der Diskussion*, Frankfurt am Main.
Theunissen, Michael 2001: *Philosophische Hermeneutik als Phänomenologie der Traditionsaneignung*, in: *"Sein, das verstanden werden kann, ist Sprache." Hommage an Hans Georg Gadamer*, Frankfurt am Main, 61-88.
Trabant, Jürgen 1990: *Rhythmus versus Zeichen. Zur Poetik von Henri Meschonnic*, in: *Zeitschrift für französische Sprache und Literatur, Band C*, 193-212.
Tugendhat, Ernst 1970: *Der Wahrheitsbegriff bei Husserl und Heidegger*, 2. unveränderte Auflage, Berlin.
Tugendhat, Ernst 1979: *Selbstbewußtsein und Selbstbestimmung. Sprachanalytische Interpretationen*, Frankfurt am Main.
Vinken, Barbara (Hrsg.) 1992: *Dekonstruktiver Feminismus. Literaturwissenshaft in Amerika*, Frankfurt am Main.
Vismann, Cornelia 2000: *Akten Medientechnik und Recht*, Frankfurt am Main.
Vogl, Joseph (Hrsg.) 1999: *Poetologien des Wissens um 1800*, München.
Vogl, Joseph 2004: *Kalkül und Leidenschaft. Poetik des ökonomischen Menschen*, Berlin/Zürich.
Vogl, Joseph 2010/2011: *Das Gespenst des Kapitals*, Berlin/Zürich.
Wahl, François 1973: *Einführung in den Strukturalismus. Mit Beiträgen von O. Ducrot, T.*

Todorov, D. Sperber, M. Safouan und F. Wahl, Frankfurt am Main.

Waldenfels, Bernhard 1991: *Ordnung in Diskursen*, in: Bernhard Waldenfels/François Ewald (Hrsg.): *Spiele der Wahrheit. Michel Foucaults Denken*, Frankfurt am Main, 277-297.

Weber, Samuel 1986: *'Postmoderne' und 'Poststruktualismus'. Versuch eine Umgebung zu benenen*, in: *Ästhetik und Kommunikation 63*, 105-111.

Weber, Samuel 2000: *Rückkehr zu Freud. Jacques Lacans Entstellung der Psychoanalyse*. 2. Auflage, Wien.

Weinrich, Harald 1985: *Wege der Sprachkultur*, Stuttgart.

Wellbery, David E. (Hrsg.) 1993: *Positionen der Literaturwissenschaft. Acht Modellanalysen am Beispiel von Kleists 'Das Erdbeben in Chili'*, 3. Auflage, München.

Wellek, René/Warren, Austin 1985: *Theorie der Literatur. Druchgesehene Neuauflage*, Königstein/Ts.

Welsch, Wolfgang 1991: *Unsere postmoderne Moderne*, Weinheim.

Wheeler, Samuel C. 1998: *Metapher nach Davidson und de Man*, in: Anselm Haverkamp (Hrsg.): *Die paradoxe Metapher*, Frankfurt am Main, 123-160.

Wiehl, Rainer 1971: *Über den Handlungsbegriff als Kategorie der Hegelschen Ästhetik*, in: *Hegel-Studien 6*, 135-170.

Wiggershaus, Rolf 1988: *Die Frankfurter Schule. Geschichte, Theoretische Entwicklung, Politische Bedeutung*, München.

Zelle, Carsten 1995: *Die doppelte Ästhetik der Moderne. Revisionen des Schönen des Schönen von Boileau bis Nietzsche*, Stuttgart/Weimar.

Zima. Peter V. 1994: *Die Dekonstruktion*, Tübingen/Basel.

Zima. Peter V. 1997: *Moderne/Postmoderne. Gesellschaft, Philosophie, Literatur*, Tübingen/Basel.

찾아보기

인명

[ㄱ]

가다머, 한스-게오르크(Hans-Georg Gadamer) 40, 98, 113-114, 117, 119, 120-126, 130-132, 135, 217, 219, 257, 330-331, 340-341

가이어, 폴(Paul Guyer) 55

가이젠한스뤼케, 아힘(Achim Geisenhanslüke) 49, 84

가타리, 펠릭스(Félix Guattari) 206-207

게오르게, 슈테판(Stefan George) 81, 118

괴테, 요한 볼프강 폰(Johann Wolfgang von Goethe) 27, 71, 73-75, 82, 84, 110, 235

굼브레히트, 한스 울리히(Hans Ulrich Gumbrecht) 314-315

그레마스, A. J.(A. J. Greimas) 154

그롱댕, 장(Jean Grondin) 97

그린블랫, 스티븐(Stephen Greenblatt) 266, 285-287, 303, 318, 339

그림, 군터(Gunter E. Grimm) 137-138

[ㄴ]

나젠, 울리히(Ulrich Nassen) 97

네르발, 제라르(Gérard Nerval) 276

네벤, 알베르트(Albert Newen) 256

노발리스(Novalis) 83

노이만, 게르하르트(Gerhard Neumann) 176

뉘닝, 안스가(Ansgar Nünning) 281, 286

뉴먼, 바넷(Barnett Newman) 203-204

니체, 프리드리히(Friedrich Nietzsche) 28, 47-49, 66-72, 77, 79-81, 83, 98, 141, 143-146, 176-177, 197, 206, 225, 244, 248, 251, 253, 267, 270, 299, 317, 323

[ㄷ]

데콩브, 뱅상(Vincent Descombes) 195

데리다, 자크(Jacques Derrida) 42, 98, 117-118, 131, 146, 155, 177, 180-181, 184, 190-191, 195-198, 208-209-221, 224, 226-227, 239-241, 243, 246-255, 259, 262, 267-268, 270, 297, 300

데이비슨, 도널드(Donald Davidson) 251-252, 254-256, 258-260

데카르트, 르네(René Descartes) 167, 261, 267
도스, 프랑수아(François Dosse) 195
뒤징, 클라우스(Klaus Düsing) 143
드레이퍼스, 휴버트(Hubert L. Dreyfus) 273
들뢰즈, 질(Gilles Deleuze) 48, 181, 189-192, 195-196, 205-208, 217
딜타이, 빌헬름(Wilhelm Dilthey) 28, 82, 98, 107-113, 117-118, 120, 124, 127-128, 315

[ㄹ]

라비노우, 폴(Paul Rabinow) 273
라에르만, 클라우스(Klaus Laermann) 195
라우어, 다비드(David Lauer) 256
라이프니츠, 바바라 폰(Barbara von Reibnitz) 72
라캉, 자크(Jacques Lacan) 76, 118, 154, 165-174, 176-178, 180, 184, 188-190, 195, 206, 211, 216, 222, 236, 241, 245-246, 298
라흐만, 레나테(Renate Lachmann) 220
레비-스트로스, 클로드(Claude Lévi-Strauss) 164-165
레싱, 고트홀트 에프라임(Gotthold Ephraim Lessing) 50
로크, 존(John Locke) 251
로티, 리처드(Richard Rorty) 259-260
롱기누스(Longinus) 143
뢰슬러, 알렉산더(Alexander Roesler) 180, 195
뢰트거-뎅커, 가브리엘레(Gabriele Röttger-Denker) 273
루디네스코, 엘리자베트(Elisabeth Roudinesco) 166
루만, 니클라스(Niklas Luhmann) 266, 289-296
루셀, 레이몽(Raymond Roussel) 276
루소, 장-자크(Jean-Jacques Rousseau) 213, 227, 251
루카치, 게오르크(Georg Lukács) 47-48, 80-82, 91
리오타르, 장-프랑수아(Jean-François Lyotard) 48, 197-205
리쾨르, 폴(Paul Ricœur) 170
린도르퍼, 베티나(Bettina Lindorfer) 181
린드너, 부르크하르트(Burkhardt Lindner) 91
린드호프, 레나(Lena Lindhoff) 243
릴케, 라이너 마리아 (Rainer Maria Rilke) 118
립토브, 야스퍼(Jasper Liptow) 256
링크, 위르겐(Jürgen Link) 266, 280-284
링크-헤어, 우르줄라(Ursula Link-Heer) 266, 280-282, 284

[ㅁ]

마르크바르트, 오도(Odo Marquard) 51
마르크스, 카를(Karl Marx) 80, 82, 87, 174, 176-177, 202
마이스터, 마르티나(Martina Meister) 275
마이어, 게오르크 프리드리히(Georg Friedrich Meier) 100
만, 폴 드(Paul de man) 42, 130-131, 140, 184, 190, 196-198, 226-239, 246-247, 250-256, 260, 308
말라르메, 스테판(Stéphane Mallarmé) 89,

163, 205, 217, 275, 277
매클루언, 마셜(Marschall McLuhan) 297
메닝하우스, 빈프리트(Winfried Menninghaus) 205, 323-324
메쇼닉, 앙리(Henri Meschonnic) 155, 184-189, 308
멩케, 베티네(Bettine Menke) 239
멩케, 크리스토프(Christoph Menke) 227
몬트로즈, 루이(Louis A. Montrose) 287
뮌커, 슈테판(Stefan Münker) 180, 195
뮐러, 하로(Harro Müller) 236, 296
밀러, J. 힐리스(J. Hillis Miller) 198

[ㅂ]

바그너, 리하르트(Richard Wagner) 67, 71-72
바르너, 빌프리드(Wilfried Barner) 37
바르크, 칼하인츠(Karlheinz Barck) 49
바르트, 롤랑(Roland Barthes) 134, 154, 166, 177-182, 184, 190, 195, 229
바슬러, 모리츠(Moritz Baßler) 285
바움가르텐, 알렉산더(Alexander Baumgarten) 48, 50-52, 199, 294
바인리히, 하랄트(Harald Weinrich) 162
바흐친, 미하일(Michail Bachtin) 221, 224
발, 프랑수아(François Wahl) 155-156
발덴펠스, 베른하르트(Bernhard Waldenfels) 271
발리바르, 에티엔(Etienne Balibar) 175
발케, 프리드리히(Friedrich Balke) 205-207
방브니스트, 에밀(Émile Benveniste) 155, 184, 186-188
버틀러, 주디스(Judith Butler) 241, 244-246
베그만, 니콜라우스(Nikolaus Wegmann) 232
베르트람, 게오르크(Georg W. Bertram) 256
베이트슨, 그레고리(Gregory Bateson) 297
베촐라, 토비아(Tobia Bezzola) 53
베케트, 사무엘(Samuel Beckett) 91
벤더, 볼프강(Wolfgang Bender) 52
벤야민, 발터(Walter Benjamin) 33, 47-48, 80, 83-89, 92, 105, 128, 234
벨쉬, 볼프강(Wolfgang Welsch) 176
보른쇼이어, 로타(Lothar Bornscheuer) 52
보벤쉔, 실비아(Silvia Bovenschen) 241
보시나데, 요한나(Johanna Bossinade) 225
보위, 말콤(Malcolm Bowie) 166-167
복달, 클라우스-미하엘(Klaus-Michael Bogdal) 148, 175, 266, 280, 283-284, 329
볼츠, 노르베르트(Norbert Bolz) 297, 301
뵈메, 하르트무트(Hartmut Böhme) 318
부르디외, 피에르(Pierre Bourdieu) 266, 288-291
뷔르거, 페터(Peter Bürger) 274
뷜러, 카를(Karl Bühler) 162
브레머, 카이(Kai Bremer) 318
브로이히, 울리히(Ulrich Broich) 220, 223
브론펜, 엘리자베스(Elisabeth Bronfen) 260
블루멘베르크, 한스(Hans Blumenberg) 247-248, 250

블룸, 해럴드(Harold Bloom) 197, 223-226
비거스하우스, 롤프(Rolf Wiggershaus) 80
비루스, 헨드릭(Hendrik Birus) 100, 113, 121
비르트, 우베(Uwe Wirth) 318
비스만, 코르넬리아(Cornelia Vismann) 302
비코, 잠바티스타(Giambattista Vico) 247
비트겐슈타인, 루트비히(Ludwig Wittgenstein) 157, 256, 260
빈스방어, 루트비히(Ludwig Binswanger) 271, 275
빌, 라이너(Rainer Wiehl) 60
빙켄, 바바라(Barbara Vinken) 240

[ㅅ]
세르반테스, 미구엘 드(Miguel de Cervantes)
셰익스피어, 윌리엄(William Shakespeare) 71, 73, 225, 258, 261-262, 285-286
셸링, 프리드리히 빌헬름 요제프(Friedrich Wilhelm Joseph Schelling) 68, 124
소쉬르, 페르디낭 드(Ferdinand de Saussure) 104, 153-161, 163-164, 166, 169, 172, 174-175, 177-181, 184-187, 215, 272
소크라테스(Sokrates) 38-41, 70-71
소포클레스(Sophokles) 59, 71
손디, 페터(Peter Szondi) 32, 99, 100, 111, 127-131, 147, 149, 308, 329
쇠슬러, 프란치스카(Franziska Schößler) 325
쇼펜하우어, 아르투어(Arthur Schopenhauer) 71
쉐르페, 클라우스(Klaus Scherpe) 287
쉐퍼, 베른트(Bernd Scheffer) 139
쉬비, 귄터(Günther Schiwy) 153, 166
쉴러, 프리드리히(Friedrich Schiller) 70
슈나이더, 노르베르트(Norbert Schneider) 47, 83
슈미트, 지그프리트(Siegfried J. Schmidt) 138-139
슈바니츠, 디트리히(Dietrich Schwanitz) 292
슈타인하겐, 하랄트(Harald Steinhagen) 86
슐라이어마허, 프리드리히 다니엘 에른스트(Friedrich Daniel Ernst Schleiermacher) 98-111, 120, 123, 127, 148, 153, 155, 297
슐라퍼, 하인츠(Heinz Schlaffer) 27
슐레겔, 프리드리히(Friedrich Schlegel) 63-66, 83, 106, 317
스타로뱅스키, 장(Jean Starobinski) 73, 169
스피노자, 바루흐 드(Baruch de Spinoza) 207
식수, 엘렌(Hélène Cixous) 241-243
실, 올리버(Oliver Sill) 256, 395

[ㅇ]
아도르노, 테오도르(Theodor W. Adorno) 47-48, 80, 88-93, 134, 198-199, 201, 205, 217, 241, 293, 296-297
아르토, 앙토냉(Antonin Artaud) 217, 276-277
아리스토텔레스(Aristoteles) 69, 77, 134,

158, 248, 251, 253, 261
아숭, 폴-로랑(Paul-Laurent Assoun) 72
안츠, 하인리히(Heinrich Anz) 107
알브레히트, 외른(Jörn Albrecht) 158
알텐호퍼, 노르베르트(Norbert Altenhofer) 148
알튀세르, 루이(Louis Althusser) 154, 166, 174-177, 189
야라우스, 올리버(Oliver Jahraus) 37
야우스, 한스 로베르트(Hans Robert Jauß) 123, 132-138
야콥슨, 로만(Roman Jakobson) 29, 154, 160-165, 169-172, 178-179, 182-184, 189, 221, 233, 265
야프, 우베(Uwe Japp) 39, 148
에코, 움베르토(Umberto Eco) 36
에테, 오트마르(Ottmar Ette) 312-314
엘리아스, 노르베르트(Norbert Elias) 303
엘리히, 루츠(Lutz Ellrich) 232
오피츠, 미하엘(Michael Opitz) 83
워렌, 오스틴(Austen Warren) 35
웨버, 새뮤얼(Samuel Weber) 166, 195
웰렉, 르네(René Wellek) 35
유르트, 요세프(Josef Jurt) 289
융, 마티아스(Matthias Jung) 109
융, 베르너(Werner Jung) 50
이글턴, 테리(Terry Eagleton) 28, 124, 132, 309
이리가레, 뤼스(Luce Irigaray) 241-242, 245
이저, 볼프강(Wolfgang Iser) 123, 132, 136-137, 140

[ㅈ]

장 파울(Jean Paul) 283
제엘, 마르틴(Martin Seel) 256
제이, 마틴(Martin Jay) 80
조이스, 제임스(James Joyce) 91, 258
즈네트, 제라르(Gérard Genette) 154, 166, 181-184
지마, 페터(Peter V. Zima) 176

[ㅊ]

첼란, 파울(Paul Celan) 126, 131, 217-219
첼레, 카르스텐(Carsten Zelle) 143

[ㅋ]

카우프만, 발터(Walter Kaufmann) 70
카프카, 프란츠(Franz Kafka) 91, 207-208, 217
칸트, 임마누엘(Immanuel Kant) 47-48, 50-57, 59, 61, 64-66, 70-71, 73, 78, 80, 88, 93, 97, 99-100, 133, 142-143, 147, 199, 203, 228, 238, 251, 261, 323-324, 327
칼, 미하엘(Michael Kahl) 236
캄믈러, 클레멘스(Clemens Kammler) 280
캐럴, 루이스(Lewis Carrol)
컬러, 조너선(Jonathan Culler) 196, 217
코쇼르케, 알브레히트(Albrecht Koschorke) 295, 302-304
코페, 프란츠(Franz Koppe) 73
코펜펠스, 마르틴 폰(Martin von Koppenfels) 224
코프만, 사라(Sarah Kofman) 209
콩디야크, 에티엔 보노 드(Étienne Bonnot

de Condillac) 251
쾨글러, 한스 헤르베르트(Hans Herbert Kögler) 275
쾨페, 틸만(Tilmann Köppe) 37, 321-323
쿤, 헬무트(Helmut Kuhn) 60
쿨렌캄프, 옌스(Jens Kulenkampff) 55
퀸틸리아누스(Quintilian) 247
크리스테바, 줄리아(Julia Kristeva) 184, 197, 220-225
클라데니우스, J. M.(J. M. Chladenius) 100
키르케고르, 쇠렌(Sören Kierkegaard) 236
키틀러, 프리드리히(Friedrich A. Kittler) 297-302
킴멀레, 하인츠(Heinz Kimmerle) 216, 218

[ㅌ]

타우렉, 베른하르트(Bernhard H. F. Taureck) 166
토이니센, 미하엘(Michael Theunissen) 125
톨스토이, 레오(Leo Tolstoi) 82
투겐트하트, 에른스트(Ernst Tugendhat) 114
투르크, 호르스트(Horst Turk) 278
트라반트, 위르겐(Jürgen Trabant) 184
트라클, 게오르크(Georg Trakl) 118

[ㅍ]

파스테르나크, 보리스(Boris Pasternak) 183
파울슈티히, 베르너(Werner Faulstich) 297
포, 에드거 앨런(Edgar Allan Poe) 171-173
포글, 요제프(Joseph Vogl) 206-207, 320
포르게트, 필립(Philippe Forget)
포르만, 위르겐(Jürgen Fohrmann) 229, 270, 296
푸코, 미셸(Michel Foucault) 42, 98-99, 155, 166, 177, 181, 184, 190-191, 195-196, 198, 208, 241, 244, 265-281, 283-285, 288-289, 291, 294-295, 297-298, 301-302, 319-320, 329, 332
프랑스, 아나톨(Anatole France) 251
프랑크, 만프레드(Manfred Frank) 101, 103-105, 117, 124-125, 148
프로이트, 지그문트(Sigmund Freud) 47, 72-77, 80, 141, 144-146, 166, 169-171, 174, 176-177, 197, 201-202, 206, 225, 241-243, 321, 323
프루스트, 마르셀(Marcel Proust) 183-184, 207
플라톤(Platon) 38-40, 69, 213, 262
플럼페, 게르하르트(Gerhard Plumpe) 47, 283, 296
플로베르, 귀스타브(Gustave Flaubert) 82, 290-291
피갈, 귄터(Günter Figal) 141
피쉬, 스탠리(Stanley Fish) 140
피스터, 만프레드(Manfred Pfister) 220, 223
피히테, 요한 고트리이프(Johann Gottlieb Fichte) 148
핀다로스(Pindar) 63

[ㅎ]

하마허, 베르너(Werner Hamacher) 144, 231, 237, 315-317

하버마스, 위르겐(Jürgen Habermas) 232

하버캄프, 안젤름(Anselm Haverkamp) 247-248, 254

하이데거, 마르틴(Martin Heidegger) 47, 49, 77-80, 91-92, 98-99, 112-120, 125, 127-128, 141-144, 146-147, 177, 197, 211-212, 215, 249, 276

허쉬, 에릭 도널드(Eric Donald Hirsch) 111

허트먼, 제프리(Geoffrey Hartman) 198

헤겔, 게오르크 빌헬름 프리드리히(Georg Wilhelm Friedrich Hegel) 47-48, 56-66, 68, 70-72, 78, 80-81, 84, 88, 97, 101, 105, 109, 125, 199, 245, 267, 316

헤르더, 요한 고트프리드(Johann Gottfried Herder) 56

헤스퍼, 슈테판(Stefan Hesper) 207

헨리히, 디터(Dieter Henrich) 61, 63, 143

호르크하이머, 막스(Max Horkheimer) 92

호메로스(Homer) 38

호프만, E. T. A.(E. T. A. Hoffmann) 73

회리쉬, 요헨(Jochen Hörisch) 64

횔덜린, 프리드리히(Friedrich Hölderlin) 61-63, 66, 70, 79, 91-92, 110, 118, 235, 276-277

후설, 에드문트(Edmund Husserl) 114, 136-137, 140, 213

훔볼트, 빌헬름(Wilhelm Humboldt) 188

휴머, 볼프강(Wolfgang Huemer) 256

용어

[ㄱ]

계열체(Paradigma) 159, 163-164, 170, 178-179

고대(Antike) 41, 56, 58-62, 66, 68, 79, 81, 143, 197, 203

고전주의, 고전주의적인(Klassik, klassisch) 57-59, 63, 84-85, 105, 110, 123-124, 126, 272-273, 298

공허함, 빈 곳, 빈자리, 빈 장소(Leere, Leerstelle) 173, 204-205, 211, 216, 273

구성주의(Konstruktivismus) 138-139

구조(Struktur) 50, 70, 76, 92, 114, 116-117, 120, 130, 133, 136, 139, 153-156, 161, 164, 166-168, 170, 174-176, 180, 182, 185-192, 200, 206, 209-213, 216, 231-232, 235, 271, 282, 289, 290

구조주의, 구조주의적인(Strukturalismus, strukturalistisch) 29, 41, 44, 99, 118, 153-156, 159, 161, 163-165, 168-169, 171, 173-175, 177-191, 195-196, 209-212, 214-216, 218, 222, 226, 246, 265, 290, 307-309, 327

궁극적 정초(Letztbegründung) 28, 30, 31, 253, 332

기의(Signifikat) 104, 157-158, 160, 169-171, 186, 236-237, 272, 279

기표(Signifikant) 104, 157-158, 160, 167, 169-173, 180, 186, 216, 222, 236-237, 272, 279, 327

기호학(Semiotik) 154, 179-181, 185-187, 215, 231, 285

[ㄴ]

남근, 남근중심주의(Phallisch, Phallus, Phallozentrismus) 197, 206, 211, 240-243

낭만적인, 낭만주의, 낭만주의적인 (Romantik, romantisch) 57-59, 61-66, 83-85, 105, 132, 148, 238, 298-299

[ㄷ]

다의성(Polysemie) 148, 163, 170, 191

담론(Diskurs) 31-34, 36, 97, 165, 167, 172-173, 185, 188, 198, 209, 222, 242-245, 249-250, 256, 265-267, 269-275, 277-279, 281-285, 287, 289, 297-298, 300-301, 308, 311, 316, 319-321, 329, 331

담론분석, 담론분석적인(Diskursanalyse, diskursanalytisch) 42-43, 149, 155, 175, 195, 198, 210, 240-241, 246, 265-268, 271, 275-281, 284-285, 287-288, 291, 297-298, 300, 302, 309, 312, 319-321, 327, 329, 332

대체물(Supplement, Supplementarität) 303

독서, 독자(Lesen, Leser) 29, 37, 71, 97, 105, 110, 123, 132-134, 136-140, 175, 207, 226, 232, 255-256, 258, 273, 316

드라마, 드라마적인(Drama, dramatisch)

58, 74, 82, 262
디오니소스, 디오니소스적인(Dionysos, dionysisch) 66-72

[ㄹ]

랑그(Langue) 104, 156-159, 181, 185-188, 209, 214
로고스 중심주의(Logozentrismus) 197-198, 247
리듬(Rhythmus) 186-188
리좀(Rhizom) 206-207

[ㅁ]

마르크스주의, 마르크스주의적인(Marxismus, marxistisch) 80-81, 86, 174
매체학, 매체이론(Medienwissenschaft, Medientheorie) 43-44, 50, 83, 87, 139, 266, 296-297, 300-302, 304, 318, 326, 328
메타포, 은유, 메타포적인, 은유적인(Metapher, metaphorisch) 41, 76, 86, 164, 169-171, 178, 183-184, 189, 191, 205-206, 233-234, 246-256, 282
멜랑콜리(Melancholie) 30, 85, 140
모더니즘, 모던(Moderne) 80, 84, 105, 124, 186, 199, 202-203, 217, 276, 279
무의식, 무의식적인(das Unbewusste, unbewusst) 39, 72-73, 76, 145-146, 166-168, 171-174, 188, 206, 225, 246
문예학(Literaturwissenschaft) 27-30, 32-37, 43-44, 76, 99, 118, 127, 138-139, 147, 153, 161, 175, 178, 180-181, 185, 197, 217, 220, 228, 240, 257-258, 265-267, 280, 283-284, 287, 291, 296-297, 300-301, 304, 307, 309-316, 318-319, 322, 325-326, 328-333
문자, 글쓰기(Schrift) 42, 109, 128-130, 145, 167, 180, 183, 198, 208-209, 213-215, 240, 242-243, 268, 274, 278, 298, 300, 302-303
문학의 우위(Vorrang der Dichtkunst) 53, 78
문학이론(Literaturtheorie, Theorie der Literatur) 27-28, 31-35, 37, 41-44, 47-50, 55-56, 59, 77, 83, 87, 92-93, 97, 105, 115, 118, 130, 132, 139-141, 147, 153-154, 160, 164-165, 171-172, 174-175, 177, 180, 185, 197, 219, 223, 225, 227-229, 232, 239-241, 243, 245-247, 255, 258, 265, 279-280, 288, 290-292, 296-297, 300-301, 307-311, 316-317, 323-333
문학장(literarisches Feld) 266, 288, 291
문헌학, 문헌학적인(Philologie, philologisch) 32, 34, 67-68, 71-72, 83, 86, 99, 108, 110-111, 118, 126-128, 130-131, 137-138, 142, 146, 301, 307, 310-318, 325, 327-330
문화학(Kulturwissenschaft) 43-44, 50, 198, 266, 285, 287-288, 296, 303, 309-310, 312, 315-320, 325, 327-331

미(Schönes, Schönheit) 51, 55-58, 61, 86, 110, 120-121, 203, 324
미학(Ästhetik) 44, 47-93, 202
미학적 변신론(ästhetische Theodizee) 69, 72

[ㅂ]
바로크, 바로크적인(Barock, barock) 84-85
반(反)담론(Gegendiskurs) 33, 42, 277-278, 294, 296
방법론, 방법론적 다원주의(Methode, Methodenpluralismus) 30, 34-36, 43, 122, 143, 217, 271, 278, 280, 283, 285, 291, 307, 325
배리(背理)(Paralogie) 200
번역, 옮겨놓기(Übersetzung) 38, 62, 76, 105, 133
보충대리(Supplement, Supplementierung) 211-212, 226
부재(Absenz, Abwesenheit) 39, 56, 128, 130, 159-160, 171, 173-175, 190, 211-212, 219-220, 225-226, 240-241
부정성(Negation, Negativität) 167, 199, 296
비극, 비극적인 것(Tragödie, Tragisches) 48, 58-60, 62-63, 66-74, 79, 92, 134, 246, 261, 276

[ㅅ]
사회적 에너지(soziale Energien) 43, 285-286, 303
상상, 판타지, 환상(Phantasie) 27, 33, 73, 120, 172, 176, 189, 241
상상력(Einbildungskraft) 27, 51-55, 64-66, 73, 247
상징, 상징적인(Symbol, symbolisch) 55, 57-58, 85-86, 168, 173, 190, 197, 203, 234-235, 237-239, 246, 282, 299, 324
상호담론(Interdiskurs) 266, 280-283
상호 텍스트성(Intertextualität) 197, 218, 220-226, 258
서사시, 서사적인(Epos, episch) 57-58, 64, 81-82, 276
서정시, 서정적인(Lyrik, lyrisch) 58, 63, 82, 89-90, 92, 110, 126, 218-219, 276
소설(Roman) 63, 81-82, 137, 183, 259-260, 290
수사적, 수사학, 수사학적인(Rhetorik, rhetorisch) 35, 40-42, 47, 50, 52-54, 56, 61-64, 76, 130, 164, 170, 197-198, 224, 226-231, 233-234, 237-239, 246-247, 250-251, 253, 286, 308-310, 323, 330
수용, 수용미학(Rezeption, Rezeptionsästhetik) 127, 132-134, 136-137, 140
숭고, 숭고한(Erhabenes, erhaben) 55, 59, 121, 143, 199, 201-204, 219, 324
시스템, 체계(System) 30, 47, 61, 82, 93, 145, 155-157, 159, 169, 171, 181, 185-186, 190, 200, 210, 220, 229, 238, 253, 286, 291-295, 297-300, 303
시학, 시학적인(Poetik, poetologisch) 50-

52, 54-56, 61-66, 69, 84, 92, 155, 161, 171, 184-186, 188-189, 228-229, 239, 266, 275, 279, 299, 308, 310, 319-320, 324, 330
신역사주의(New Historicism) 266, 285, 287-288

[ㅇ]

아비투스(Habitus) 288-290
아이러니(Ironie) 30, 65-66, 84
아폴론, 아폴론적인(Apoll, apollinisch) 66-68, 70-71
알레고리, 알레고리적인(Allegorie, allegorisch) 85-86, 128-131, 197, 219, 226, 234-239, 247, 251-255
압축(Verdichtung) 75-76, 170
언어기호(sprachliches Zeichen) 41, 157-159, 169, 175, 178-179, 181, 211, 222, 255, 292, 327, 331
언어의 시적 기능(poetische Funktion der Sprache) 29, 41, 154-155, 161-164, 182, 189, 233, 265, 327
언어적 전회(linguistic turn) 153, 307, 309
언어학, 언어학적인(Linguistik, linguistisch)
예감, 예감적인(Divination, divinatorisch) 102-103, 106-109
예술미(Kunstschönes) 56-57
예술의 종말, 예술의 종언(Ende der Kunst) 61, 72
의미(Bedeutung) 111, 129, 135, 145, 159-160, 170, 172, 179, 182-188, 229-239, 248, 252-256, 274-279, 284, 303-304, 308
의미(Sinn) 38-41, 76-79, 98, 103-104, 106, 116-119, 125, 130-131, 135, 143, 146-148, 169, 175-182, 191, 195, 205-208, 218, 249-254, 268-272, 308
이해(Verstehen) 31-32, 38-41, 97-102, 105-127, 132-133, 140-145, 257-258, 307, 330
인문학, 정신과학(Geisteswissenschaften) 27, 42, 98, 110, 113, 121-122, 128, 153-154, 197, 216, 267, 307, 310, 315, 325, 330-332
인식(Erkenntnis) 27-28, 31-34, 44, 48, 51, 70-71, 83, 85, 99, 103, 108, 113, 121, 123, 125, 127, 129, 131, 134, 160, 165-166, 168, 232, 320-322, 328

[ㅈ]

자가생산, 자가생산적인(Autopoiesis, autopoietisch) 292-296
자기지시성, 자기지시적인 (Selbstreferentialität, selbstreferentiell) 79, 154, 162-163, 239, 255, 277, 292, 300, 303
자연과학(Naturwissenschaften) 107, 110, 113, 138, 140, 153, 307, 310, 315, 317, 319, 321, 323-324, 328, 330
자연미(Naturschönes) 52, 56, 199
자율성, 자율적인(Autonomie, autonom) 29, 35, 44, 47, 50, 55, 66, 70, 80, 82, 87-89, 97, 149, 161-162, 168, 171, 182, 199, 272, 275, 277, 290-291,

293, 301, 327, 331, 333
자의성, 자의적인(Arbitrarität, arbiträr) 50, 112, 116, 157-158, 169, 175, 178
작가, 저자, 저자권(Autor, Autorschaft) 32, 35, 38, 41, 73-74, 103, 105, 108-111, 123, 132, 138, 140, 171, 175, 180, 222-224, 235, 256-259, 273-274, 286, 291, 298-299, 327
작품(Werk) 29, 33, 74, 77-79, 83-84, 88, 105, 109-112, 124, 133, 135-136, 138, 140, 183, 200, 203, 205, 207-209, 235, 273-274, 284-285, 290-291, 327, 332
장르시학, 장르시학적인(Gattungspoetik, gattungspoetisch) 48, 56-59, 276, 311, 327
재영토화(Reterritorialisierung) 207
전기(Autobiografie) 68, 74-76, 173
전복(Subversion) 31, 33, 232, 248-249, 255
전승(Überlieferung) 32, 98
전의(Tropen) 233, 246, 250
정신분석학, 정신분석학적인(Psychoanalyse, psychoanalytisch) 30, 72-75, 165-166, 168, 171, 173, 176, 181, 206-207, 211, 224, 242, 251, 298, 332
정전, 정전의(Kanon, kanonisch) 27, 129, 135, 224-225
젠더(Gender) 240, 244
주석(Kommentar) 200, 226, 269-270, 281
주체, 주체성, 주관성(Subjekt, Subjektivität) 27, 29, 32, 51, 55, 58, 62, 65-66, 69-71, 79, 84, 89-90, 99-100, 115, 124, 133, 137-140, 167-168, 172, 176-177, 188, 191, 195, 198, 206, 223, 238, 244, 274, 277-278, 282, 284, 288, 290, 301-303, 332
증상적, 증상적 독법(symptomal, symptomale Lektüre) 174-175
지시, 지시적인(Referenz, referentiell) 116, 136, 154, 163, 213, 222, 231, 255, 327
지식(Wissen) 28-29, 31, 33-35, 37, 39-41, 43-44, 51, 99-100, 149, 153, 195-198, 218, 262, 269, 277, 281-282, 308, 312, 317-322, 326, 331
진리, 진리내용(Wahrheit, Wahrheitsgehalt) 33, 84, 92, 232
집합상징(Kollektivsymbolik) 283

[ㅊ]

차연(différance) 213-216, 220, 225, 268, 270-271, 286
차이(Differenz) 29-30, 33-34, 36, 42, 77, 148, 155-156, 179, 186, 189-190, 195-197, 199, 209, 213-216, 218, 220-221, 234, 237-238, 243-245, 247, 249, 252, 265, 292, 295, 297, 299, 300, 307-308, 329
차이성(Differentialität) 158-160, 175, 178, 188, 209, 211, 214, 216, 315
천재(Genie) 27, 29, 50-53, 55, 87, 101, 108-109
천재성(Genialität) 35, 63, 126
철학, 철학적인(Philosophie, philosophisch)

27-28, 33, 39-42, 44, 47, 49-52, 60-64, 66-68, 70-72, 77-79, 82-83, 86-87, 89, 91-93, 100, 107, 112-114, 117-119, 121-122, 124, 126-127, 130, 137-138, 142-143, 147, 149, 153, 166-168, 174, 187, 195-196, 199-202, 207, 209-213, 215-216, 219, 227-229, 232-233, 238-239, 247-251, 253-254, 256, 259-262, 265, 267-268, 270, 275, 288, 290, 299, 310, 312, 315-317, 327
체계이론(Systemtheorie) 139, 295-296
치환(Verschiebung) 169-170, 173, 218, 221, 271

[ㅋ]

코드(Kode) 43, 182

[ㅌ]

타자(Andere, Anderes) 42, 89, 102, 144, 167-168, 172-173, 175, 208, 240, 243, 245, 261, 299
탈영토화(Deterritorialisierung) 207-208
텍스트, 텍스트성(Text, Textualität) 27, 29-30, 32, 36, 40, 42-43, 76-77, 98, 109, 111, 120, 123, 126, 129-131, 133, 135-140, 142-144, 147-148, 154, 162, 171-175, 178, 181-184, 196-198, 205-207, 216-217, 219-226, 228, 232, 238, 245-246, 248-251, 255-258, 265-266, 268-271, 276, 280, 282-283, 286-287, 297-298, 300, 303, 307, 311, 314-315, 321, 329, 331
통합체(Syntagma) 159, 163-164, 178-179

[ㅍ]

판단력(Urteilskraft) 51-52, 55
페미니즘, 페미니즘적인(Feminismus, feministisch) 240-241, 243-246
포스트구조주의, 포스트구조주의적(Poststrukturalismus, poststrukturalistisch) 33, 98-99, 134, 139, 146, 148, 154, 159-160, 163, 173, 180, 184-185, 188-191, 195-196, 200, 221, 225, 246, 265, 284, 287, 292, 296, 299, 304, 307, 311, 318, 322, 327-329, 332
포스트모더니즘, 포스트모던, 포스트모던적인(Postmoderne, postmodern) 79, 98, 118, 123-124, 155, 163, 177, 185, 195-197, 199, 203-206, 208, 219
폭력, 폭력성(Gewalt) 36, 98-99, 106, 141-147

[ㅎ]

학문(Wissenschaft) 27-31, 34-38, 42, 47, 51, 54, 59, 61, 71, 98, 107-108, 113, 116, 120, 154, 160-162, 165, 178, 180-181, 210, 212, 215, 232, 260-261, 265, 292, 317-318, 326, 328-329, 332
해석(Auslegung) 98, 101-106, 108-111, 116-118, 127-130, 135, 142-143, 148, 173, 307
해석(Interpretation) 36, 75, 99, 105, 107,

109, 118, 129, 131, 142, 144-145, 147, 164, 172, 207, 217-219, 238, 244, 252, 257-258, 267, 269, 299-300, 311, 327

해석학, 해석학적인(Hermeneutik, hermeneutisch) 28, 36, 38-44, 48, 75-77, 97-108, 110-129, 131-132, 135, 139-149, 153-155, 160, 163, 175, 179, 191, 195-196, 198, 205-206, 209, 217-219, 226, 257, 265, 268-271, 273, 278, 281, 283-285, 288, 299, 301, 307-309, 316, 327-332

해석학적 순환(hermeneutischer Zirkel) 112-113

해체, 해체주의, 해체적인, 해체주의적인(Dekonstruktion, dekonstruktiv) 31, 36, 42, 51-52, 65, 70-71, 76-77, 86, 118, 123, 130-131, 140, 146, 148, 155, 171-172, 180, 184, 186, 188, 190-191, 195-198, 201, 209-210, 212-213, 215-220, 225-228, 232-233, 238, 240-241, 243, 246-247, 251-256, 259-262, 265-267, 270-271, 274, 286, 302, 308-309, 316, 318-319, 329

허구, 허구성(Fiktion, Fiktionalität) 49, 74, 137, 258-259, 321-322

현상학, 현상학적인(Phänomenologie, phänomenologisch) 114, 118, 135-137, 275

현전, 현존(Präsenz) 115, 148, 159, 174-175, 184, 188, 197, 201, 209, 211-215, 220, 235, 240-241, 270, 284, 314-315

환유, 환유적인(Metonymie, metonymisch) 41, 76, 164, 169-171, 178, 183-184, 233-234, 246

아힘 가이젠한스뤼케(Achim Geisenhanslüke)

독일 베를린 자유대학과 프랑스 파리 8대학에서 일반문학, 비교문학, 철학, 독문학, 불문학을 공부했다. 1995년 베를린 자유대학에서 「푸코와 문학. 담론비판 연구(Foucault und die Literatur. Eine diskurskritische Untersuchung)」라는 연구논문으로 박사학위를 취득했고, 2000년 뒤스부르크 대학에서 「정신의 문자. 번연에서 니체까지 알레고리의 탈비유화(Buchstabe des Geistes. Postfigurationen der Allegorie von Bunyan zu Nietzsche)」라는 논문으로 교수자격을 취득했다. 2004년에서 2014년까지 레겐스부르크 대학 독문학과 교수로 재임했고, 2014년부터 프랑크푸르트 괴테 대학에서 일반문학과 비교문학 교수로 재직 중이다. 주요 연구분야는 문학이론, 미학, 17세기에서 21세기까지의 유럽문학이다.

박배형

서울대학교 경제학과와 동 대학 미학과 대학원을 졸업하고, 독일 빌레펠트 대학에서 철학박사학위를 받았다. 서울대학교 인문학연구원 HK연구교수로 재직했으며, 근대 독일 철학을 중심으로 하여 주로 미학과 형이상학, 인식론 및 사회철학의 주제들에 대해 연구하고 있다. 주요 논문으로 「칸트의 라이프니츠 비판」, 「인식능력들의 자유로운 유희-칸트미학의 한 문제」, 「이성적인 것의 감성적 표현-헤겔미학의 '표현주의'」, 「"부정적 현시"로서의 숭고-칸트의 숭고론에 대한 고찰」, 「헤겔의 실천철학에서 국가의 목적에 관하여-시민사회와의 연관성을 중심으로」 등이 있으며, 지은 책으로는 『헤겔 미학 개요』, 『미학과 그 외연』(공저), 옮긴 책으로는 『칸트 미학-『판단력 비판』의 주요 개념들과 문제들』이 있다.

신혜정

중앙대학교 독어독문학과를 졸업하고, 동 대학원에서 석사, 박사과정을 수료했다. 석사학위 논문 「귄터 그라스의 소설 『개들의 시절』의 서사구조 연구」를 발표했다.

안성찬

서강대학교 독어독문학과와 동 대학원을 졸업했다. 독일 레겐스부르크 대학에서 독문학, 철학, 예술사를 연구하고, 서강대학교에서 숭고의 개념사에 대한 연구로 문학박사학위를 취득했다. 경원대, 서강대, 연세대, 인하대, 중앙대 강사를 거쳐 현재 서울대학교 인문학연구원 HK교수로 재직 중이다. 전공분야는 독일 문학이론과 문화이론이며, 『이성과 감성의 평행선-문화사로 본 현대독일사상』, 『숭고의 미학』, 『문명 안으로』(공저), 『문명 밖으로』 등 10여 권의 저서와 니체의 『즐거운 학문』 등 10여 권의 번역서, 그리고 다수의 논문을 발표하였다.

문명총서 발간사

서울대학교 인문학연구원은 2007년 11월 한국연구재단의 인문한국(HK) 사업을 수탁하여 HK문명연구사업단을 출범시켰다. 한국과 아시아, 세계를 향한 문명연구의 허브를 구축하기 위해 '한국 인문학'의 정립을 목표로 인문학 제 분야는 물론 인근 분야의 전공자들까지 한 지붕 아래 모였다.

인문학연구원이 한국 인문학의 도약을 위해 핵심 과제로 주목한 것은 문명에 대한 새로운 이해이다. 문명이란 장구한 세월 동안 인류가 일구어 낸 정신적·물질적 성과들의 종합이며, 타 문명들과 서로 영향을 주고받으며 진화해온 복합적 실체이다. 이에 대한 심층적인 이해가 선행되지 않는다면, 현재와 미래에 대한 유효적절한 준비와 대응은 불가능하다.

'문명텍스트총서'는 인문학 안팎의 다양한 전공을 가진 우리 연구원의 연구자들이 자신의 영역에서, 과거와 현재 문명의 정수와 그에 대한 인식을 담은 중요한 텍스트를 선정하여 번역하고 주해한 결과물이다. 이는 긴 시간의 노동을 요하면서도 성취가 단기간에 가시화되지 않는 우직한 작업이지만, 인류의 유산을 한국화하는 이 같은 작업이 주체적으로 세계문명을 사유하고 새로운 문명을 개척하는 데 발판이 되리라고 믿는다. 문명텍스트총서가 현재와 과거를 엮는 씨줄 놓기 작업이라면, 문명공동연구총서는 인간과 세계를 총체적으로 이해하려는 날줄 엮기라고 할 수 있다. 오랫동안 자신의 분야에서 전문화를 추구했기에 공동연구가 쉬운 일은 아니지만, 문명 이해의 융합적 시각뿐만 아니라 한국 인문학의 새로운 전망을 써 내려가는 방법론을 제시할 수 있기를 희망한 결과물이다. 또한 문명지평총서는 연구원 안팎의 연구자들이 참여한 연구서와 교양서를 아우르고 있다.

아무쪼록 문명총서 시리즈가 동서고금의 문명을 더 깊고 더 넓게 이해하는 창발의 효과를 가져오길 기대하며, 국내외의 학자들이 참여하고 교류하는 열린 연구공간이 되길 바란다.

2014년 4월

서울대학교 인문학연구원 원장